KB061204

또
하
나
의
조
선

또 하나의 조선

시대의 틈에서 '나'로 존재했던 52명의 여자들

이숙인 지음

한겨레출판

우리가 알고 있는 하나의 조선이 있다. 정사正史라고 하는 실록
이나 양반 남성들의 문집 등으로 구성되는 조선이다. 역사는 그들
로만 기록될 수도 있지만 세계는 그들만으로 구성될 수 없다. 시
대적 한계로 전면에 드러나지는 않았으나 다양한 계기와 경위로
드문드문 자신의 삶을 기록에 드러낸 여자들이 있다.

이 책에 등장하는 52명의 여자들은 다양한 위치에서 일정한 꿈
을 안고 서로 다른 현실을 살다 간 사람들이다. 신분상으로는 저
밑바닥 여종에서 저 높은 곳의 왕비에 이르고, 지역으로는 저 남
녘의 산골 촌부에서 한양 마님에 이르며, 나이로는 10대 소녀에서
여든 할머니에 걸쳐 있다. 이들은 조선시대의 역사 공간을 거쳤다
는 사실 말고는 특별한 공통점을 가지고 있지 않다. 그들 각자의

이야기는 '조선 여성들의 일반적인 삶'이란 착시에 불과하다는 것을 말해준다. 역경과 고난 속에서 자신의 색깔을 만든 삶이 있는가 하면 분노와 억울함을 안고 삶을 마친 사람이 있으며, 운명에 순응하며 버텨낸 삶이 있고 집안을 일궈냈거나 예술 또는 학술로 성취한 삶도 있다. 몇 가지 유형이나 몇 컷의 이미지로 담아내기에는 그녀들의 삶은 너무 역동적이고 오늘의 우리만큼 복잡다단한 내면을 담고 있다. 우리의 삶이 인과적 순서를 밟아 계획대로 펼쳐지지만은 않듯, 이들의 삶도 우연과 필연의 길항 속에서 어둠과 밝음이 교체되는 시간의 연속이었다.

이들 가운데는 널리 알려져 우리에게 익숙한 인물도 있지만 듣도 보도 못한 낯선 사람도 많다. 역사 속의 사람들은 주로 기록 자료를 통해 드러나는데 자료가 있어도 주목되지 않은 경우가 더 많았다. 살다 간 흔적이 있더라도 사소한 존재로 여겨졌기 때문이다. 어느 시대건 성공한 삶이나 사건 속의 주인공만 있는 것이 아니듯이 '사소한' 삶도 하나하나 알아가다 보면 조선이라는 사회의 구조와 정신에 닿게 된다. 그 삶들을 주의 깊게 들여다보면 세속적 의미의 성공은 아닐지라도 도도히 흐르는 인간 근원의 힘 같은 것들을 만나게 된다. 역사적 삶의 공간에서 무엇이 중요하고 무엇이 사소한가는 해석의 영역이다. 자료가 남아 있어도 주목되지 않은 사람들이 이렇게 많은데 사소한 기록 하나 없이 자신의 삶을 살아내었을 사람들은 또 얼마나 많을 것인가. 이 책은 짧게나마 기록에 남은 자들을 통해, 소외되었던 여자들을 기억하려는 시도이다.

한편 이미 잘 알려진 인물들도 낯선 사람들의 이야기 속에 다시 배치했을 때 새로운 그림을 보여줄 수 있다. 이 책에 종종 등장하는 이문건이라는 사족 남성은 자상한 남편이자 손녀·손자를 살뜰하게 보살피고 훌륭하게 길러낸 조부다. 내 가족 내 혈족에게는 최선을 다한 삶이었다. 그러나 또 다른 그는 노비를 부릴 때 매정하고 폭력적인 데다 어린 여비를 강간하기까지 한 파렴치한 사내에 불과하다. 이러한 이중성에 더하여 자기 주변의 다양한 계층의 여성들에 관한 가장 진지한 기록을 남긴 소중한 자료원이기도 하다. 지극한 악녀가 앞선 여자로 다뤄지기도 한다. 정난정 같은 경우다. 악행을 좋게 보아서가 아니라 그저 남편에 순종적일 것이라 여겼던 조선의 여성이 남편 행동 하나하나에 간섭하고 으름장을 놓기도 하는 장면에서 우리가 알고 있는 것과 다른 조선을 보게 되기 때문이다. 낯선 인물에 대한 소개와 더불어 익숙한 인물에 대한 재조명, 위인이라 불릴 만한 여성뿐 아니라 사사로운 욕심 가득한 여성의 이야기까지 함께 들을 때, 좀 더 선명하고 다채로운 색을 가진 또 하나의 조선이 그려진다.

52명의 여자들 한 사람 한 사람이 나에게는 매우 각별했다. 각 주인공 속으로 깊숙이 들어가 그 삶과 생각을, 고통과 애환을, 꿈과 희망을 주의 깊게 들으려고 했다. 실록이나 문집, 일기, 간찰,

행장, 비지문碑誌文 등 다양한 형태의 문헌 자료를 통해 만난 이들에게서 감정과 욕망의 움직임을 살려내야 하는 작업이었다. 이 여성들의 삶 사이사이에서, 그들을 입체적인 인간으로 되살려내는 과정에서, 안계댁으로 불리던 내 할머니 하승방河承芳 씨를 만나곤 했다. 《소학》과 《논어》를 읽고 시집을 왔다는 1899년생 하승방 씨는 신新학문을 향한 동경이 강했다. 여기저기 유교 경전을 인용하여 말하기를 좋아했던 '전통 여성' 하승방 씨는 한편으로는 평생 손주들의 책상 위를 기웃거리며 '신학문' 교과서를 탐독할 만큼 지적 호기심이 많은 적극적인 여성이었다. 시대적 한계 속에서도 자신의 삶을 살고자 했던 조선시대 여자들의 기록을 볼 때마다 하승방 씨를 만나는 경험을 반복하곤 했다. 52명의 삶을 입체적으로 되살려내는 과정에서 내가 세심하게 기억하고 있는 할머니의 삶이, 짧은 기록들의 행간을 채우는 데 도움을 주었다.

이 책은 〈한겨레〉에서 2년에 걸쳐 선보인 〈이숙인의 앞선 여자〉를 토대로 분량과 자료를 보완하여 완성도를 높였다. 격주로 한 사람씩 내보내면서 이유진 기자의 꼼꼼한 조언과 독자들의 반응 그리고 가족과 동료들의 응원으로 52명의 인물들이 쌓이게 되었다. 그 과정은 고된 작업이었다기보다 길이 없는 숲속으로 흥겹게 이끌려 들어가는 듯했다. 이 책이 앞선 시대를 산 사람들을 기억하는 마지막 작업일 수는 없다. 기록은 더 발굴될 것이고 새로운 인물이 우리 앞에 나타날 것이다. 그렇게 앞선 시대는 그녀들

과 함께 더 풍부하게 꾸려질 것이다. 오늘의 이 책이 다음의 여정
을 준비하는 사람들의 이정표가 되기를 기대한다.

서봉산 게으른 농부의 농막에서

이숙인

들어가는 말   5

1 구체적으로 살고 입체적으로 존재하다

2 성녀와 마녀의 프레임을 넘어

3 닫힌 운명에 균열을 내다

4 시대의 틈에서 '나'를 꽃피우다

1

/

구체적으로 살고 입체적으로 존재하다

피난길의 담대한 꿈,
남평 조씨

　　한양에 살던 사대부가 부인 남평 조씨(1574~1645)는 병자
호란이 발발하자 63세의 나이로 피난길에 오른다. 하도 급하게 빠
져나오는 바람에 양식이나 옷가지를 챙길 겨를도 없이 쌀궤 하나
만 달랑 메고 나섰다. 한 치 앞을 내다볼 수 없는 급박한 상황에서
도 그녀는 눈으로 보고 살로 느낀 현장의 역사를 써 내려갔는데,
이름하여 《병자일기》다. 기록벽이 있는 그녀는 이전부터 일기를
써왔을 것으로 보이나 전해오는 것은 병자년(1636) 12월에서 경
진년(1640) 8월에 이르는 3년 10여 개월의 분량으로 피난 시절과
귀환 후의 서울 생활을 담고 있다.

　　조씨는 현감을 지낸 아버지 조경남曺慶男과 어머니 남원 윤씨의
딸로 태어나 17세 때 남이웅(南以雄, 1575~1648)과 혼인했다. 조씨

의 외가 쪽을 보면 역사에 큰 이름을 남긴 인물이 많은데, 윤강원 尹剛元이 외조부이고 정유재란 때 의병장으로 장성 입암산성을 지키다 순절한 윤진(尹軫, 1548~1597)이 외삼촌이다. 또 외사촌은 인조반정의 공신 연양부원군 이시백의 부인이다. 일기 후반부에 이시백이 그녀의 집에 자주 등장하는데 이러한 인척 관계가 작용한 것이다. 시가 의령 남씨 쪽도 만만치 않은 인맥을 보이는데, 남편의 종형제로는 정묘호란 때 활약한 남이흥南以興 장군과 인조조에서 대사헌과 판서를 지낸 남이공南以恭이 있다. 남편 남이웅은 관찰사와 참판을 지낸 사람으로 병자년 전란이 일어나자 임금을 호종하여 남한산성에 들어갔다. 그리고 세자를 모신 재신宰臣의 자격으로 심양으로 갔다가 1년 반이 지난 1638년 6월에야 가까스로 귀국한다. 남편이 심양에 가 있는 동안 조씨는 서산·당진·여산·충주 등지를 전전하면서 고단하고 힘든 피난 생활을 하게 된다.

병자년 12월 15일 적병이 서울에 근접해 오자 임금은 궁을 나와 남한산성으로 피신을 한다. 12월 16일 조씨는 일가 세 집이 일행이 되어 남쪽으로 내려가며 미숫가루로 끼니를 때우고 오후 3시경 고족골(화성) 종의 집에 도착한다. 이날 저물녘에, 임금을 모시고 남한산성에 있던 남이웅이 노奴 일봉을 보내 아내에게 기별을 해온다. "일이 급하게 되었으니 짐붙이는 생각지도 말며 밤낮을 가리지 말고 청풍으로 가라." 이에 조씨는 곧바로 길을 나선다.

날이 새도록 길을 가니 서리와 눈이 말(馬) 등에 온통 얼어붙었다. 길
마다 피난하는 사람들이 끝이 없고 일행을 놓쳤는데 길이 여러 갈래
라 어디로 가야 할지 아찔하다.(1636년 12월 17일)

조씨의 피난 행렬은 계속 남하하여 한 달여 후에는 서해안의
무인도에까지 흘러들었다. 정월의 눈보라 속에서 "충이와 어산이
는 연장도 없이 대나무를 베어 가까스로 두 간(間) 집을 지어" 14명
의 은신처로 삼았다.(1637년 1월 17일) 눈을 긁어모아 녹여서 식수
한 그릇을 만드는 상황에서도 새 생명이 태어나는데, "판관댁이
해산을 하셨다. 지금 이 섬 가운데서…"(같은 해 2월 2일)라고 썼다.
바로 다음 날, 호조의 보고에 의하면 경성의 백성 대부분이 죽었고
남아 있는 10세 미만과 70세 이상의 사람들도 굶주리고 얼어서 거
의 죽게 되었다.(1637년 2월 3일) 전란으로 죽고 전란의 와중에도 새
생명이 태어나는 역사의 수레바퀴 속에서 조씨는 산성에 갇힌 남
편의 생사를 헤아리느라 애를 끊는다. 결국 "영감은 동궁을 모시
고 오랑캐 땅에 가셨다는 기별"(같은 해 2월 10일)을 듣게 된다.
　피난길에 조씨가 관계한 대부분의 사람들은 6남 1녀의 남편
형제와 그 자손들이다. 정확하게는 의주댁·닭젓골댁·삼등댁·정
랑댁·진사댁·판관댁·감찰댁 등으로 불리는 그 아내들이다. 남이
웅이 조씨에게 피난처로 잡아준, 그곳 호서 지역에는 동서들과 질
부들이 모여 산다. "동생님네 계신 곳이 연하여 있고 조카님네들

이나 매일 같은 곳에서 지내니 불행 중 다행하며 의주댁 형님도 한 마을에 계시니 마음 든든하다."(1637년 4월 19일) 조선시대 여성들의 인간관계가 대부분 시가 중심의 문화 속에서 이루어져 의리상의 관계에 머문 것으로 여겨져왔지만, 조씨의 글을 통해 그 속에서도 우정이나 자매애를 나누었음을 보게 된다. 한편 반갑고 그리운 사람에 대해서는 그 정을 적극적으로 표현하고 서술하는 조씨에게도 남편의 첩에 대해서는 절제와 냉정이 필요했던 것 같다. 피난지에서 남편의 첩 천남 어미가 출산을 하는데 63세의 남편이 아이를 얻은 것이다. 자신의 자식들을 모두 떠나보내 늘 외롭고 서글픈 64세의 조씨에게 이제 갓 태어난 남편의 자식은 어떤 존재일까. "천남 어미 기별 듣고 넘어가니 벌써 유시酉時가 되었다"라거나, "갓난아이 얼굴을 보니 영감을 닮은 곳이 많다"(1637년 4월 9~10일)라고 한다. 새로운 생명이 태어난 대단한 사건임에도 매우 간략하게 처리한 것은 사대부가 노부인의 품위 같은 것을 염두에 둔 듯하다.

늘 긍정적이고 담대한 성격의 노부인 조씨에게도 가슴 속에는 주체할 수 없는 아픔이 있었다. "정신은 간 곳 없고 기력이 아주 없어 누워 지낸다. 길에서 떨었던 것이 덜 나아서 고통이 심하고 가슴 속의 회포는 늘 불이 붙으니 어찌 그렇지 않겠는가."(1637년 3월 17일) 조씨의 가슴에 불을 붙이는 자들은 장성해서 죽은 두 아들과 두 며느리이다. 봇짐 하나로 떠난 피난지에서도 조씨는 자식들의 기일과 생일 제사를 그날 머무는 곳에서 지냈다. "여주 며느리의 생일다례를 지냈다. 젊은 사람들이 먼저 죽어 나로 하여금 이런 일을 보게 하며 이 늙은 몸을 설워하게 하는가?"(1637년 7월 29일) "꿈에 창골 며느리를 보았다. 불쌍하도다. 다들 어디로 갔는고?"(1637년 11월 13일) "13년, 25년 나를 빌려 모자되어 살뜰히 사랑하며 살다가 다 죽어지니 알지 못할 일이로다. 무슨 죄 때문에 내 간장을 이렇게 태우게 하시는가. 언제쯤이면 이 마음이 누그러져 풀릴까. 내가 인간 세상을 버린 후에야 잊을까 한다."(1638년 4월 4일) 두 아들과 두 며느리의 생일다례와 기제사를 지내는 날은 조씨의 가슴 속 응어리를 풀어내는 날이다.

조씨는 친정어머니 청주 한씨의 제사를 자신이 직접 지내는데, 부친 제사는 다른 형제 집에서 지낸다. 일기 속 '문밧모님'인 친정어머니의 제사일은 1월 18일이다. 무인도로 피난했을 때를 빼면 어머니 제사는 매년 이루어졌다. 한 해는 친정 조카 조별좌를 기다리지만 비 때문에 못 오자 첩자 천남에게 의관을 입혀 지냈고,(1638년 1월 18일) 그다음 해 제사에서는 남편 남이웅이 참례하게 되어 조씨의 기분도 좀 밝아졌으며, 그다음 해 제사에서는 친정 조카가 와서 첩자 천남이를 데리고 지낸다. 친정어머니의 기제사 때는 외손 없는 어머니와 자식 없는 자신의 처지에 슬픔을 가누지 못할 지경이 된다.

조씨는 피난 중이라고 해서 자신이 도맡아오던 농사와 가산 경영을 소홀할 수 없었다. 1년 6개월간의 피난 시절 동안 충주에서는 종들을 데리고 직접 농사를 지었고 늘 그렇듯 전국에 흩어져 있는 농토의 수확물을 챙겼다. "충이는 금산으로, 축이는 임실로, 의봉이는 함양으로 공貢을 받으러 보냈다."(1637년 4월 10일) 조씨의 농토는 경상도·전라도·강원도 등 전국에 걸쳐 있고, 서울에도 동막논(마포 소재)·살고지밭(뚝섬 근처)·삼개(마포)·마전(종로구 와룡동 근처) 등에 산재해 있었다. 그녀는 작업 일자, 농지 이름, 농사 내용, 동원된 인원과 물력, 소출 내용 등을 자세히 기록하였다.

피난살이에서 돌아온 조씨는 사대부가의 안주인으로 바쁜 나날을 보낸다. 1638년 5월에 환국한 남편 남이웅이 한성판윤·대사헌·좌의정 등 주요 직책을 두루 거치는 동안 집에는 거의 매일 빈객들이 찾아온다. 그들이 갖고 온 선물과 그녀가 선물한 물건, 손님에게 대접한 음식과 술잔의 수까지 기록으로 남겼다. 1년에 30여 건의 제사를 챙기며, 장을 담그고 음식을 만들며 안팎의 비복들을 관리하는 등 칠순을 바라보는 조씨의 일과는 청춘이 따로 없다. 이러한 조씨에게서 일상을 긍정하는 힘과 사람에 대한 애정, 그리고 세상을 보는 섬세함이 느껴진다. 섬세하면서 담대하고, 낙천적이면서 감성적인 남평 조씨의 삶과 꿈의 기록인《병자일기》는 사대부가 안주인이 쓴 17세기 조선의 또 하나의 역사이다.

솔직한 모성,
신천 강씨

본처 외에 첩을 들이는 것을 용인한 조선 사회는 이로 인한 사회적·가족적 갈등으로 몸살을 앓았다. 갈등을 무마시키고자 여자의 질투를 악惡으로 규정한 도덕적 장치까지 마련해놓았는데, 이른바 칠거지악七去之惡이다. 더러는 처첩이 합세하여 남편을 괴롭히거나 처첩 모두에게 거부당한 늙은 남편들의 이야기가 경사經史에 전해오지만, 피해자 여자들의 기록을 만나기란 쉽지가 않다. 살아온 자신의 기록을 죽기 전에 다 태우는 것이 양반가 여자들의 관행이었던 것이 한 이유가 되겠다. 그런데 첩을 들인 남편을 상대로 싸움을 걸며 무너진 자존감을 찾아가는 한 여성의 분투가 기록으로 남아 있다. 시시각각 치밀어 오르는 울화를 글로 적어 딸에게 보내는데 수신자 딸이 무덤으로 가지고 간 것이다.

편지의 주인공 신천 강씨(1510년대~1585)는 지금으로부터 5백 여 년 전 경북 선산의 사족 집안에서 태어나 그곳에서 70여 생을 살다 간 여성이다. 그녀가 우리에게 특별한 존재가 된 것은 딸에게 보낸 편지 때문인데 지난 1977년 청주 비행장 공사로 인근의 묘를 이장하면서 발굴된 것이다. 묘주는 40대의 미라로 발굴된 셋째 딸 순천 김씨로 그녀가 간직한 190여 건의 편지 중에 120여 건이 어머니 강씨가 보낸 것이다. 수신자인 강씨의 셋째 딸은 청주의 상당산 아랫마을에 살았던 채무이(蔡無易, 1537~1575)의 후처임이 밝혀졌다. 그 아들 채종길의 기록을 통해 생몰년을 추산해보면 순천 김씨는 1595년에 40대 후반의 나이로 죽었다. 딸에게 보낸 강씨의 편지는 흔히 알려진 바, 양반가 여성의 '점잖게' 박제된 외면 너머 내면의 상황을 보여준다는 점에서 귀중한 자료이다. 강씨의 편지글은 현대어로 번역된 《순천김씨묘출토간찰》에 담겨 있다.

선산 영봉리에 살던 강씨는 육십 줄에 성현도省峴道 찰방이 된 남편 김훈金壎의 임지任地로 뒤따라 왔다가 못 볼 걸 보게 된다. 그새 남편은 첩을 얻었고, 부리는 종이나 집안일이 첩을 중심으로 돌아가고 있었다. 분노한 강씨는 딸들에게 편지를 쓴다.

> 나는 무엇 때문에 왔는가? 나는 마음을 잡아 아주 외롭게 왔으니 무한 마음을 잡노라마는 마음이 무수히 서러우니 내 몸을 내가 두려워

한다. 나는 무슨 까닭으로 왔는가? 죽을 때로구나. 이 벼슬이 차생此生 원수로다!

뒤로 갈수록 편지의 내용은 과격해진다. "오로지 그년에게 붙어서 당신 것을 맡기니 이것을 어떻게 해야 할까 싶구나. 아마도 나는 오래 살지 못할 것이니 속절은 없다." 강씨는 또 자신의 서러운 뜻을 남편과 자식이 모르고 있고, 또 늘 용심이 나서 살 수가 없다고 한다. 울화가 치밀어 오르지만 이 사족 마님은 품위를 지키느라 무심한 척 애를 쓴다. 그는 첩의 머리채를 휘어잡는 대신 남편을 공격하며 자녀들을 구원투수로 영입한다. 문제는 첩이 아니라 아내를 배신한 남편에게 있다는 사실을 간파했기 때문이다.

종이나 남이나 시새움한다 할까 하여 남에게도 아픈 기색 않고 있다. 너희 보고 서럽게 여길 뿐이지마는 마음 둘 데 아주 없어 편지를 쓴다. 일백 권에 쓴다 한들 다 쓰겠느냐? 생원에게는 말하지 말고 사위들과 남들에게 다 이르지 말고 너희만 보아라. 이렇게 앓다가 아주 서러우면 내 손으로 죽되 말없이 소주를 맵게 하여 먹고 죽고자 요사이는 계교를 하니 너희만 어이없이 되었다. 보고 불에 넣어라.

집안에서 벌어지고 있는 사태와 그로 인한 마음을 남김없이 붓으로 옮겨 적고 보니 아무리 자식이지만 민망하기 그지없다. 그래서 딸 둘만 보고 태워 없애라고 당부를 했건만 이 민망한 편지는 무덤으로 들어갔다가 다시 온 세상에 공개된 것이다. 셋째 딸 채 서방네 가까이에 다른 딸 민 서방네가 살고 있어서 딸들은 어머니 강씨가 보낸 편지를 공유한다. 어머니는 "심열이 있어 늘 마음이 아찔"하다면서 오래 사는 바람에 이런 사나운 일을 당하고 있다고 한다. "너희는 나를 살았는가 여겨도 이승에 몸만 있다"라고 한 어머니의 편지를 받고 딸들의 마음은 어땠을까. "그만 이 세상을 하직하고 싶다"라는 어머니의 말씀에 속수무책으로 있을 수만은 없었을 것이다. 딸이 보낸 편지를 확인할 수는 없지만 사위 채 무이가 장인에게 사태를 의논한 정황이 포착되기도 한다. 한편 강씨는 자녀들에게 자신의 요구를 일방적으로만 하지 않는 성품의 소유자였다. 거의 패악질에 가까운 말을 쏟아 놓으면서도 "가을이 되니 더욱 마음을 잃게 되어 아무것도 챙겨 보내지 못한" 어미로서의 자신을 탓하기도 한다. 추신으로 단 "광어 하나 민 서방집"은 자신의 마음을 읽어줄 딸들에게 최소한 생선 한 마리라도 사례를 해야 직성이 풀렸던 마음이 표현된 것이다.

강씨는 첩의 '봉변'이 있기 전에도 살면서 겪는 애환과 자식 사랑을 편지에 담아 수시로 자녀들에게 보냈다. 7남매의 어머니로서 떨어져 사는 자식들 안부가 늘 궁금했고, 해산을 앞둔 딸이나 몸이 아픈 자녀의 소식을 들으면 달려가지 못해 안타까워했다.

1 / 구체적으로 살고 입체적으로 존재하다

> 네 병이 중한데 서방님(사위)마저 나가니 더욱 이렇게 앉아서 걱정되
> 는구나. 아무쪼록 마음 눅여 잡념을 말고, 궁하나 근심을 잊고 조리하
> 여 서로 살았다가 만나보자. 소주 한 두름 내 먹던 것이다. 기운 서러
> 운 때 먹어라.

아픈 딸을 위로하면서 소주 한 두름을 보낸 것이다. 어찌된 일
인지 아들에게 보낸 편지도 딸의 무덤에서 나왔다. 가까이 사는 형
제자매가 부모 편지를 돌려 본 것이다. 어머니는 아들에게 "네가
하도 그리워 버선이라도 손수 기워 보내려 한다. 마음이 심란하여
네 아들 옷을 지금까지도 보내지 못하니 내 정신을 알 일이다. 몸
은 있고 정신은 간데없구나"라고 썼다. 정신이 다 나간 상태라고
자신을 설명하는 어머니, 바로 첩으로 인한 변고가 아니었을까.

강씨는 아버지 강의康顗가 정3품 대도호부사를 지낸 분이지만
벼슬자리에 연연하는 사람은 아니었다. 찰방도 벼슬이랍시고 냉
큼 첩을 들인 남편이 같잖을 뿐이다. 이에 강씨는 "재상 자리 사람
도 첩이 없는 사람이 많은데 예순에 맨 끝 찰방된 사람이 호화하
여 첩을 얻으니 이 애달픈 노여움을 어디다 풀겠느냐?"라고 한다.
그런데 지속적으로 날아든 어머니의 편지 사이로 아버지 김훈의
편지가 나왔다.

> 우리는 옛날같이 살아 있다. 나는 병들고 네 어머님 시새움을 너무하

여 병드니 너희는 오래지 않아 상사喪事를 볼까 한다. 그리 불통한 사람이 어디 있겠느냐. 정은 무진하지마는 숨이 가빠 이만한다. 십이월 초파일 부父.

아버지의 편지는 첩으로 인한 부부 갈등이 극한으로 달리고 있음을 말해준다. 곧 죽을 것처럼 협박을 하던 아버지에 이어 어머니의 승전보가 날아든다. "네 아버님께서 나를 살려내고 싶다고 하거늘 그년을 내어 보내는구나!"

신천 강씨는 임진왜란 때 충주 전투에서 패배한 책임으로 투신 자결한 김여물(1548~1592) 장군의 어머니다. 그의 충절을 기린 김상헌(1570~1652)은 〈신도비명〉에서 강씨를 "학자 집안의 가르침을 받아 자녀 교육에 엄격했던" 어머니로 소개한다. 아들은 책임질 줄 아는 장군이 되었고, 손자 김류(1571~1648)는 당대의 정국을 주도하는 영의정이 되었다면, 그런 집안의 여자 어른에게는 남다른 교육관이 있을 법도 하다. 하지만 강씨에 대한 기록은 아들 김여물이 극진히 사랑한 어머니이자 아들의 정신세계에 훌륭한 전통을 심어준 어머니였다는 청음의 몇 줄 기사가 전부였다. 그런데 딸 채 서방 집이 간직한 무덤 속의 편지로 인해 거의 백지로 남겨진 강씨의 존재가 복원된 것이다.

무엇보다 강씨의 존재 의미는 사대부가의 딸이나 장군의 어머니, 영의정의 할머니라는 사실에서 찾아질 것 같지는 않다. 그녀는 예법과 권위를 묵수하는 '여자 어른'으로 군림하기보다 자신의 나약한 지점을 드러내고 의논하는 방식으로 자녀들과 끊임없이 소통하는 쪽이었다. 그리고 마음이든 물품이든 자녀들에게 아낌없이 베푸는 어머니였다. 그녀의 매력은 편지에서도 썼듯이 "내 마음의 말을 너희 오누이가 알아야 한다"라는 어머니로서의 자존감이 아닐까.

평범했으나 숭고한 삶,
김돈이

역사에 이름을 남긴 사람들은 대개 두드러진 업적이나 특별한 사건으로 한 시대를 뒤흔든 경우이다. 반면에 평범하게 살다가 죽은 대다수의 사람들은 공공의 기억이 될 수는 없었다. 김돈이(金敦伊, 1497~1566)는 특별한 업적이나 사건과 무관하게 그저 평범하게 살다 간 여성이다. 그 삶은 평범했지만 5백 년 후의 우리가 그녀의 존재를 알게 된 이상 평범하다고 할 수는 없겠다. 그녀는 남편 이문건(1494~1567)이 30여 년간 쓴 일기의 여자주인공으로, 또 남편이 제공한 묘지명으로 그 삶을 알려왔다. 함께 한 50년의 애환이 응축된, 남편보다 서너 달 먼저 죽은 덕분에 얻게 된 묘지명은 여자 묘주의 것으로는 김돈이가 조선 최초라고 한다. 〈숙부인김씨묘지명〉의 김돈이는 이러했다.

내 어찌 가난함을 걱정하리, 아내가 이같이 현명한데. 자질과 성품이 곧고 밝으니 이는 하늘로부터 받은 것이다. 규방의 법도를 어기지 않았는데 복은 어찌 이리 기우는가. 아이를 낳으면 어려서 잃고 일마다 어려움이 많았다. 일흔까지 살았으나 고질병으로 고생하며 늘 물이 끊는 듯 힘들어했다. 애비 없는 손자의 혼사를 의논하다가 매듭을 짓지도 못한 채 수명과 운수가 다해 돌연히 세상을 떠났다.…선한 것을 좋아하고 악한 것을 싫어했으며, 무엇이 옳고 무엇이 그른가를 가릴 줄 알았다. 본성이 착해 다른 사람이 잘되는 것을 좋아했고 남에게 해를 주거나 편협하지 않았다. 조상제사에는 정성과 진심을 다했고 규방의 규범을 잘 지켰다. 나이 스물에 나의 아내가 되었고, 가난하지만 부부 사이는 화목한 편이었다.

묘지명 속의 그녀는 치장과 과장 없는 담담한 모습을 하고 있다. 요조숙녀의 모습도 보이고 골골거리며 겨우 연명한 듯 나약한 모습도 보인다. 또 잃거나 병드는 등 자식 복이 없었음을 언급하고 있다. 남편이 지은 김돈이의 묘지명은 백자로 제작된 것으로 1567년 2월 16일 장례 때 묘비 밑에 묻어둔 것이다. 이 부부의 합장묘는 450여 년이 지난 2012년에 경북 고령에서 충북 괴산으로 이장되는데, 이때 묘지명이 각인된 가로 17센티미터, 세로 23센티미터 크기의 백자가 출토된 것이다. 묘지명은 그 일생을 평가하여 후세에 전하고자 하는 뜻이 있어서인지 대개는 장점 위주로 서술한다. 따라서 해석의 여지가 없는 사실적 부분에서도 약간의 손질이 가해지곤 한다. 부부 생활 50년에서 갈등이나 미움의 감정이 없을 수 없을 텐데 묘지명의 그녀는 그런 일상의 사소한 감정을 다 털어버린 듯하다.

이문건은 매일의 일과를 기록했는데 전해오는 것은 42세부터 74세까지의 일기로 중간에 결락된 부분이 있어 18년여 분량이다. 그의 일기는 아내를 산에 묻고 돌아와 초우제를 지내는 장면으로 막을 내린다. 그리고 얼마 후 그도 아내의 뒤를 따라 세상을 떠나는데 향년 74세였다. 김돈이는 혼인 19년 차인 39세부터 70세로 죽는 그날까지 남편의 일기에 등장하는 주인공이었다. 묘지명에서 언급한 바 지병이 있어 늘 힘들었다고 했는데 일기에서도 "아내가 기운이 없어 밥을 먹지 못한다"라는 말이 수시로 나온다. 남편은 늘 아내를 엿보고 지켜보며 몸과 마음의 상태를 기록한다. 55세이던 1551년 봄에 김돈이는 한 달 보름을 사경을 헤맬 지경으로 앓아누웠다. 이문건은 하루에도 수차례 아내가 있는 아랫집에 내려와 병을 돌보는데 병세가 심할 때는 밤을 새우며 아내 곁에 머물렀다.

> 아내가 간밤에 몹시 앓았다. 심장과 폐에 번열이 있어 음식물을 전혀 들지 못하고 맥박도 위태롭다. 아침에 삼소음을 먹였지만 효과가 없었다. 낮에 인삼강활산을 지어서 달였다. 저문 후에 인삼탕에 지보단

2환을 먹였다. 밤이 깊어 강활산 절반에 망초 약간을 섞어 먹이고, 청심원 절반도 씹어 먹게 했다. 가끔 헛소리를 하는데 기운이 떨어지고 괴로워서 그럴 것이다. 마음이 우울해서 아무 일도 하지 못했다.(1551년 4월 1일)

아내 병간호를 이보다 잘할 수 있을까. 그가 의술에 좀 밝은 유학자이긴 해도 16세기 사대부 남성으로서 이렇게 정성스럽게 병든 아내를 돌보았다는 사실은 놀랍기도 하다. 남편의 정성 때문인지 기사회생한 김돈이는 일상으로 돌아와 서서히 일손을 잡아간다. 50대 후반 노년에 든 그녀가 몰두하고 있는 일은 누에치기다. 김돈이는 아래채를 온통 잠실蠶室로 만들어버릴 만큼 일에 의욕을 부린다. 명주실을 잘 뽑는 마을 사람을 초청하고 자신도 실을 뽑는데, 구경하는 남편에게 "고운 것은 거문고 줄을 만들게 해주고 싶다"라고 한다.(1551년 5월 24일) 남편은 죽다 살아난 아내가 자신이 애호하는 거문고의 줄을 생각하고 있다는 데 감동을 받는다.

이보다 훨씬 젊었을 때의 일이긴 하지만, 묘지명 속의 김돈이와 일기 속의 김돈이가 다른 사람처럼 보이기도 한다. 일상 속의 그녀는 좀 더 세속적이고 인간적이다. 조상 제사에 지극 정성을 다하기는커녕 건성건성이었다. 1535년 남편은 양주 노원에서 어머니를 위한 여묘살이를 하고, 그녀는 서울 주자동 집에 있으면서 제물을 챙겨 노비 편에 보내곤 한다. 종종 제물에 성의가 없이 대

충해서 보내는 바람에 문제가 된다. 남편은 아내가 지혜롭지 못해 보낸 제물이나 제구가 후져서 쓸 수가 없다며 종을 시켜 따로 마련하거나 아내에게 다시 해 오도록 돌려보낸다. 사십 줄에 앉은 김돈이는 제사에 무성의하다는 질타를 자주 듣는다. 남편이 아내에게 '언짢은 언사[逆情之辭]'를 보내면 아내는 남편에게 '애교스러운 말[巧辭]'을 돌려주는 것으로 보아 김돈이 스스로 문제를 인식하고 있었던 것 같다. 젊은 김돈이는 제사보다 세상의 화려한 이야기에 관심이 더 컸다.

인종비 인성왕후(1514~1577)와 이종사촌 간인 김돈이는 이모 댁인 박씨의 친정에서 노는 날이 많았다. 왕실에서 내려온 물건이나 이야기를 구경하러 가서 자정에야 겨우 돌아오거나 아예 자고 오겠다는 전갈만 보내기도 한다. 그런 날 일기에 이문건은 "밉다, 정말 밉다[可憎可憎]"라고 썼다. 어느 날 김돈이는 남편을 향해 이런 말을 한다. "사람의 눈빛을 보면 그 원하는 바를 추측할 수 있는데 당신은 여색을 탐하는 게 있어 못생긴 비婢도 지나치는 법이 없군요." 이에 남편은 긍정도 부정도 아닌 "그런가?"라고 응수한다. 김돈이는 공부는 안 하고 노비들과 희희덕거리며 노는 아들을 잡아다가 몽둥이로 패는 남편에게 아들이 병이 난 것은 모두 당신 때문이라며 악을 쓰기도 한다. 그녀는 약간 모자라는 아들 때문에 속상해서 우는 날이 많았다. 이렇게 티격태격하며 자주 다투던 젊은 시절이 다하자 부부에게 위기가 찾아왔다.

승지 벼슬의 남편이 을사사화에 연루되어 유배를 가게 된 것이다. 오십의 나이에 남편의 유배지 성주에서 새로운 삶을 시작하는 김돈이는 누에치고 길쌈하여 돈을 만들고, 부실한 아버지를 둔 1남 2녀의 손주를 폐족의 자손으로 남지 않도록 돌보고 가르친다. 행여 잘못될까 늘 달고 다니며 기른 맏손녀 숙희를 좀 더 나은 집안에 시집보내고자 서울에 줄을 대다가 상처도 입는다. 1544년 20세의 나이로 죽은, 딸 순정順貞의 제삿날은 5월 19일이다. 역병이 돌았던 두 해를 빼면 거의 해마다 딸의 기일제사를 챙겼다. 주로 어머니인 자신이 제수를 마련하고, 지내기는 여비女婢가 하는 방식이었다.

생일날 초대된 그녀의 우인友人은 뽕 따는 여자, 염색 어미, 시장 아주머니 등으로 서울의 인맥들이 상상하기 힘든 생활밀착형이다. 위기의 가족 앞에서 괴력을 발휘한 그녀는 살랑거리며 놀러다니던 예전의 그 김돈이가 아니다. 후일 할머니의 정성에 보답이라도 하듯 손자 수봉은 임진왜란 때 의병으로 활약하여 공을 세웠고, 막내 손녀 숙녀의 남편 동래부사 송상현은 충절의 역사 인물이 되었다. 16세기 양반 여성의 일상을 보여주는 그녀의 삶은 특별하진 않지만 늘 분주했다. 공공의 기억으로 남을 생은 아니었다 하더라도 그녀의 삶은 평범했고 치열했고 숭고했다.

대적하는 짝,
송덕봉

하나이면서 둘이고, 대적하면서 짝을 이루는 이런 유형
의 부부를 항려優儷라고 하는데, 고대 문헌《춘추좌씨전》에 나온
다. 대적함 또는 대등함의 뜻을 가진 한자 항優과 짝을 뜻하는 려
儷가 결합한 용어인 항려를 주석가들은 '대립과 통일을 동시에 가
지고 있는 개념'이라 했다. 항려는 배우자가 권력의 향배를 좌우
했던 춘추시대의 산물로 여필종부나 삼종지도처럼 일방향이 아
니라 각자 서로의 의미를 만드는 쌍방향의 관계다. 16세기 송덕봉
(宋德峰, 1521~1578)이 남편 미암 유희춘(1513~1577)과 살아낸 부부
의 삶이 이 모델에 가깝지 않을까 한다. 이들의 관계는 남편 미암
이 1567년 10월부터 1577년 5월까지 거의 매일 기록한 10년간의
일기를 통해 엿볼 수 있다. 남편의 호를 따서《미암일기》라고 부

른다.

  송덕봉은 전라도 담양에서 아버지 송준과 어머니 함안 이씨의 3남 2녀 중 막내로 태어났다. 아버지는 사헌부 감찰과 단성 현감 등을 지냈고, 어머니는 대사헌을 지낸 이인형의 딸이다. 16세 때 인 1536년(중종 31년)에 8년 연상의 해남 사람 유미암과 혼인하여 40여 년을 부부로 살았다. 여느 부부처럼 그들도 우여곡절이 많았 다. 혼인한 지 10년 만에 남편 미암은 양재역 벽서 사건에 연루되 어 함경도 종성으로 유배를 간다. 근 20년의 유배살이 동안 송씨 는 담양과 해남 두 곳을 오가며 토지와 노비 등의 가산을 관리하 고 1남 1녀의 자녀를 양육하며 시모 봉양까지 하는 등 고군분투하 는 일상이었다. 그 사이 시어머니가 돌아가시고 삼년상을 마치자 담양에서 종성까지 만 리 길을 걸어 적소謫所의 남편을 방문하는데 이별한 지 15년 만의 일이다. 마천령을 지나며 그 감회를 시로 남 긴다.

걷고 또 걸어 드디어 마천령에 이르니
끝없는 동해 바다 거울처럼 판판하구나.
부인의 몸으로 만 리 길 어이 왔는가?
삼종의리는 무겁고 이 한 몸은 가벼워라네.

_〈마천령상음摩天嶺上吟〉

35

이후 미암은 유배에서 풀어나고 관직에 복귀하게 되는데 덕봉은 담양과 서울을 오가며 남편 내조에 최선을 다한다. 그녀의 〈취한 김에 우연히 읊다[醉中偶吟]〉라는 시에는 한양을 세 번째 방문하는 느낌을 적고 있는데 그녀에게 현재의 이 상황은 꿈만 같다. "이십 년을 변방에서 피눈물 흘리더니, 오늘 비단옷 입고 영화 누릴 줄 누가 알았으랴." 앞날을 예측할 수 없는 유배라는 고통의 시절을 건너온 부부에게 함께 있게 된 이 시간들이 너무나 소중한 것이다. 미암은 홍문관으로 출근하고 덕봉은 추운 셋방에 혼자 남겨진다.

눈이 내리니 바람 더욱 차가워
냉방에 앉았을 그대를 생각하오.
이 술 비록 하품이지만
언 속을 따뜻하게 데워줄 것이오.

_유미암, 〈모주 한 동이를 집에 있는 아내에게 보내며[母酒一盆送于家遺成仲]〉

국화 잎에 비록 눈발은 날리오나
은대銀臺엔 따뜻한 방이 있겠지요.
추운 방에서 따뜻한 술 받아
언 창자 데우니 얼마나 고마운지요.

_송덕봉, 〈화답시[和詩]〉

1 / 구체적으로 살고 입체적으로 존재하다

송덕봉은 술을 잘 마셨던 것 같다. 술기운을 빌려 읊은 시가 수 편이고, 술로 인해 자아가 커지는 경험을 한다. 〈취한 김에 읊다[醉裏吟]〉에서는 천지가 넓다고 하지만 규방 안에서는 그 참모습을 볼 수가 없다고 한다. 그런데 "오늘 아침 반쯤 취하고 보니, 사해는 넓어 가이 없도다!"라고 한다. 그들은 떨어져 살 때는 편지나 시문詩文으로 서로의 일상과 감정을 나누었고, 함께 지낼 때는 지난 밤 꿈 이야기와 장기將棋로 하루를 시작한다. "부인은 백인걸 공이 장기 둘 때 궁宮을 먼저 단속한다는 말을 전해 듣더니 바로 실행했다. 이때 나는 차車를 먼저 떼고 두었으나 이기지 못해 포包만 떼었다." 미암을 이기려는 덕봉의 필사적인 노력이 엿보인다. 그들은 상대의 기분을 헤아리는 데 인색하지 않았고 기쁜 일이라면 사소할지라도 서로 나누고 소통하는 부부였다.

지난밤 부인과 대화하며 내가 조금 실수를 하자 부인이 언짢아했는데 조금 뒤에 풀렸다. 내가 사과했기 때문이다.

_《미암일기》, 1571

궁중에서 내려준 배를 부인과 함께 먹었다. 맛이 상쾌하니 최고 품질 인 것 같고 술도 너무 맛이 좋아 서로 경하하기를 그치지 않았다.

_《미암일기》, 1572

내 실수를 인정하고 사과하는 것이나 맛난 것을 먹으니 얼마나 즐거우냐며 서로 축하하는 것은 아무것도 아닌 듯하지만 사실 그 사소한 것에 관계의 미학이 있다. 송덕봉과 유미암은 대립하는 가운데 서로 아끼고, 각자 주인이면서 서로의 요구에 반응하는 그런 사이였다. 공부에 속도가 붙은 남편은 아내에게 시를 보내며 꽃이나 음악, 술 이런 것에 도통 흥미가 없고 오로지 책 속에서 지극한 즐거움至樂을 누리노라 자랑한다. 아내는, 달 아래 거문고 연주와 술기운에 마음이 호탕해지는 그 큰 즐거움도 모른 채 "어찌 책 속에만 빠져 있소?"라고 반격한다. 이들의 시는 대체로 남편의 시에 아내가 차운次韻하고, 아내의 시에 남편이 화답하는 방식의 대화이다. 송덕봉은 여성으로는 드물게 이름 외에 호와 자字를 지녔다. 특히 자 성중成仲은 유희춘의 자 인중仁仲에 조응하는 것으로 아버지 송준이 지은 것이다. 부부가 함께 '인仁을 이루라'는 주문이다.

송덕봉은 박하게 베풀면서 두텁게 바라지는 않지만 합당한 요구는 하는 사람이었다. 그녀는 비석을 세워달라는 친정아버지의 유언을 지키지 못해 홀로 근심하며 잠들지 못하는 날이 많았다. 형제들은 하나같이 곤궁하여 막내인 송씨 혼자서 이 일을 감행한다. 품질이 좋다는 은진의 비석 돌을 사서 배에 실어 해남 바닷가로 보냈다가 다시 담양의 묘소에 세우기까지 6년이 걸렸다. 비석을 세우면서 겪은 감회를 두 편의 글에 담았다. 일의 과정을 담은 〈착석문序石文序〉와 이를 둘러싸고 생긴 남편에 대한 감정을 담은 편지글 〈착석문〉이 그것이다.

이에 의하면 1567년(선조 즉위년) 미암이 전라도 관찰사로 부임해 오자 덕봉은 친정아버지의 숙원이 이루어질 것으로 기대하게 된다. 그런데 남편의, 개인적인 일과는 거리를 두어야 한다는 원칙론과 친정 형제끼리 사비를 내어 진행하면 돕겠다는 말에 분통이 터졌다. 덕봉은 친정 형제들의 어려운 처지를 상기시키고, 사위로서 상주 노릇을 전혀 못 한 미암과 시어머니 상례와 제사를 아들 몫까지 최선을 다해 모신 자신의 과거지사를 낱낱이 따져나간다. 나아가 덕봉은 "당신은 2품의 직분에 삼대三代를 추증하여 조상의 영혼과 구족이 모두 기쁨을 얻지 않았소?"라며 남편의 정곡을 찌른다. 그녀의 의식 속에는 부부가 함께 일구어 여기까지 왔는데 친정 부모에게 조상으로서 누릴 수 있는 영예까지는 아니더라도 비석 하나 정도는 세울 수 있지 않으냐는 당연한 요구가 있는 것이다. 덕봉은 부모에게 효도를 행하고자 하나 힘이 부족하여 안타까워하는 사람이 있다면 도와주는 것이 어진 군자의 마음이라면서 "겨우 사오십 말의 쌀이면 족할 것을, 이래서야 지음知音으로 평생을 함께 늙어갈 수 있을까요?"라고 한다. 그 후 미암은 마음을 고쳐먹고 일꾼들을 보내 한 달에 걸쳐 처부모의 묘소에 비석을 세우고 음식을 장만하여 제사를 지낸다.

따질 것은 따지고 경쟁할 때는 경쟁하지만 궁극적으로는 서로를 이루어주는 이런 관계를 상반상성相反相成이라고 한다.《상서尚書》

를 교정하던 미암은 상商나라 고종이 부열을 재상에 임명하면서 한 말, "내가 술이나 단술을 만들 때 그대는 누룩과 엿기름이 되어 달라[若作酒醴, 爾惟麴糱]"라는 대목에서 얼糱이 어떤 물건인지 홍문관 사람 아무도 알지 못해 막혀버린다. 그래서 "부인에게 물어보니 '보리나 밀을 물에 담가 짚단으로 싸서 따뜻하게 두면 발아를 하는데 그것을 말려 빻아 가루로 만든 것'이라고 하니, 나는 이날 새벽에 아내와 동료가 되었다"라고 썼다. 또 미암은 자신의 시에 아내 덕봉이 "직설적으로 작문하듯 시를 지어서는 안 된다"라고 평을 하자, 버리고 새로 짓기도 한다. 한번은 덕봉이 92세 된 종 치산의 어미를 불러와서 음식과 식량을 나눠주자 미암은 그녀의 인품에 탄복하며 "사람을 아끼고 선을 좋아하며, 늙은이를 공경하고 어린이를 이끌어주는 아주 드문 사람"이라고 칭찬을 아끼지 않는다. 덕봉은 해남의 옛 집터에 새 집을 지어놓고 벼슬을 버리고 돌아올 남편에게 시를 띄운다. "당신이 내려오기를 기다렸다가 함께 나란히 들어갑시다!"《덕봉집》

가려진 재능,
신사임당의 두 손녀

서자·서녀 가운데 부모의 재능이나 자질을 물려받은 자가 없을 수 없지만 역사는 그들의 존재를 숨겨왔다. 조선에서는 약간의 벼슬이나 학문만 있어도 그것을 기반으로 자녀들의 앞날이 열렸건만, 친가·외가가 아무리 대단해도 서녀·서자라면 이야기가 달라진다. 조선시대 기억의 계보에서 서자·서녀는 분명 거추장스러운 존재였다. 다만 숨겨도 숨겨지지 않는 특출한 자들이 있어 숨바꼭질하듯 그 모습이 드러나곤 한다. 서녀로 태어난 사임당의 두 손녀도 그런 경우다.

신사임당(1504~1551)은 화가이자 율곡의 어머니로 역사에 화려하게 등극하여 수 세기가 지나도록 그 인기가 식을 줄 모르고 있다. 반면에 생전의 그는 빈궁하고 고단한 삶을 산 것 같다. 그림도 생계를 위한 절박한 상황에서 창작되었을 거라는 해석이 지배적이다. 사임당은 행장에도 소개된 바 "활달한 성품으로 작은 일에 얽매이지 않아 집안 살림을 돌보지 않았던" 남편을 대신하여 많은 식구들을 건사하며 또 혼을 담은 작품들을 그려낸, 이른바 최선을 다한 삶이었다. 그녀의 자녀 가운데 한 딸과 두 아들, 즉 이매창(李梅窓, 1529~1592)·이이(李珥, 1536~1584)·이우(李瑀, 1542~1609)는 예술 또는 학문 등으로 역사에 이름을 남긴 인물이 되었다. 그들의 출중한 재능과 노력하는 습관 등은 어머니로부터 받은 유산일 것이다. 사임당의 유산은 손주들에도 나타났다. 개인의 자질보다 우선하는 그 시대의 자격이 있다면, 바로 양반의 적자여야 하는 것이다. 이이가 학문으로 입신하고 이우가 예술로 명성을 얻은 것도 이 전제 위에서 가능했다. 반면에 서녀로 태어난 손녀들은 재능과 덕성을 갖추고도 가족의 변방에서 서성이는 삶을 살 수밖에 없었다.

사임당의 손녀이자 율곡 이이의 딸은 사계 김장생의 아들인 김집(1574~1656)의 측실이 되었다. 김집은 율곡과 김장생의 학문을 이은 대학자로 인신人臣으로서 최고 영예인 문묘와 종묘 종사를 동시에 이룬 육현六賢의 한 사람이다. 그와 함께 배향된 사람으로 이언적·이황·이이·송시열·박세채가 있다.

율곡의 딸은 서녀로 태어났기에 첩이 될 수밖에 없었고, 그 자녀들은 자동으로 서자·서녀가 되었다. 율곡은 정실부인 노씨가 오랫동안 아이를 얻지 못하자 양반의 서녀를 측실로 얻어 2남 1녀를 얻은 것으로 나온다. 그의 득남이 인생 말년에 이루어진 것임을 볼 때 그 시대의 가치관에 따른 어쩔 수 없는 선택이었던 것 같다. 두 측실 가운데 경주 이씨는 이양李暘의 서녀로서 1남 1녀를 낳았고, 전주 김씨는 1남을 낳았다. 김집의 측실로 간 율곡의 딸은 문신 이안눌(1571~1637)과 이종사촌 간인데 율곡의 측실과 이안눌의 모친이 자매이기 때문이다. 이안눌이 쓴 〈서庶외숙 제문〉에 의하면 외조부 이양의 자녀들은 적서 구별 없이 한 형제로 서로 아끼는 사이였다. 집안의 격조란 벼슬이나 인맥의 화려함을 말하는 것이 아니라 비록 적서나 주종主從의 구분이 있다 하더라도 구성원들의 사람다운 관계가 잘 지켜지는가에 있지 않을까. 말하자면 율곡은 격조 있는 양반가의 딸 경주 이씨를 측실로 맞이하여 딸을 낳는데 그 딸이 김집의 측실이 되었다. 하지만 측실은 최소한의 언급에 그칠 뿐 지워진 존재나 마찬가지였다. 김장생이 쓴 〈율곡행장〉에는 첩의 존재를 언급하고 있는데 정실부인 노씨의 부덕婦德을 칭송하기 위한 맥락에서 나온 것이다. 노씨 부인이 "첩들을 은혜로 대우하며 친자매처럼 여겼다"라는 것이다.

아버지 율곡과 어머니 경주 이씨의 훌륭한 자질을 품고 태어난 서녀 이씨는 첩실이 될 수밖에 없는 것이 그 시대의 법이었다. 김집의 나이 19세에 맞은 적실은 당시의 우의정 유홍(1524~1594)의 딸이었다. 그런데 부인 유씨에게 고질병이 있어 주부 역할을 할 수 없게 되자 혼인 4년 만에 율곡의 서녀 이씨를 측실로 맞이하게 된다. 그 후 이씨는 2남 2녀를 낳아 기르고, 집안의 대소사를 주관하며 시아버지 김장생을 30년간 효심으로 모셨다. 영민하고 현철하여 칭송이 자자했던 그녀와, 율곡 이이를 외조부로 사계 김장생을 조부로 둔 그녀의 아들들은 율곡과 사계를 계승한 노론의 정국임에도 서자 신분으로 인해 설 자리가 없었다. 김집은 죽기 1년 전 82세의 나이에 쓴 조상 사당에 고하는 축문에서 자신은 근력이 다해서 사당의 크고 작은 제사에 참여하기가 어렵다고 한다. 이어서 "칠십 노인이 되면 집안일을 자손에게 물려주곤 하지만 저는 후계자가 없고 또 그렇다고 달리 어떻게 하기도 어려워서 그저 슬피 탄식만 하고 있습니다"라고 한다. 김집을 서술한 다른 자료에도 "김집은 아들이 없다"라고 한다. 서자는 '아들'이 아닌 것이다. 율곡의 서녀 이씨는 예학의 대가 김장생의 며느리이자 당대 최고의 학자 김집의 부인으로 평생을 성실과 정성으로 살았지만 자신은 물론 그 자녀들까지 없었던 존재가 되고 말았다.

사임당의 또 다른 손녀인 이우(1542~1609)의 딸 이씨(1584~1609)가 있다. 그녀는 덕행과 재능이 뛰어났고 그림과 시에 능했으며 십여 세에 문장을 짓고 백가서에 통달했다고 한다. 사임당의 화풍을 계승한 이우는 시·서·화·금琴을 다 잘하여 4절四絶이라 불렸다. 이씨는 할머니와 아버지의 재능을 이어받은 것이다. 아버지 이우는 이 딸의 운명을 매우 안타까워했는데 16세 되던 1599년

(선조 32년)에 16년 연상인 이시발(1568~1626)의 측실로 들어간다. 그녀가 어떤 과정을 거쳐 측실이 되었고 또 그녀가 얼마나 탁월한 재덕才德을 소유하고 있었는지를 알려주는 기록이 있는데 바로 남편이 쓴 제문이다.

> 자네가 아름답다는 소문을 듣고 잠 못 드는 날을 보내기를 반년, 결국 자네 부모의 허락을 얻어내었지. 혼인한 후에 자네의 지행志行을 보니 그 총명하고 명석한 재능과 단정하고 정숙한 자질이 과연 일반적인 규수에 비할 바가 아니었으니 자네 부모에게 사랑을 받은 이유가 있었다.…경사經史에 박식하고 거문고와 바둑 실력이 뛰어났으며 자수와 서화에도 능했다. 내 정이 자네에게 특별히 깊은 것은 어찌 재색의 아름다움에만 있겠는가.
>
> _〈제측실문祭側室文〉

이씨는 혼인한 지 10년 만에 어린아이들을 남겨두고 26세의 나이로 세상을 떴다. 이시발은 측실 아내와 이별하며 예와 정을 다해 쓴 제문을 남겼는데 정실 아내에 대해서는 아무런 기록이 없는 것과 대조적이다. 이시발이 쓴 제문에서 주목되는 것은 장인 이우에 대한 호칭과 대우이다. 이우는 당대 최고의 문예를 갖춘 사대부지만 첩으로 간 딸로 인해 '첩의 아비'에 걸맞은 대접을 받는다. 장인은 대개 부모와 함께 극존칭을 올려야 하는 대상이지만 이시발은 이우를 '야양爺孃'이라는 속칭으로 호명한다. 또 이씨의 호칭 또한 부인夫人이 아닌 '너[汝]'를 쓴다. 혼인도 '복성卜姓'과 '정정定情'이라는 용어를 사용함으로써 적서의 차별을 엄격히 구분하고 있다. 한편 제문은 이씨가 서자로서 세상을 살아야 할 자식들에게 얼마나 혹독한 교육을 행했는가를 보여준다. 율곡의 문인 최립은 이씨를 애도한 글에서 "반소班昭처럼 아이를 가르치고 있었다"라고 했다. 뜻이 통했는지 그녀의 장남 경충(慶忠, 1600~?)은 무과에 급제하여 아버지를 따라 이괄의 난을 진압하여 공을 세웠고, 차남 경선(慶善, 1601~1636)은 진사시를 거쳐 문과에 급제하여 벼슬길에 올랐다. 이씨의 아들들은 나라에 공을 세운 대가로 서자의 굴레를 벗고 적자의 자격을 얻은 것이다. 그리고 《경주이씨세보》에는 이씨를 이시발의 배우자 "정경부인 덕수 이씨"로 기록하고 있는데 그녀 또한 아들들의 활약으로 사후에 정실의 자격을 얻은 것이다. 사후의 그녀는 이시발의 호 벽오를 따서 '벽오부인'으로 불렸다. 작품으로 묵죽墨竹 4폭이 전해온다.

조각난 기록들을 맞춰보면 두 손녀는 신사임당 못지않은 재능과 자질을 갖추고 있었다. 서출에 여성이라 자신의 재능을 있는 그대로 마주하기조차 버거웠을 그들처럼 이러한 차별로 인해 역사 속 많은 이들이 아픔을 안고 사라졌을 것이다. 오늘 우리 안의 차별도 누군가의 재능이나 노력을 지우고 있는 것은 아닌지 다시 살펴볼 일이다.

칼 대신 붓을 든 이유,
풍양 조씨

18세기의 끝자락, 서울 김씨 댁 새아기 조씨(1772~1815)는 살아남기로 마음을 정한다. 서로 사랑하던 동갑내기 남편이 혼인한 지 5년 만에 20세의 나이로 세상을 뜬 것이다. 양반가의 법도로 보나 지우知友로서 서로를 위해주던 관계로 보나 따라 죽는 것이 도리이고 의리이다. 이른바 열녀라는 것이다. 금방 끊어질 듯한 숨을 연명하면서 하루하루를 견디어내는 남편을 보고 그녀는 스스로 다짐했다. "차마 생각지 못할 때를 당하면 마땅히 한 번 급히 결단하여 시각을 늦추지 않고 좇을 따름이라." 그렇게 마음이 굳게 정해지자 조씨는 "작은 칼을 신변에 감추는데 손이 떨리고 마음이 놀라" 하늘만 올려다보며 이 어찌된 세상이냐며 울부짖는다. 이미 남편을 따라 죽기로 마음을 정한 조씨는 친정의 아버지와 언니가 생각나 앞이 어둡고 가슴이 막히지만 이미 끝난 결정이라 마음을 바꾸지 않기로 한다. 그런데 일찍 떠난 어머니 대신 자신이 오로지 의지하던 언니를 남겨두고 불시에 떠날 수가 없어 작별의 의미로 마음의 뜻을 전하자 과연 언니는 오열하며 울부짖는다.

이것이 참인가 꿈인가. 하늘이 차마 이렇게 할 것인가. 병이 들어 죽는 것은 어찌할 수 없다 하나 생목숨 끊는 이 지극한 원통함과 혹독한 설움을 나 차마 어찌 견디고 살겠는가. 나도 죽어 편코자 하나 예로부터 동생을 따라 죽는 의義 없고, 살고자 하나 동생을 영영 멀리 마저 여의면 내 심장이 철석이 아니니 어찌 견디리오.

하지만 새아기 조씨의 결심은 단호했다. "죽어 모르는 것이 즐겁고 차마 당하지 못한 지경을 견디며 사는 것이 더 혹독하니 저를 위하신다면 살라는 말을 마오." 그녀의 뜻을 알게 된 친정의 언니와 아버지의 슬픈 몸짓은 조씨의 안팎을 살피기에 여념이 없다. 남편이 생사를 오갈 때 생혈로 살려보고자 단지斷指를 하려는데 자결로 오해하여 칼을 뺏던 아버지의 그 무너져 내리던 모습이 조씨의 마음을 흔든다. 큰아버지는 또 "네가 죽으면 네 형이 살지 못할 것이고, 너희 형제 다 살지 못하면 네 아버지 지탱할 듯싶으냐?"라고 하며 엄하게 나무란다.

비록 위태하다가도 혹 회복될 수도 있는데 어찌 이리 과도하게 구느냐. 비록 불행한 일을 만나도 내 몸은 스스로 둔 것이 아니라 부모의 유체이니 부모가 남겨준 몸을 가볍게 함은 목숨을 스스로 장생하지 못하는 것이다.

살 생각을 하라고 재삼 당부하며 목놓아 흐느끼시는 아버지, 애타게 내가 살기를 마음 졸이시는 아버지, 내가 만일 죽으면 그 슬프고 끔찍한 설움에 눈이 멀 것 같은 아버지를 두고 차마 떠날 수가 없다. "내 생목숨 끊어 여러 곳에 불효를 하는 참담한 정경을 생각하니 차마 죽을 수 없었던" 것이다. 딸에게 살려는 뜻이 있음을 안 아버지가 천만다행으로 여기시는 듯한 안색과 마음을 보이자 지극한 정과 천륜을 저버릴 수 없어 조씨는 더욱 살기로 굳게 정한다.

새아기 조씨가 살아남아야 할 이유는 또 있다. 청풍 김씨 삼대 독자인 남편을 사랑으로 애지중지 길러주신 시집 어른들은 어찌할 것인가. 딸도 없이 오직 아들 하나에 삶의 전부를 건 조부모님과 부모님의 그 참혹한 상심을 누가 돌볼 것인가. 나를 지극히 사랑한 그들을 두고 어떻게 죽을 수 있단 말인가. 특히 과일이나 고기 한쪽도 좌우로 나누어 주며 아들 부부의 먹는 거동과 모양을 즐기셨던 시어머니를 누가 보살필 것인가.

애는 구천에 끊어지고 넋은 황천에 사라지니 차마 어찌 견디리오. 남편이 본래 형이나 아우가 없고 외로운 몸으로 이제 돌아간다면 한낱 형제와 한점 피붙이가 없으니 남편의 모습을 어디로 옮기며 남편의 핏줄을 어찌 이으리오. 남편은 시부모의 기둥인데 기둥이 부러지니 어디에 의탁하며 남편은 시댁의 주춧돌인데 주춧돌이 꺾어지니 어찌 엎어지지 않으리오.

이렇게 하여 살아남은 새아기 조씨의 시간은 어느덧 1년이 흘렀다. 마음을 조금 추스르자 조씨는 지난 20년의 삶을 기록으로 남기기로 한다. 다시 살기 위해 붓을 든 것이다. 가을의 과거장에서 향시를 보다가 병을 얻은 남편이 시름시름 3년을 앓다가 결국 죽음에 이르게 된 그 참혹한 과정과 생전의 정겨운 기억을 글로 남기고 싶었다. 그녀는 '여러 곳에 불효를 저지를 수 없어' 살기로 했다고 하지만, 스스로 목숨을 끊는 일 또한 보통 심장으로는 쉽지 않았을 것이다. 하지만 '살아남아' 삶을 이어간다는 것 또한 어린 조씨에게는 버거웠다. 여기에는 남편을 따라 죽는 것을 진정한 의미의 열행으로 여기던 사회적 관행이 큰 몫을 했을 것이다. 절기를 좇아 추위와 더위가 교체되지만 남편 옷을 지을 일 없고, 한 자 무명과 한 조각 솜도 그를 위해 쓸 수가 없는 것이 그녀에게는 슬프고 원통한 일이다. 남편의 첫 제사를 지내게 된 새아기 조씨의 심정이 어떠했을까.

1 / 구체적으로 살고 입체적으로 존재하다

문득 조상 제사가 끊어지기에 이르고 부모 봉양을 상의할 곳이 없으며 백 년을 기약한 것은 하루 아침 이슬이 마른 것 같아졌구나. 오호라, 사람의 아내 되어 음식의 짜고 싱거움을 맞추고 베고 삶기를 직접 하여 지어미의 소임을 해보지 못하고 남편을 섬긴다는 것이 제기를 다뤄 제사에 정을 표하고 도리를 펼 뿐이니 유유한 설움과 느꺼운 한이 당연한 이치와 다름이 많으니 애통하고 다시 애통하며 원통함이 하늘에 닿을 듯하나 이미 영원히 끝남이로다.

이른바 생열녀生烈女 조씨의 자기 기록은 2백 자 원고지 5백 장 분량에 담겨 있다. 이름하여 〈자긔록〉이다. 생사의 갈림길에서 느끼는 복합적인 감정과 일들을 스무 살 여성의 관점에서 써 내려간 〈자긔록〉이 우리 앞에 그 모습을 드러낸 것은 불과 십수 년 전이다. 고서 더미에 묻혀 있던 것이 한 연구자에 의해 2백여 년의 세월을 뚫고 밖으로 나온 것이다. 이 기록은 남성 문사들의 붓끝에서 나온 그간의 열녀가 여성 그 자신의 진실과 거리가 있을 수 있다는 것을 보여준다. 열녀가 된 여성들이 과연 남성들이 찬양해온 그런 존재, 즉 '한 치의 주저함 없이 의義을 향해 장렬하게 죽은 굳센 의지'의 소유자인가 하는 것이다. 그녀들 역시 대부분의 인간이 그렇듯 '죽어야 하는 의리' 앞에서 갈등하고 번민하는 나약한 한 인간 존재에 불과할 뿐이었다.

한편 이 기록은 우리에게 알려진 조선 후기 사회의 가족 정서와는 또 다른 면을 보여준다. 새아기 조씨의 가족을 보면 남편은 과거 공부에 열중하고 아내는 주로 친정에서 지내는데 시집은 일이 있을 때 다니러 가는 곳이었다. 조씨 자매가 친정의 자기 방을 그대로 갖고 있는 것이나 더할 나위 없는 아버지의 딸 사랑 사위 사랑도 듣던 이야기와 다르다. 서울의 좀 사는 양반가의 이야기일 수도 있겠다. 또 조씨의 가족은 '며느리의 시집살이'라는 관행어를 무색하게 한다. 남편이 죽자 아들 하나에 모든 것을 의지하던 시어머니가 살기를 포기하고 아들을 따라가려고 유서를 쓴다. 이에 며느리 조씨가 시어머니를 질책하는데, 자신의 모진 목숨 살기를 훔쳐 세상에 머무는 것은 시어머니를 의지해서인데 이런 식으로 버림을 받는다면 자신은 살길이 없다는 것이다. 이에 시어머니는 며느리에게 눈물의 약속을 한다.

네 말을 들으니 내 고통 견디기 어렵다고 어찌 너로 하여금 극통을 겪게 하겠느냐. 내 오늘부터 결단을 버리고 내 한목숨 네게 붙이고 내가 죽기 전에는 네 몸을 보호하리라.

조씨의 〈자긔록〉은 고난을 넘어서는 과정에 대한 기록이자 죽음을 통한 삶의 기록이다. 극한의 불행에 직면한 어린 나이의 조씨가 우리에게 보여주는 것은 삶과 죽음의 경계에서 그 삶의 의미를 끈질기게 되묻는 실존적 인간의 모습, 바로 그것이다. 새아기 조씨는 '따라 죽은 것이 의리이자 도리'라는 이념의 희생자가 되기보다 나를 사랑하고 내가 사랑하는 사람들의 뜻을 따르기로 한 것이다. 그런 점에서 〈자긔록〉은 나에 대한 기록이기보다 가족을 통한 나에 대한 기록이다.

근원적 고통에 대한 유대,
여비 춘비

  춘비(春非, ?~1551년 9월 8일)는 사족 이문건가의 여비女婢다.
가족이 괴산의 처가 쪽에 살고 있는 데다 아내 김씨를 밀착 배행
하는 것으로 보아 그녀는 이문건의 처가 쪽에서 넘어 온 비로 보
인다. 사극에서 노비들은 그저 충직하거나 말이 없다. 기록에서
노비들은 소유주의 물목에 불과할 뿐 그들의 목소리는 존재하지
않는다. 게으르다고, 심부름을 엉터리로 했다고 매를 맞으면 나름
의 변명과 항변이 있을 것이나 그들의 목소리는 들리지 않는다.
그나마 이문건가의 노비들은 상전上典의 '기록벽' 덕분에 살다 간
흔적이나마 남길 수 있었다. 상전 이문건은 집안 노비들이 수행한
일과 그 동태를 자세히 기록했는데 인간적 관심보다 동산動産을 관
리하는 차원이었다. 이런 가운데 발병하여 고통과 신음 속에서 사

투를 벌이는 '춘비 두 달'의 기록은 신분의 틈새에서 새어 나오는 작은 불빛과도 같은, 인간 유대의 가능성을 엿보게 한다.

춘비가 상전의 일기에 처음 등장한 것은 10대 후반의 나이였다. 그는 서울 저동과 양주 노원(현 서울시 노원구)을 오가며 상전 부부의 메신저 역할을 하는데 당시 이문건은 노원에서 어머니 시묘살이를 하고 있었다. 춘비는 일을 성실히 하지 않는다고 자주 질타를 당하고 매를 맞는다. 춘비가 혼인을 하고 그 남편이 처음 벼를 바치러 왔는데 말투가 아주 거만하다며 상전은 머리채를 끌어 쫓아내게 한다. 춘비 남편의 입장에서는 아내가 그 집 종이지 자신은 그 집 소유가 아닌 비부婢夫일 뿐이다. 춘비도 성질이 순순하지는 않았다. 한번은 일을 열심히 하지 않아 또래인 상전 아들에게 매를 맞고는 "독을 뿜어대며 아프다며 큰 소리로 울부짖고 마구 악"을 쓰며 마당에 드러누웠다가 다음 날 더 심한 매질을 당한다.(1545년 윤1월 27일) 남동생이 죽었다는 소식을 듣고선 주체할 수 없는 설움과 통곡이 멈추지 않아 뺨을 맞기도 한다. 그녀가, 그녀의 조상이 어떻게 노비가 되었는지 알 길은 없다. 오로지 순종과 충직을 강요당하지만 춘비 역시 너무 짜증나면 배 째라 들이박고, 핏줄들의 소식에 감정이 요동치는 한 인간이었다.

춘비는 유배형에 처해진 상전을 따라 경상도 성주로 거처를 옮기는데 그녀의 나이 서른 내외였다. 성질은 여전하여 다른 집의 남노男奴들과 싸움질을 그치지 않아 상전의 지시로 자주 몽둥이찜

질을 당한다. 오죽했으면 상전 손자의 젖어미 선발에서 배제되기까지 했을까. 춘비에게 젖먹이가 있지만 성질이 험악해서 아기에게 나쁜 영향을 미칠 것이라는 이유였다. 하지만 젖어미로 배정된 눌질개訥叱介가 자신의 아기에게 젖을 더 먹이려고 그만두는 바람에 할 수 없이 춘비가 투입되었다. 눌질개는 누님의 여비로 이문건이 직접 상전은 아니다. 그래서인지 자기 아이를 더 챙기는 눌질개의 마음을 상전은 인정하지 않을 수 없다. 유모가 된 춘비는 다시 말썽을 일으킨다.

> 두 차례 내려가서 손자 아이를 보았는데 벌써 살이 올라 있었다. 춘비가 성실히 돌보지 않아 밤중에는 잠들기 급급해서 아이의 얼굴을 누르고 코 고는 소리에 아이가 놀라서 우느라 잠을 자지 못하여 쫓아낸 지 이틀이 되었다고 한다.(1551년 1월 21일)

그로부터 6개월 후 춘비의 몸에 종기가 나기 시작하는데 그녀의 나이 35세 전후에 불과했다. 1551년 7월 10일에 생긴 아랫입술의 종기가 다음 날 가슴으로 퍼져 사지가 쑤시기 시작한다. 발병하여 사망하기까지 상전 이문건은 거의 매일 두 달 동안 춘비의 증상을 안타까운 심정으로 기록한다. 발병 3일째가 되자 얼굴과 목구멍, 두 젖과 왼쪽 다리와 정강이에까지 종기가 퍼져 뼈가 쑤시고 열이 나서 물만 겨우 들이켜는 상황이 된다. 습열濕熱로 진단한 상전은 오령산五苓散을 주어 달여 먹게 하는데 다음 날 병이 더 악화되자 직접 와서 살피고는 자신의 진단이 잘못된 것임을 질책하지만 이미 늦었다. 발병한 지 7일째, 상전은 괴산에 있는 남편 방실方實를 불러 춘비의 병을 구완하게 한다. 관아 소속의 의생醫生을 불러와 침을 놓게 하기도 한다.

발병한 지 10일째, 춘비는 온몸에 창瘡이 퍼져 움직이지 못하고 밥을 넘길 수 없어 죽물로 연명한다. 이로부터 10일 동안은 종기가 소강상태로 접어들어 나아지나 싶더니 다시 아래턱에 종기가 나기 시작한다. 상전은 의원을 불러와 침으로 종기를 터트리게 하는데 신통치 않자 다시 다른 의원을 불러와 춘비를 치료하게 한다. 다시 열흘 후 춘비는 젖가슴의 종기가 터지더니 겨드랑이에 다시 종기가 나고 허벅지에도 종기가 다시 솟아 심한 통증으로 울부짖으며 음식을 먹지 못한다.

> 춘비는 왼쪽 겨드랑이에 다시 종기가 생겼는데 색은 붉지 않지만 그 부위가 크고 매우 아파 음식을 먹으려고 하지 않는다고 한다. 그 어린 아들 검동檢同은 젖이 부족해서 앓다가 초저녁에 죽었다고 한다.(8월 14일)

종기로 뒤덮인 춘비의 몸은 죽은 것과 다름없었다. 춘비는 소고기를 먹고 싶어 한다. 곪은 종기는 터지고 새로 솟은 종기는 열을 뿜어내는데 피골이 상접한 춘비는 서서히 죽어간다.

> 왼쪽 가슴과 왼쪽 겨드랑이, 왼쪽 넓적다리 세 곳에서는 흰 농이 끊이
> 지 않고, 새로 터진 오른쪽 젖가슴에서도 농이 나오기 시작했다. 오른
> 쪽 엉덩이에는 이미 농이 맺힌 것 같고, 오른쪽 다리도 종기로 아프
> 다고 한다. 너무 말라 몸을 움직이지도 못하고 아주 위중한 것 같다.
> (8월 28일)

춘비의 고통을 함께 아파하며 마지막까지 살려보려고 여러 의
원을 불러들이는 이문건을 보면 상전의 의무감 때문만은 아닌 것
같다. 결국 춘비春非는 종기의 독이 등으로 번져서 울부짖다가 발
병한 지 두 달 만에 숨을 거둔다. "한밤중에 춘비가 죽었다고 한
다."(9월 8일) 온몸을 뒤덮은 종기로 고통스럽게 죽어간 춘비의 장
례는 3일 후 동료 남노男奴들과 관아에서 보내온 인부 10여 명에
의해 치러졌다. 그리고 28일 후 남편 방실은 무당을 불러 사칠일
四七日 굿을 하며 그녀를 위로한다.

성주 인근 산에 있는 집안 노비 무덤가에 아내 춘비를 묻고 돌
아온 방실은 닷새 후에 아이의 관棺 하나를 가지고 괴산으로 간다.
아내의 상전 이문건이 그 손녀의 장사를 유배 후 안식처가 될 괴
산에 묻고자 했기 때문이다. 상전의 손녀는 이름이 숙복淑福으로
춘비가 죽은 다음 날 죽었는데 만 2년을 살았을 뿐이다. 세 살 손

녀의 장지를 향해 장정 너덧 명이 운구해 가는 장면에서 조부의 애틋한 사랑이 느껴지는 반면, 신분의 거대한 장벽이 이쪽과 저쪽이 전혀 다른 인종임을 실감케 한다. 춘비는 그만두고라도 아들 검동이 죽었을 때 내다버리듯이 한 것과는 대조적이다.

춘비가 죽은 지 한 달 후 비부婢夫 방실은 눌질개와 혼인을 한다. 방실은 괴산에 거처를 두고 이문건가의 장거리 심부름을 해주는데 자신의 말을 이용하여 대가를 받고 하는 용역傭役이었다. 새롭게 짝이 된 방실 부부는 아들 수명壽命을 낳는데 얼마 못 가 아이를 잃는다. 그 참에 독립해서 스스로 먹고 살겠다며 이문건가를 떠난다. 하지만 그 후로도 이 집에 나타나서 여러 심부름을 하는 것으로 보아 양반의 용역이 아니면 살기가 쉽지 않았던 것 같다. 다시 춘비로 돌아와 그녀의 고통과 죽음을 생각해보자. 계급사회에서 은혜라는 덕목은 주인에게 더 큰 탐욕을 보장하고, 충직이라는 노예의 덕목은 불만과 반란을 잠재우는 장치에 불과하다. 하지만 이 인위적인 장치를 걷어내면 주인도 노예도 인간 근원의 고통과 죽음에서 자유롭지 못하다. 형제와 자식의 수많은 죽음을 목도한 이문건이 춘비의 고통에 실시간 반응한 것은 인간 종種의 동일성에 대한 무의식적 자각이 있었기 때문이 아닐까.

사랑으로 쓴 성장의 기록,
손녀 숙희

    조선시대 딸들의 성장 과정이 기록으로 남겨지기란 불가능에 가깝다. 사회적 편견을 넘어야 하고, 여식에 대한 지극한 사랑과 기록이라는 행위의 지속성이 있어야 하기 때문이다. 그런 점에서 '숙희 20년'의 기록은 강보에 싸인 조그만 생명체가 두 딸의 엄마로 성장해가는 과정을 보여주는 귀한 자료다.

    이숙희(李淑禧, 1547~?)는 조부 이문건의 유배지 성주에서 30세의 아버지와 22세 어머니의 맏이로 태어난다. 아버지 이온(李熅, 1518~1557)은 어릴 때의 여파로 심신이 미약하고, 그런 남편의 짝이 된 어머니 김종금(金鐘今, 1526~?) 또한 총명이나 현명과는 거리가 있는 사람이었다. 숙희의 부모는 할머니 김돈이의 친정이 있는 괴산에서 혼례식을 올렸다. 조부 이문건이 유배지 성주로 떠나자 서울에 남겨진 할머니와 아버지가 5개월 후 괴산으로 옮겨 오고, 6개월 후에 청주 오근리 김증수 댁과 혼인이 이루어졌다. 아버지 이온은 재혼이었는데 처음 아내 박씨는 출산 도중에 아기와 함께 죽었다. 숙희 부모가 혼례를 준비하는 동안 유배객으로 거주 이동이 자유롭지 못한 조부 이문건은 편지로 원격 조정을 하며 애를 태우는데 부실한 아들의 재혼 혼사라는 점에서 더욱 그럴 것이다.

숙희의 부모는 혼인과 동시에 할머니 김돈이에게 이끌려 할아버지가 계신 성주에 살림을 차린다. 아내와 아들 내외가 온다는 전갈을 받은 할아버지 이문건은 방마다 도배를 하고 신랑신부 방에는 해가 들어오도록 벽을 뚫어 창을 만든다. 그로부터 1년 후에 숙희가 태어난다. 숙희는 잦은 병치레로 어른들의 애간장을 태우는 가운데 각각 두 살 터울 진 여동생 숙복과 남동생 숙길을 얻는다. 동생들을 돌보는 일로 밥값을 하던 우리네 맏이들과는 달리, 숙희에게는 동생들을 돌본다는 개념이 없다. 같이 놀아줄 뿐이고 돌봄 노동은 노비들의 몫이었다.

숙희의 양육과 교육은 부실한 부모를 대신한 조부모의 몫이었다. 다섯 살 숙희는 매일 위채 조부의 처소를 맴도는데 조부는 일기 속 날씨처럼 숙희의 동정을 매일 기록해갔다. 숙희와 놀았다, 숙희가 낮잠을 잔다, 숙희가 바늘로 뺨을 찔러 피가 났다, 숙희가 노래를 부른다, 숙희가 새 옷을 입었다, 숙희가 울어 마음이 아프다는 등. 할아버지는 영특한 숙희가 사람들을 흡족하게 할 것임을 믿어 의심치 않는다. 그런 숙희를 그 어미가 자주 때려 울리자 이 문건 부부는 속상해서 어쩔 줄 모른다.

아내는 숙희 어미가 자주 숙희를 때려 크게 울리는 것에 화를 내며 옳지 않다고 말했다. 또 옥춘玉春이 숙희가 맞는 것을 키득거리며 흉내 낸다고 했다. 나도 화가 나서 대나무 가지로 옥춘의 등을 10여 대 때리고, 또 며느리에게 아이를 때린 것을 질책했다. 며느리는 이것이 섭섭했는지 비婢들을 나무랐다. 이것을 들은 아내는 또 며느리를 매정하게 꾸짖으니 일 돌아가는 것이 우습다.(1551년 5월 8일)

숙희 자매가 이질에 걸려 설사하며 사경을 헤매자 간병에 필사적으로 매달린 조부모의 헌신으로 숙희만 살아남는다. 세 살을 넘기지 못한 여동생 숙복을 위해 조부모는 묘지를 정성스레 조성하고 3년 동안 기일 제사를 지내준다. 만 2년을 살다 간 손녀로부터 애틋한 정을 거두지 못하는 조부모였다. "숙희가 노래를 부르며 즐거워하다가, 칼을 잘못 건드려 오른쪽 손가락 두 개를 다쳤다. 크게 울면서 아파하니 가엾다."(1552년 2월 29일) 얼마 전에 죽은 손녀 숙복 때문인지 할아버지의 시선은 늘 숙희를 따라다닌다. 혹 숙희가 몸져누우면 무녀를 불러와 쾌차를 비는 굿판을 벌이기도 한다.

숙희가 쓰러졌다고 해서 내려갔더니 눈이 붓고 기氣가 막혀 수족을 떨면서 얼굴을 긁고 가슴을 치는데, 맥박이 어지럽더니 사람을 알아보지 못했다. 급히 용소합 3환을 소변에 섞어 숟가락으로 떠 넣으니 삼켰다. 잠시 후 소리는 내는데 오른쪽 눈동자가 움직이지 않으며 여전히 사람을 알아보지 못했다. 바로 죽엽탕을 달이고 청심원 1환을 섞어 숟가락으로 떠 넣으며 숨을 내쉬고 삼키게 했더니 내 말을 알아듣는 듯하면서 슬피 울부짖었다.…대나무 즙으로 만든 약수를 먹게 하고 중간에 죽물을 주었더니 오후에는 조금 차도가 있었다. 사람을 알아보고 맥박도 고르게 되었다. 저문 후에 다시 약을 먹였더니 밤에는 잠을 잤다고 한다. 어제 바람에 심하게 상해 기운이 약해지고 열이 일어나 그렇게 된 것이다. 불쌍한 것, 놀라고 놀랐다. 무녀 추월을 불러 아이의 병을 빌었다.(1553년 7월 22일)

생명이 오가던 위급한 상황의 숙희는 할아버지의 지극한 정성으로 소생한다. 불면 꺼질까 손대면 다칠까 늘 염려되는 손녀 숙희가 그 엄마에게 혼이라도 나면 할아버지는 마음이 상해 입맛마저 잃어버린다. "며느리가 화를 내며 숙희 머리를 때렸다. 내 마음이 편치 않아 잠시 앉았다가 바로 나와버렸다."(1554년 10월 11일)

여섯 살이 된 숙희가 공부를 하겠다고 하자 할아버지는 기특해서 어쩔 줄 몰라 한다. 할아버지가 써준 언문 한 장으로 시작한 공부는 열 살이 되고 혼인을 하고서도 계속되었다. 교재를 정해 매일 한 편씩 익히는데, 《삼강행실도》를 읽고 《소학》을 읽으며 《천자문》을 익히는 숙희의 학구열은 낱낱의 기록으로 저장되었다. "숙희가 요즘 6갑과 28수 등의 숫자를 익혀 외웠다."(1555년 1월 11일) "숙희가 어제저녁부터 《천자문》을 쓰기 시작하며 옆에다 언문 토를 달아달라고 했다."(1556년 9월 14일) 아버지 이온은 숙희의 양육에 아무런 역할을 하지 못했고 숙희가 열 살 때 세상을 떴다.

공부 외에 집안일을 즐겨 하지 않는 숙희를 할아버지는 개의치 않았다. 숙희는 봉제사·접빈객의 노동에 묻혀 죽도록 일만 하고 배움과 지식에서 차단되었다고 하는 조선 여성과는 다른 모습이다. 열두 살의 숙희는 언문을 잘하기로 소문이 났다. 조부에게 글을 배우러 오던 열다섯 살 손응상이 언문을 공부하면서 숙희에게 배움을 청했다. 이 사실은 동생 숙길을 통해 할아버지에게 보고되었다. 중간에 말 심부름을 한 노비들이 볼기에 장杖 10여 대씩 맞았고 응상은 쫓겨났다. 숙희 또한 할머니에게 종아리 10대를 맞았다. 여식을 잘 길러 좋은 혼처를 정해주려는 조부모의 마음에 대못을 박은 사건이었다.

열다섯 살 숙희는 조부모가 애를 쓴 덕분에 서울 사는 감찰 정언규의 아들 정섭과 혼인을 하는데 풍습대로 처변妻邊에 눌러살게 된다. 처음 혼담이 오갈 때 숙희의 조부모는 노奴 만수를 보내 정씨 댁 아들의 용모를 살펴보게 한다. 한 달 후 정씨 댁의 연륜 있는 노奴가 성주로 내려와 집안의 모양새를 살피고 처녀가 현명한가를 묻고 갔다. 조부는 그를 잘 대접하라고 영을 내린다. 그런데 처녀 집이 빈궁하니 어쩌니 해서 중간에 혼사가 어그러질 뻔했으나 '혼사는 하늘의 뜻'이라며 마음을 비우고 기다린 조부의 배짱으로 성사된 것으로 보인다. 열다섯 살 동갑의 신랑신부는 노심초사하는 조부모의 시선 내에서 움직인다. 시골 생활에 적응이 안 되는 정섭은 서울 집으로 돌아가겠다고 떼를 쓰고, 숙희는 서방書房에 가는 걸 껄끄러워한다. 그러던 어느 날 숙희가 할아버지를 보고 부끄러워하자 합방의 신호로 알고 노부부는 안도한다. 여덟 살 아래의 여동생 숙녀를 늘 달고 다녔던 숙희가 이제 딸 희정까지 대동하고 할아버지의 처소에 나타난다.

숙희의 동생 숙녀(1555~1608)는 임진왜란 때 동래성 함락으로 자결한 부사 송상현(1551~1592)의 부인이다. 숙희의 혼사를 앞두고 할아버지는 점술가를 불러와 손녀들의 사주를 건넨다. 숙희는 평탄하게 잘 살고, 숙녀도 부유하게 살며 아들을 낳을 것이라는 말을 듣게 된 할아버지는 기분이 좋아져 온 사람에게 술을 대접하고 종이와 먹을 두둑하게 선물로 준다.(1561년 9월 12일) 혼인하고도 공부를 계속하던 숙희는 남동생 숙길을 가르치거나 할아버지 몫의 답장을 대신 쓰는 일을 하고, 아기엄마지만 생일 선물로는 늘 문방구를 받는다. 조부 이문건은 유배 오기 전에 살던 서울의 가옥을 손자가 아닌 손녀 숙희 부부에게 물려준다. 둘째 딸을 낳은 숙희가 시집으로 거처를 옮겨간 듯 조부모의 시야에서 사라지는데 몇 달 후 할머니와 할아버지도 차례로 세상을 떠난다.

마을을 돌며 근심을 위로하다, 무녀 추월

크게 이름을 알려 시대의 주목을 받은 이들이 역사의 전면을 장식하지만 조선시대 사람 수를 놓고 볼 때 그것은 모래사장에서 5백 원짜리 동전이 나올 확률에 불과하다. 절대다수의 사람들은 이렇다 할 사건이나 기록을 만들지는 못했지만 나름의 몫을 치열하게 살았을 것이다. 16세기 성주 지역의 무녀巫女 추월秋月도 단골 고객의 기록이 없었다면 '모래알' 백성으로 묻힐 뻔했다. 추월과 단골 이문건의 거래는 15년 이상 지속되었다. 고독과 분노의 감정이 남들보다 심했을 유배객 이문건은 죽기 직전까지 추월을 통해 적잖은 위로를 받는다.

대과 급제를 거쳐 고급 관료를 지낸 이문건은 처음엔 유교 지식인답게 무녀에 대한 시선이 곱지 않았다. 세 들어 사는 주인집

안채에서 무사巫事를 벌이려 하자 무녀를 불러 '준엄하게' 꾸짖기까지 한다. 그런데 아들의 혼인으로 어린 가족들이 늘어나면서 예기치 않은 상황이 자주 일어나자 서서히 무당에게 의존하게 된다. 추월을 불러 "바깥의 나쁜 귀신을 달래게" 하고 그녀를 통해 "망극한 근심"을 내려놓는다.

추월은 모계 세습을 통해 무녀가 되었다. 부역賦役의 의무가 없었던 대부분의 여자들과는 달리 추월은 수익에 따라 세금을 내는 직업인이다. 그녀는 무업巫業에서 얻은 수입으로 남편 정억수와 의붓아들을 건사하는 '가장家長'이기도 했다. 추월의 어머니는 전라도에서 활동하는데 경상도로 넘어와 추월의 무사巫事를 대신 맡기도 한다. 추월이 이소離所죄[영역을 벗어난 죄]와 뇌물죄에 걸려 옥에 갇히는 신세가 되었을 때다. 무녀는 교구와 유사한 개념의 무업권巫業權을 가지는데 남의 영역을 침범하는 것은 불법이었다. 추월의 행위가 고객의 요구를 뿌리칠 수 없었기 때문인지 더 벌기 위한 욕심 때문인지는 알 수가 없다. 이문건의 일기에 소개되는 추월은 전자일 가능성이 크다.

추월은 고통받는 사람들을 위로해주는 공감 능력이 뛰어났던 것으로 보인다. 이문건은 대과 급제자로서 학문은 말할 것도 없고 서예와 음악에도 조예가 깊었던 만큼 까다로운 취향을 가졌다고 할 수 있다. 유배 전 그는 왕명의 출납을 담당한 정3품 승지承旨였다. 특히 서예로 이름이 나 중종의 국장國葬 때 묘호廟號와 시호諡

說을 쓴 사람이다. 그런 그가 추월과 지속적인 교류를 하면서 적잖은 마음의 안정을 찾았다는 점이 주목된다. 추월의 단골 이문건은 학문과 의술을 구비한 유의儒醫이기도 하다. 가족의 질병은 그의 손에서 대략 해결되었고, 인근의 지인들도 그의 처방을 받기 위해 수시로 드나들었다. 하지만 원인을 알 수 없는 증상에 대해서는 속수무책이었는데 수많은 죽음을 목도한 그에게 돌아가며 드러누워 사경을 헤매는 가족들은 공포 그 자체였다. '귀신 씌운' 병이나 '사기邪氣가 발동'한 질병은 무녀 추월의 몫이었다.

추월은 치병治病굿 전문가로 알려졌다. 이문건은 이질을 앓아 목숨이 끊어질 듯 위태로운 세 살배기 손녀 숙복淑福을 위해 추월에게 구명시식救命施食을 부탁한다. 귀신에게 음식을 베풀어 애원하며 목숨을 되돌려달라는 의식이다. 하지만 간절한 뜻을 담은 굿에도 아랑곳없이 열흘 후 숙복은 세상을 떠나고 만다. 여기서 추월의 굿이 효험이 있는지 없는지 따지는 것은 무의미해 보인다. 심각한 병자가 생긴 집이면 추월은 늘 그곳에 있었다. 단골 이문건은 몸져누운 아내가 영 일어나지를 못하자 추월을 불러 귀신을 달래게 한다. "아내가 온몸이 찌르는 것처럼 아프고 허리와 오른쪽 머리도 아프며 죽을 마시고도 체한다. 낮에 무녀 추월을 시켜 신명에게 빌었더니 열흘 후에 평안할 것이라고 한다."(1555년 9월 6일) 원인도 없이 나날이 말라가는 손자의 병인病因을 '유의儒醫' 이문건은 '무의巫醫' 추월에게 묻는다. 추월은 식신食神을 달래는 의식을 행하고, 가족들은 기도한다.

추월은 고객으로부터 곡식도 받아가고 틈틈이 자기 가족들의 병에 쓸 약을 챙겨간다. 한번은 추월이 화원현의 향리에게 뇌물을 받은 죄로 옥에 갇히게 된다. 이틀 동안 연달아 장杖을 맞고 병이 나자 그녀의 남편이 이문건을 찾아와 보방保放을 청한다. 이문건은 목사에게 편지로 추월을 구해달라는 청을 넣는다. 목사는 "뇌물을 받아 관가官家를 능멸했으므로 풀어줄 수 없다"라고 답장을 보내온다. 며칠 뒤에는 판관에게도 편지를 써 추월을 잘 봐달라는 부탁을 한다. 10년 이상을 거래하는 동안 둘 사이에 인간적 신뢰가 쌓인 것이다. 추월이 무엇을 요구하든, 심지어는 남편 정억수의 무리한 부탁까지도 이문건은 거절할 수가 없었다. 정억수가 62세의 나이에 군관軍官이 되고자 병마절도사에게 추천장을 써달라고 하자 이문건은 기꺼이 써서 준다. 사족 이문건가와 무녀 추월이 주고받은 물건을 보면 추월의 면모가 어느 정도 그려진다. 초기에는 주로 추월이 물품을 받아갔다면 후기로 갈수록 추월이 늙은 고객에게 과일이든 떡이든 들려 보낸다. 남의 집 굿을 하고 얻은 음식을 더 이상 굿을 할 일이 없는 노부부에게 챙겨 보내는 데서 추월의 마음씨가 엿보인다. 하지만 추월은 가끔 사고도 친다. 위로해야 할 고객이 많고 밀착하여 사정을 듣다보니 각 가정의 내밀한 이야기를 많이 알게 된 것이다. 추월은 굿을 매개로 한 것이 아니더라도 이문건 집에 종종 찾아와 이런저런 소식을 전한다. 목사와 판관의 기별이라든가, 마을에 떠도는 소문이라든가. 헛소문의 진원지가 추월인 경우가 종종 있어 사람들은 우왕좌왕했다. 한번은 추월이 전임 목사 노경린(1516~1568)의 첩자 효번孝番이 천연두에 걸려 죽었다는 소식을 전한다.(1561년 4월 7일) 노경린은 이이(1536~1584)의 장인이기도 하다. 성주목사 시절의 노경린과 각별한 사이였던 이문건은 상경하는 관리 편에 자식 잃은 목사를 편지로 위로한다. 그런데 "상경했다 돌아온 기생들이 모두 노 목사의 아들 효번이 살아 있다고 한다"라는 말을 듣게 된다. 이에 이문건은 위로의 편지를 보낸 자신을 질책한다.

사족 남성 이문건에게 추월은 신의 대리인이었다. 이문건은 그녀에게 "신을 대신하여 아픈 아기를 구해달라"라고 하고, 추월은 천지신명의 말이라며 열흘 후면 완전히 나을 것이라 한다. 무녀 추월은 먼 길을 떠나는 고객 가족의 안위를 빌어주고, 고객의 부탁으로 안타깝게 죽은 노奴의 제사를 지내준다. 이문건은 손자 숙길이 성황당을 지나올 때 갑자기 가슴이 두근거리고 다리가 후들거리는 일을 겪고서 몸져눕게 되자 사람을 추월에게 보내 그 이유를 알아보게 한다. 추월은 바로 닭과 밥을 차려 성황당에 빌며 고객의 손자 병을 낫게 해달라고 한다.(1561년 4월 6일)

미지의 세계는 추월이 장악한 듯하다. "암탉이 또 새벽에 울기에 무녀巫女를 불러 물어보았더니 좋은 징조라고 한다.(1554년 1월 12일) 암탉은 여자를 비유하는데 주로 부정적인 의미로 쓰인다.

"암탉이 울면 집안이 망한다"라는 《서경》의 말은 여성의 발언권을 제한하기 위한 목적으로 많이 인용되어왔다. 그런데 추월은 이 유교 경전의 지식을 엎어버린 셈이다. 한 마을을 돌면서 우환에 든 가족들을 위로하면서 생업을 엮어간 무녀 추월. 그녀의 삶에서 권력이란 타인을 향한 정성에 비례한다는 사실을 확인할 수 있다. 이문건 집에서 행한 추월의 마지막 굿은 사흘 후 세상을 떠날 마님을 전송하는 행사가 되었다. "추월秋月이 와서 아내의 기침병에 대해 푸닥거리를 했다."(1566년 11월 9일) "새벽에 아내가 세상을 떠났다."(1566년 11월 12일)

유모의 인생역전,
봉보부인 백씨

봉보부인 백씨白氏가 죽자 34세의 국왕 성종은 슬픔을 가누지 못한다. 그녀가 몸져누운 며칠 사이 왕은 하루에도 서너 번씩 사람을 보내 안부를 물을 정도로 그녀를 향한 애정이 각별했다. 왕은 백씨의 예장禮葬을 종1품의 종친과 재상의 관례로 행하라 명하고,《경국대전》에도 이 항목을 보완해 넣었다. 백씨의 장례식에는 그녀로 인해 벼슬과 부귀를 얻은 자들이 보답이라도 하듯 문전을 가득 메웠다. 법전을 수정할 정도의 힘을 가진 여성, 왕이 정성을 다하는 여성, 백씨는 누구인가.

백씨는 성종의 유모乳母다. 유오乳媼라고도 하는데 조선시대의 유모는 젖먹이 3~4년 동안의 양육을 전담한 오래된 직업이다. 유모에 대한 복상服喪의 의무가 명시되어 있고 기리는 제문들이 많은 것을 보면 유모는 왕실이나 양반가의 관행이었던 것 같다. 자손의 번창을 바라는 상층 집단에서는 가임기를 늘이기 위해 산모의 수유 기간을 줄일 필요가 있었기 때문이다. 유모는 부귀의 상징이기도 했는데, "초야의 빈한한 가족에는 동복의 출생이 많되 유모나 양부의 도움 없이 온전히 부모만이 수고를 한다"라는 김담(1416~1464)의 말에서도 알 수 있다. 왕비나 후궁의 출산 기록을 보면 삼칠일은 산모의 젖을 먹고 이후는 유모에게 맡겨졌다. 아이의 품성은 유모에 의해 결정된다는 속설이 있는 만큼 유모의 건강과 성격을 따져 선정에 신중을 기했다. 특히 왕이 될 세자나 대군인 경우 양반가의 처첩에서 유모를 찾았지만 문화적으로 쉽지 않았는지 대개는 왕실의 여비 중에서 선정되었다.

봉보부인 제도는 중국 한漢나라 제도를 참작하여 세종 때 만들어졌다. 세종은 아기 때 돌본 공을 소중히 여겨 자신의 유모 이씨에게 아름다운 이름 '봉보부인'이라 칭하고 종2품의 관작을 내렸다.(세종 17년 6월 15일) 이어서 왕비의 유모에게도 유사한 칭호를 찾아보게 했는데 옛 제도가 없어 마련할 수 없다는 대신들의 답이 돌아왔다. 이에 세종은 공이 있는데 관작을 주지 않는 것은 마땅하지 않다고 하며 4품 신료臣僚의 아내에게 내리는 '공인恭人'을 제시하자 대신들은 그보다 낮은 궁내 5품을 제안하여 확정한다. 왕의 유모, 즉 봉보부인에 대한 제도가 구한말까지 지속된 것과는 달리 왕비의 유모에 대한 관작은 세종 이후에는 더 이상 언급되지 않는다. 여자들의 봉작이 남편이나 아버지의 의해 주어지는 것과 달리 봉보부인은 오로지 자신의 역할로 얻은 것이다.

백씨는 원래 어리니於里尼라는 이름을 가진, 경혜공주의 여비였다. 그녀의 남편 강선姜善도 같은 집 가노였다. 세조의 찬탈로 단종의 누나인 경혜공주와 그 시집도 풍비박산이 난다. 마침 얼마 전에 아이를 낳은 젊은 여비가 있어 같은 시기에 태어난 세조의 손자 잘산군乧山君의 유모로 발탁되는데 바로 백씨다. 세조의 손자이자 의경세자의 차남으로 태어나 두 달 만에 아버지를 잃은 잘산군은 젖먹이에게 몰두할 수 없었던 어머니 대신 유모 백씨의 품에서 성장한다. 자신의 젖을 먹고 자란 왕자가 왕위에 오르자 백씨는 종1품 봉보부인에 봉해진다. 유모와 아기는 통상 서로에게 길들여지고 익숙해져 모자 같은 관계로 발전하는데 백씨와 성종도 예외가 아니었다.

성종의 즉위로 그녀는 면천되어 양인良人이 되는데 3촌 이내의 가족에도 적용되었다. 봉보부인 백씨는 왕실 어른의 자격으로 대비들과 함께 왕비 간택에도 참여한다. 상황이 이렇게 되자 백씨는 왕이 된 지 얼마 지나지 않은 성종에게 다른 사람의 관작을 청탁하기에 이른다. 이에 왕은 무슨 물건을 받고 이런 청탁을 하는지를 묻고, 나라의 공기公器를 함부로 청하는 행위가 반복된다면 용서하지 않겠다는 말을 한다. 이 사건으로 왕과 백씨 둘 사이가 틈이 날 만도 한데 봉보부인에 대한 왕의 배려는 여전했다. 백씨의 공감 능력이 탁월했기 때문으로 보인다. 백씨의 남편 강선은 벼슬이 당상堂上에 이르고, 아들 강석경姜碩卿은 왕을 밀착 호위하는 정3품 검사복兼司僕이 되었다. 백씨 품에서 형제처럼 함께 자란 강석경에게서 성종은 심리적인 안정을 누렸던 것 같다. 해마다 이들 가족에게 내리는 쌀과 콩이 수십 석이었고, 말과 노비는 물론 춘궁春宮 조성에 쓰일 재목 일부를 백씨 집에 하사하기까지 한다.

왕이 유모 가족에게 아낌없이 베푸는 것을 대신들은 용납하려 하지 않았다. 그들은 먼저 춘궁을 조성하기도 전에 1백 조條를 빼준 것과 봉보부인이 살고 있는 집이 크고 화려한 점을 들어 백성의 노고를 귀하게 여길 것을 주문한다. 왕이 백씨에게 은혜를 베풀 때마다 대신들은 사사건건 따지며 '근본 노비'임을 주지시켰다. 백씨의 아들 강석경이 내승內乘의 정2품으로 승진을 하자 신료들은 '강석경 파면'으로 맞섰다. "천한 노예의 무리를 청반淸班에 있게 하여 사류를 욕되게 할 수 없다"라는 대신들의 주청에 왕은 "절대로 들어줄 수 없다"로 맞섰다. 조정의 온 신하가 돌아가며 강석경 파면을 청하며 왕과 논쟁을 벌였다. 일관되게 강석경이 적임자임을 주장하던 왕도 두 달 동안 신료들에게 시달리게 되자 석경의 직임을 바꾸도록 명한다. 그런데 조정의 긴 소란이 그치는가 싶더니 갑자기 강석경의 부음이 들려왔다. 나이 서른의 강석경이 죽자 왕은 장례용품과 비용을 후하게 하사한다. 그로부터 1년 후 서반西班의 높은 자리에 오랫동안 앉아 있던 백씨의 남편 강선이 중추부의 첨지로 승진을 하자 대신들은 이번에도 크게 반대하고 나섰다. "개국 이래 본래 천례賤隷의 계통을 이런 관직에 제수한 적이 없었습니다. 속히 취소하소서." 동반직의 문신들이 사람을 보는 기준은 신분에 있었다. 그들에게는 아무리 관직이 높고 부귀를 겸비한 양반이라 하더라도 한 번 노비는 영원한 노비인 것이다.

영화나 소설 속 유모가 자신이 기른 아이를 안쓰럽게 바라보는 정도였다면 백씨는 욕심이 많고 수완이 좋았다. 이에 봉보부인에 빌붙어 벼슬을 구하려는 자들이 모여들었다. 문을 활짝 열어 그들을 상대한 결과, 가산은 점점 불어났고 궁중에 출입하는 날이면 추종하는 자가 길에 가득했다. 왕과 자주 대면하여 이런저런 이야기를 주고받던 위치의 봉보부인은 관찰사, 이조참판, 병마절도사 등을 청탁하여 따냈다. 그런 가운데 노비 송사나 공납에도 관여하여 물의를 일으키기도 한다. 30년이 넘는 여비 신분에서 봉보부인으로 산 20년, 왕의 비호로 백씨가 누린 부귀영화는 죽음과 함께 완벽하게 마무리되었다. 실록에는 봉보부인 백씨의 졸기卒記가 수록되어 있는데 그녀가 살아온 삶을 압축적으로 보여주는 것이다. "백씨는 성품이 아주 총명했다. 임금이 키워준 공로를 생각하여 매우 융숭하게 대우해주었는데, 환득환실患得患失하는 무리가 그 문전에 모여들었다"(성종 21년 12월 14일)

그런데 그게 끝이 아니었다. 무덤으로 들어간 지 15년, 연산군은 죽은 백씨와 생존해 있던 남편 강선에게 어마어마한 죄를 씌웠다. "봉보부인 백씨는 부관참시하고 그 지아비 강선은 장 1백을 때려 먼 지방으로 보내어 종으로 삼고 가산을 적몰하라."(연산군 10년 4월 23일) 자신의 어머니 윤씨가 폐위당할 때 곁에서 부왕을 부추긴 죄목이었다. 유모의 신분으로 왕족의 폐위 문제에까지 서슴없이 관여한 것으로 보아 백씨의 정치적 수완은 보통을 넘어선다. 연산군의 추적을 당한 그녀는 호칭부터 복귀되어 봉보부인에서 다시 여비 어리니로 돌아갔다. 왕을 등에 업고 벼슬을 팔아 뇌물을 챙긴, 전형적인 권력형 범죄를 저지른 그녀지만 역사 속 한 줄 평가는 '매우 총명함'으로 나온다.

하기야 조선에서 가장 미천한 신분인 여비에서 출발해 세자의 유모가 되고 종1품의 관작을 얻어 죽을 때까지 권세를 휘두르며 뒤탈을 남기지 않은 것을 보면 보통 총명은 아닌 것 같다. 저항할 수 없는 죽은 백씨를 두고 생전의 행위를 단죄하고 다시 천민으로 되돌려놓았다지만, 만약 백씨가 살아 있었다면 그리 순순히 연산군에게 당했을지 궁금하다. 백씨의 사람 다루는 솜씨나 정치적 수완을 볼 때 또 다른 역전이 가능했을지도 모를 일이다.

자산 관리의 달인,
화순 최씨

돈은 힘과 행복을 가져다주지만 분쟁과 폭력을 불러오기도 한다. 금을 놓고 두 개의 창이 겨루고 있는 글자 '전錢'의 형상에서 보이듯 고금을 막론하고 돈을 얻기란 쉽지 않았다. 없던 돈을 만드는 것만큼 있는 것을 지키는 것도 어려웠다. 그래서 재산 형성과 관리의 시스템이 사회마다 있게 마련인데 산업의 특성상 조선시대는 대부분 상속으로 이루어졌다. 초기에는 딸도 아들과 균등하게 상속되었는데, 부계父系 가족이 강화되는 후기로 가면 아들 위주로만 주어진다. 딸이 상속에서 배제됨으로써 여자들은 사실상 빈털터리가 된 것이다. 하지만 대략 16세기까지는 딸로서 받은 상속분으로 여자들은 혈손들에게 자기 존재를 확인시킬 수 있었고, 자기 몫의 재산을 통해 혈연을 넘어 능동적인 관계 맺기도 가능했다. 즉 여자들도 재산의 증식과 운영을 통해 자기 세계를 표출할 수 있었던 것이다. 그 대표적인 인물이 바로 화순 최씨(1483~1545)이다.

최씨는 김산(지금의 김천)에서 상당한 규모의 경제력과 학문을 갖춘 재지사족 최한남의 1남 1녀 중 딸로 태어났다. 그녀는 20세에 20년 연상의 손중돈(1463~1529)과 혼인을 하는데 2년 전 사별한 재취 자리였다. 당시 손중돈은 양산군수로 내려오는데 노모를 돌보기 위해 경주 양동의 본가 가까이 직임을 받은 것이다. 27세에 대과 급제로 관직에 진출한 손중돈은 덕과 실력을 두루 갖춘 경세가로 조야의 주목을 받고 있었기에 스무 살이 많아도 남편감으로 그리 기울지 않았던 것으로 보인다. 그뿐 아니라 손중돈은 부모로부터 적지 않은 재산을 물려받았다. 아버지 손소(1433~1484)는 문과 급제자로 관직 생활을 하던 중에 이시애 난을 진압한 공으로 적개공신에 봉해져 부와 명예를 동시에 얻게 된다. 이것은 그 후손들이 성장하여 사회적 명성을 얻는 데 밑거름이 되었다. 손소는 5남 3녀의 자녀를 두었는데 그의 사후 일찍 죽은 장녀를 제외한 7남매에게 큰 규모의 재산을 분배한다. 그런데 손중돈 남매가 부모로부터 받은 재산의 내력을 보면 아버지보다 어머니 유씨로부터 온 것이 많았다.

경주 양동이 손씨의 세거지가 된 것은 손소가 양동의 부자 유복하의 사위로 들어오면서부터다. 유복하 또한 양동마을로 장가

온 사람이었다. 손소는 아버지 손사성의 처가이자 자신의 외가인 청송에서 나서 자랐고, 혼인과 함께 양동 사람이 된 것이다. 조선 전기 15세기에는 여자가 남자 쪽으로 시집가기보다 남자가 여자 쪽으로 장가드는 것이 일반적이었다. 당시 풍속대로라면 손소의 딸들이 양동을 지키고 아들들은 처가 쪽으로 가야 하지만 손중돈 은 양동에 그대로 머물렀고 아내가 이곳으로 들어왔다. 손소와 손 중돈이라는 두 걸출한 인물로 인해 양동은 손씨 부계 집단의 터전 으로 자리를 굳히게 된 것이다. 게다가 손소의 다섯째인 둘째 딸 이 남편과 사별하자 양동으로 들어오는데 그 아들이 조선성리학 의 비조鼻祖 이언적(1491~1551)이다. 이언적은 외숙 손중돈에게 사 사하고 학문 및 관료로서의 성취를 이루어낸다. 그 후 양동마을은 아들의 후손과 사위의 후손이 서로 경쟁하고 협력하며 공존해왔 다는 점에서 사위가 들어와 기존의 성씨를 대체한 여러 마을의 경 우와 구별되는 특성이 있다.

주인공 최씨로 돌아오면, 그녀는 혼인한 다음 해에 중앙 부서 로 발령이 난 남편을 따라 서울에서 살게 된다. 손중돈은 목사와 관찰사로 간간이 외직에 나가지만 판서나 대사헌, 한성판윤 등 중 앙의 요직을 주로 맡았기 때문에 그들의 26년 혼인 생활은 대부분 서울에서 보낸 것이다. 그 사이에 최씨는 서울 저전동에 가옥을 장만하고, 경주와 김산의 토지를 사들인다. 최씨의 재산 거래 내 역은 〈손중돈 처 최씨 입안〉, 〈정부인 최씨 분급문기〉, 〈월성군부인 최씨 입안〉 등의 문서로 전해온다. 최씨는 재산의 거래와 공증 등을 친정 쪽 호노戶奴 옥석玉石이 맡도록 했다. 최씨의 남편 손중돈은 "직무 외의 일로 방문하는 것을 꺼렸고 관아의 일이 파하면 곧바로 제집으로 돌아갔으며 권력을 잡았어도 뇌물이 통하지 않아 문전門前이 고요했다"라는 평을 남긴 인물이다. 남겨진 문서나 개인의 성품으로 드러난 바 이 부부가 형성한 대부분의 재산은 최씨의 주도로 이루어졌음을 알 수 있다.

손중돈이 정2품 우참찬으로 세상을 떠나자 47세의 최씨는 경주 양동의 본가로 내려와 가산을 돌보며 집안의 대소사를 관장한다. 최씨는 2남 1녀를 낳지만 모두 잃었고, 남편의 전처에게서 난 1남 3녀의 의자녀를 두고 있었다. 부부는 재산 상속에 대한 일정한 합의를 미리 조성해놓았다. 사당이 딸린 집은 제사를 모시는 장자에게 주고, 부부가 함께 마련한 서울 집은 관직 진출 가능성이 있는 손자에게 주기로 한 것이다. 이에 최씨는 남편이 죽은 지 8년이 지난 시점에서 재산의 일부에 대한 상속을 단행한다. 장자 손경에게 가기로 한 사당 집은 그의 처 강씨康氏에게 갔는데 아들이 부친과 같은 해에 잇달아 사망했기 때문이다. 서울 집은 어리지만 문재文才가 있는 손자 손광호에게 돌아갔다. 딸 셋 중에 장녀는 자식이 없어 분재에서 제외되고 두 딸은 각각 여종 1명과 논 20마지기 등을 상속받았다. 최씨는 각자의 수결을 첨부하여 이 사실을 문서화했다.

남편 사후에도 최씨는 지속적으로 전답을 거래하여 자산을 불리면서 한편으론 대를 이을 장손 손광서에게 집중적으로 상속한다. 친정 조카 최득충도 "월성군 숙叔은 벼슬은 비록 높았지만 본래 청백하여 가계가 실하지 못했는데 대부분은 우리 고모가 과부로 사시며 스스로 이룬 재산"이라고 한다. 최씨가 조성한 재산은 남편과 자신이 각 부모로부터 상속받은 재산의 세 배에 달했다. 최씨는 취득한 재산의 유지에 나름의 철학을 담았다. 즉 '조상의 행적을 이어갈 자손에게 상속하여 대대로 간직하게 하자'는 남편의 유지를 구현하되 스스로 일군 재산에서 자기 존재가 기억될 수 있도록 하는 것이다. 당시 상속 제도에는 '손외여타孫外與他 금지'가 있었는데 자손 아닌 다른 사람에게 재산을 주지 못하게 한 것이다. 최씨가 사망할 경우 자식이 없기 때문에 친정 부모로부터 상속받은 재산은 그 종래從來를 따져 복귀된다. 친정에서 받은 재산을 남편의 전처 자녀들이 갖게 된다면 친정 쪽에서 볼 때 자손 아닌 다른 사람에게 주는 '손외여타'가 된다. 손외여타 금지에 대한 대책을 마련해두지 않는다면 향후 손씨와 최씨 두 집안에 분쟁이 일어날 수도 있다. 이에 최씨는 자신의 혈족인 세 살이 되지 않은 친정 질녀를 수양녀로 삼고, 친정어머니에게 받은 재산을 물려주었다. 질녀 최씨의 입장에서 볼 때, 할머니의 재산이 고모에게 갔다가 자신에게 돌아온 것이다. 나아가 최씨는 이 질녀를 부계 장손 손광서와 혼인시켜 확고부동한 후계자로 삼는다. 입안을 통해 재산 분배를 공고히 하는데 여기에는 정리와 의리, 혈연 가승家承이라는 복합적인 가족 관념이 얽혀 있다.

남편의 뜻과 자신의 욕망이 완벽한 조화를 이루는 최씨의 구상은 손광서의 상속 문서에 그대로 표현되었다. "내가 자녀가 없어 네 처인 나의 3촌 질녀를 세 살 전에 수양하여 정리와 애정이 중대할 뿐 아니라 너 또한 나를 봉양함이 친자식과 다름이 없으므로 내 쪽 노비와 전답을 너에게 전급한다." 질녀 최씨와 손자 광서 사이에서 낳은 아이에게 재산이 상속되는 것은 손외여타 금지, 즉 혈족 상속이 된다. 경주 손가 고문서집에는 정부인貞夫人 최씨가 자산을 형성하고 관리한 활약상이 그대로 전해오고 있다. 1545년 11월 21일 최씨는 장손 손광서에게 노비와 전답을 특별히 내려주는 문서를 작성한다. 이날 최씨는 병이 깊어져 생사를 가늠할 수 없는 지경이었는데 생애 마지막 일로서 이 상속을 행하고 이날 바로 숨을 거두었다. 별급한 재산은 자신이 사들인 여종 2명과 남편 재산인 여종 1명 그리고 집안의 마름인 옥성 소유의 논밭이다. 집사 일을 한 옥성이 자식 없이 죽자 그 소유의 전답이 주인댁으로 이전된 것이다.

그런데 최씨 생전에 이토록 주도면밀하게 재산 관리에 공을 들였건만 그녀가 죽은 지 15년이 지난 후 친정 조카 최득충은 고모 몫의 재산을 본족으로 돌려달라는 소송을 낸다. 질녀 최씨가 자녀 없이 죽었기 때문인데, 이에 최씨 측 재산이 손광서의 후처 자녀들에게 돌아가는 것을 막고자 한 것이다. 사건을 맡은 경주부는 《경국대전》에 의거하여 4 대 4로 분재토록 했다. 양측적 혈연에 기반한 가족 정서와 종법적 계승 관념이 길항하던 16세기에 가산 경영에 역량을 발휘한 최씨의 사례는 재산 소유나 경제 주체 등의 개념과 거리가 멀었다는 조선 여성의 이미지를 전복시키기에 충분하다.

선비 아내의 내공,
문화 류씨

남산골의 허생은 10년을 기약한 글 읽기를 다 채우지 못하고 7년 만에 책을 덮고 휙 집을 나가버린다. 아내의 삯바느질로 겨우 풀칠을 해왔는데 하루는 아내가 악에 받쳐 울먹인다. 공자 왈 맹자 왈 과거도 안 본다면서? 독서가 아직 미숙하다는 허생의 말에 기가 찬 듯, 장인바치는 못 하냐, 장사는 못 하냐며 다그친다. 할 줄 몰라 못 하고 밑천 없어 못 한다는 남편의 대꾸에 아내는 "도둑질도 못 하오?"라고 하여 대화는 마침표를 찍는다. 박지원의 〈허생전〉에 나오는 이 풍경은 조선 후기 가난한 선비가의 익숙한 일상이었다. 이른바 선비는 일종의 지식인으로 벼슬은 없고, 의리와 원칙을 갖추었되 돈은 없으며, 돈이 없어도 품격을 잃지 않는 무항산이유항심無恒産而有恒心의 경지에 오른 사람 정도로 이해된다. 일자리가 없어도 굶어 죽지 않고 도리어 품격까지 갖추고 있다면 그 내공은 어디서 온 것일까. 그런 선비의 뒤에는 일하는 아내가 있었다.

문화 류씨(1713~1755)는 남편 이광사(1705~1777)가 남에게 무언가를 부탁하거나 얻으려고 하면 정색을 하고 싫어했다. 이광사는 1728년(영조 4년) 이인좌의 난으로 소론이 권력에서 밀려나자 벼슬길을 단념하고 독서와 서예에 전념하게 된다. 남편 이광사가 자신을 위한 공부 '위기지학爲己之學'에 힘쓰는 동안 아내 류씨는 이것저것 돈벌이를 하여 생계를 잇는다. 류씨는 첫 부인과 자녀 없이 사별한 8년 연상의 남자 후취 자리에 혼인해 왔다. 남편은 하곡 정제두와 백하 윤순을 스승으로 삼아 양명학과 글씨에 몰두하고, 아내 류씨는 가족의 생활을 꾸려간 것이다. 하루는 남편이 지방 수령으로 가 있는 친구에게 편지를 썼는데 일과를 마치고 방으로 돌아온 아내가 편지 내용을 묻는다.

편지 속에 뭔가를 달라는 소리가 있자 아내가 말했다. "이건 뭐 별것도 아니군요. 그 값이 얼마나 되겠어요? 내가 며칠 내로 마련하겠으니 편지 다시 쓰시지요." 내가 웃으며 "이건 친구 사이에 예사로 있는 일이오. 당신이 까다로운 것이오"라고 했다. 아내가 말한다.…"당신이 세속의 예사 선비를 자처하신다면 내가 무슨 말을 더 하겠어요? 옛사람 말에 악은 아무리 작아도 하지 않아야 된다고 했어요. 아주 작은 것이라도 남들은 반드시 알게 되고, 그렇게 되면 이제껏 쌓아온 명성이 저 아래로 떨어지고 말 테니 그래도 걱정이 안 돼요?" 나는 너무 고집스럽다며 웃고는 결국은 고쳐 쓰고 말았다.

_〈망처유인문화류씨기실亡妻孺人文化柳氏紀實〉

이 선비의 품격은 아내 류씨에게서 나온 것이 확실해 보인다. 류씨는 21세에 이광사와 혼인하여 2남 1녀를 낳아 길렀다. 혼인후 부부는 서울에서 고양으로, 돈의문 밖으로, 강화도로 옮겨 다니며 배고픈 시절을 보내다 4년 만에 서울 둥그재[圓嶠] 아래에 집을 사서 정착하게 된다. 아내 류씨가 열심히 일하고 치산治産을 잘한 덕분이었다. 이후 이광사는 아내에게 보답이라도 하듯 원교체라는 독특한 서체로 명성을 날렸다. 이광사는 늘 도시를 벗어나 전원으로 돌아가 살기를 노래 불렀는데 아내 류씨는 좀 더 치산에 공을 기울여 몇 년 내로 이루어주겠노라 장담한다. 생활력이 강하고 치산에도 능한 그녀였지만 "명분 없는 물건이나 불의한 재물은 천금이라도 흙덩이처럼 여겨서 한 터럭이라도 구차하게 취하지 않았다"라고 한다. 어머니의 이러한 결기가 아들 이긍익에게도 전해진 것이 아닌가 한다. 류씨의 아들 이긍익은 재야 학자로 성장하여 역사서《연려실기술》을 저술하기에 이른다.

혼인한 지 22년이 되던 1755년(영조 31년), 나주괘서 사건에 연루된 이광사가 체포된다. 사실은 아무 관련이 없었지만 주모자의 상자 안에서 그의 편지가 나온 것이다. 친국을 받지만 다행히 "죄인 이광사는 본율대로 유流 3천 리에 처해져" 극변으로 귀양을 가게 된다. 그런데 친국으로 목숨을 부지하기 어렵다는 잘못된 소문으로 류씨는 42년의 삶을 스스로 마감한다. 3년째 앓고 있던 폐병과 남편의 부재가 가져올 공포감이 엄습한 것으로 보인다. 이광사는 최북단 함경도 부령에서 7년, 다시 최남단 전라도 신지도로 옮겨져 15년, 모두 22년의 유배 생활로 삶을 마감한다. 부령으로 가던 중 아내의 자결 소식을 들은 이광사는 그 처절한 심경을 제문 형식의 글로 남겼다. 그리고 1755년부터 1767년까지 12년에 걸쳐 죽은 아내를 위한 제문 10편과 기실紀實 및 묘지명 각 1편을 남겼다. 이광사의 제문은 아내에게 보내는 편지글과 다름이 없다. "영영 이별한 뒤로 봄도 가고 여름도 가고 서리 바람 쌀쌀한데 요즈음 옥체는 평온한지요?[祭柳氏墳前書]" 아내의 생일날, 이광사는 과거를 회상하며 제문으로 아내를 만난다.

아! 5월 3일은 그대가 태어난 날. 해마다 이날 창밖이 환해지기도 전에 아들·조카·며느리·딸이 일제히 와 새벽 문안을 드렸지. 나 역시 일찍 일어나 나아가서 그대에게 말했지. "오늘은 특별한 날이니 온갖 음식 갖추어 좋은 날 즐기어 아들 손자에까지 미치게 합시다!" 그대는 웃으면 대답했었지. "내가 뭐 그리 귀하다고 생일이라고 번거롭게 굴겠어요?" 나 또한 웃으며 말했었지. "아들 둘 장가들었겠다 집안의 마님 되었는데 높지 않다면 무엇이 높다 하겠소?" 이처럼 주고받는 사이 날이 이미 밝았지. 그대의 친정 여종이 느닷없이 들어서는데 푸른 상보를 덮은 목기를 이고 왔었소. 손으로 목기를 받치고 마님의 말씀을 전하는데 "별것 아니지만 우리 아이 따뜻할 때 먹어라." 한쪽을 열어젖히니 김이 모락모락 오르는데 꿩 꾸미 떡국에 고기도 있고 생선도 있었소. 새아기가 맡아서 민첩하게 나누어 차려내니 둘러앉아 배불리 먹고는 모두 마침 맞다고 했었소. 그대를 보며 내가 농담을 했지요. "오늘 태어난 사람이 어찌 갑자기 웃고 말하고 몸이 이리 커졌소? 젖을 먹지 않고 밥을 먹으니 조숙함이 고신高辛 씨보다 훨씬 더하구려!" 식구들 모두 웃음을 터트리고 그대도 활짝 웃었지요.

_〈유인생일제문孺人生日祭文〉

손자까지 두었으니 이제 생일을 챙기자는 남편의 제안에 류씨는 자기 존재가 뭐 그리 귀하다고 번거로운 날을 또 하나 만드냐며 거절한다. 류씨는 누군가에게 의지하거나 부탁하는 성품이 아니었다. 온 가족이 웃으며 즐거워했던 불과 2년 전의 장면을 떠올리며 남편은 "해며 달이며 별이 빛을 잃을지라도 이 한이 어찌 끝나겠냐"라며 비감에 빠진다.

평소 온갖 일들을 반드시 서로 나누곤 했으니 귀양 온 이래의 자질구레한 일들 자세히 다 기록하여 문자로 적었다가 제삿날에 축문을 대신하여 잔을 올리게 하려 하오. 한 방에서 이야기하면 번거로운 일 피

할 수도 있으련만. 다만 걱정인 것은 내 처지 듣고서 저승에서 마음고
생할까 하는 것.

_〈유인류씨재기축문孺人柳氏再朞祝文〉

남편 이광사는 유배 중이라 아내의 무덤에 직접 갈 수가 없어
더욱 안타까워한다. 아들을 보내 자신이 쓴 제문을 대신 읽게 하
는데 그 내용은 하고 싶은 말을 가득 담은 편지글이다. "그대의 혼
백에 지각이 있어 이곳으로 온다면 같은 자리에 앉아 맛난 음식
먹으며 다시 즐길 수 있을까." 그는 아내에게 자신의 마음 상태를
일일이 설명하는데 창자가 마디마디 끊어지는 것 같고, 눈물은 강
을 기울여놓은 듯하다고 한다. 그리고 살아 찢긴 두 혼은 죽어 한
무덤에 묻히느니만 못 해 어서 죽길 간절히 빌건만 신께선 이 소
원도 들어주질 않는다고 한다. 몸은 죽었으나 정기精氣로 서로 연
결되어 있다는 믿음으로 남편은 아내에게 계속 편지를 쓴다. 아들
이 멀리 유배지로 문안을 왔는데 친척의 편지가 상에 가득하다.
"오직 당신만 한 글자도 없고 내 답장 여럿이지만 당신께 부칠 수
없으니 이 무슨 정情이오!" 벼슬에 나가지 못하고 생계 노동에 고
된 날들이었지만 음식도 나누고 농담도 나누며 편지도 함께 쓰는
그들의 생전 모습에서 행복이 느껴지는 것은 과하지 않은 감상일
것이다.

1 / 구체적으로 살고 입체적으로 존재하다

알 수 없는 탁월함,
송씨 부인

    역사 속 여성들의 실제 행적을 열람하다보면 그 시대의 이념과 거리가 있거나 정반대인 경우가 많다. 여자는 유순하고 다소곳해야 하고 재주가 덕을 능가해서는 안 된다고 세뇌를 시키지만 탁월한 재주로 역사의 이면을 채운 인물이 나오기 마련이다. 이 가운데 세종의 며느리로 역사에 등장하여 단종·세조·예종·성종·연산군·중종까지 여섯 왕과 통 큰 거래를 한 여산 송씨(?~1507)의 수완은 단연 압도적이다.

    송씨의 남편 영응대군 이염(李琰, 1434~1467)은 38세의 세종과 40세의 소헌왕후가 여덟 번째로 낳은 막내아들이다. 송씨는 간택을 통해 왕실에 입성한다. 대군의 나이 11세에 그의 배필을 구하려고 "상上이 사정전思政殿에서 직접 처녀를 간선했다"라는 기록이 있다. 세종은 3년에 걸친 역사役事 끝에 영웅의 저택을 완성하는데 누가 보아도 엄청난 규모였다. "안국방의 민가를 헐고 영응대군의 집을 건축하려고 하니 그 비용을 이루 다 기록할 수가 없었다."(1446년 3월 7일) 집이 완성되자 지나치게 화려하다는 상소가 올라왔다. "제택第宅을 크게 일으켜 몸채가 높고 넓으며 사랑과 행랑들이 연이어 있는 것이 궁궐에 비등하니 지나치게 크고 장려합니다."(1449년 5월 28일) 사랑이든 재물이든 영응대군이라면 아끼지 않은 세종을 보고 김흔지는 영웅의 등신불을 만들어 바치는데 이 일로 승지에 임명되자 사람들은 그를 '등신승지'로 불렀다고 한다.

이 무렵 송씨는 병을 이유로 쫓겨나는데 혼인한 지 4년 만이다. 병 때문이라 하지만 까다로운 시아버지의 눈 밖에 난 것으로 보인다. 4명의 며느리를 내친 경력으로 보아 세종은 자식의 부부 생활에 지나치게 개입한 병통이 있었던 것 같다. 아버지 세종은 내시부의 요원들을 충청도와 전라도, 경상도에 내려보내 영웅의 배필감을 다시 찾게 하고 결국 재혼을 성사시킨다. 영응대군의 두 번째 부인 정씨도 간택을 통해 세종이 직접 골랐다. 그리고 반년 남짓 지나 안국방에 주변 민가 60채를 헐어내고 지어준 영웅의 집에서 세종은 눈을 감는다. 이제 다시 송씨가 역사의 무대로 올라온다. 삼년상을 치른 영응대군은 조카인 단종의 허락을 얻어 현재의 부인 정씨와 이혼하고 전처 송씨와 재결합한다. 송씨와 대군은 몰래 계속 만나며 딸 둘을 낳았던 것이다. 그런데 부모가 내보낸 부인을 다시 들이는 것은 예가 아니라는 대신들의 반대가 빗발쳤다.

영응대군 이염은 세종대왕의 사랑하는 아들로서 돌보고 아껴주는 은혜가 여러 아들보다 더욱 돈독하여 염을 위하는 일이라면 아니한 바가 없었습니다. 당초에 송씨를 뽑아 배필을 삼았다가 얼마 안 되어 내쫓아 본가로 돌려보냈는데, 내간의 깊고 은밀한 일을 신 등이 자세히 알 수 없으나 폐하여 내보낸 까닭은 결코 작은 연고가 아닐 것입니다. 뒤에 문벌 있는 명신名臣의 후예인 정씨를 골라 뽑아 배필을 삼아 말썽 없이 잘 지냈는데 이제 까닭 없이 갑자기 내보내고 다시 송씨를 돌아오게 하시니 세상 여론이 매우 분분합니다.(단종 1년 12월 15일)

사헌부의 이 상소는 선왕先王이 내보낸 송씨를 다시 들어오게 하는 것은 인도의 근본을 어지럽히는 것으로 그들의 재혼 허가를 당장 거둬들이라는 것이다. 그럼에도 불구하고 단종은 숙부의 손을 들어주었다. 재결합에 성공한 그들은 곧이어 친정 조카를 왕비로 밀어넣는 쾌거를 이룬다. 단종비 정순왕후 송씨가 바로 그녀의 조카이다. 대군 부부는 안국방의 저택에다 재물 또한 누거만累巨萬이었다. 늦게 낳은 아들을 너무 사랑한 아버지 세종의 유언으로 내탕고의 모든 보물을 받게 된 영응은 노비 1만 명을 거느리는 거부

가 된 것이다. 성종은 왕위에 오르기 전 세조의 손자로서 한명회의
딸과 혼인을 했는데 이 예식을 영응대군의 저택에서 했다.(1467년
1월 12일) 자신의 집에서 차차기 왕의 혼인식을 치른 지 불과 20일
후 영응대군은 34세의 나이로 세상을 떴다. 대부호로 소문난 영응
대군의 모든 재물과 보물은 그 부인 송씨에게 돌아갔다.

아버지 세종으로부터 어린 아우의 후견인 역할을 부여받았던
세조는 대군의 부인과 딸을 극진히 보살피기로 하고 많은 재물을
내려 위로한다. 왕의 제수로서 비호를 받게 되자 송씨의 영향력도
점점 넓어졌다. 송씨는 딸 길안현주 이억천李億千과 사위 구수영을
띄우기 위해 진수성찬을 차려놓고 대신들을 초청하여 곧잘 연회를
베풀었다. 더구나 송씨의 초대에 대신들의 참여를 왕이 나서서 독
려하자 대신들은 종친이라면 모를까 자신들이 가야 할 이유가 없
다며 불만을 드러낸다. 한번은 대신들을 초청하여 진수성찬을 차
렸는데 보장寶障으로 두른 특별한 한 자리에 사위 구수영을 앉혔다.
그리고 궁정 옷을 입힌 여종 수십 명을 좌우로 시립侍立하게 하였
고, 객으로 온 대신들에게 사위 구수영을 받들도록 했다.(예종 1년)
이른바 '궁정놀이'를 한 것인데 뒷말이 많았다.

송씨에 대한 왕의 비호는 대를 이어 계속되었다. 송씨는 궁궐
에 무시로 출입하면서 왕실의 남다른 총애를 받았다. 송씨가 진상
進上한 비婢가 대내大內에 깔려 있어 궁중의 내밀한 정보까지 밖에
서 다 받아볼 수 있었다. 대신들에게 송씨는 당연히 눈엣가시였

고, 그로 인해 왕과 신하들의 논쟁이 잦았다. 송씨에 대한 특혜가 지나치다며 신하들이 공격하면 성종은 다 이유가 있다고 말한다. 어릴 때 송씨 집에서 양육된 데다 혼인식을 그 집에서 치른 성종이었다. 어느 날 성종은 외출했다 환궁하면서 송씨 집으로 행차하여 곡식 50석을 하사했는데 경연에서 이 행차가 문제 되었다.

신하: 구수영으로 말하면 일개 어린 신하인데 전하께서 무엇 때문에 몸을 가벼이 하여 가서 보십니까?

임금: 구수영을 위한 것이 아니고 세조 때부터 대군의 부인을 매우 후하게 대우했기 때문이다. 또 지나다가 들른 것이지 일부러 간 것은 아니다.

신하: 부인을 위한 것이라면 더욱 잘못입니다. 부인을 보기 위하여 여항閭巷으로 행차를 하심이 옳은 일이겠습니까? 전하의 동정動靜은 사관史官이 반드시 기록을 하니 이렇게 경솔하게 움직일 수는 없습니다.

임금: 내가 참으로 실수를 했으니 앞으로는 마땅히 삼가겠다.

신하들에게 혼이 나고도 송씨에 대한 성종의 비호는 그치지 않았다. 그런 틈을 타 송씨는 임금의 뜻에 영합한 대사헌을 움직여 송사 중인 재산·전답·노비 등을 차지하고, 왕실 재산인 답십리의 채전菜田과 양천의 초장草場을 불하받는다. 송씨가 허허벌판인 암

태 목장을 나라에 헌납하자 성종은 호조에 명하여 값을 쳐주게 한다. 호조에서는 "물과 풀이 부족하여 말을 먹이기에 적당치 않은 허허벌판인 땅을 어디에 쓰겠습니까?"라고 하며 사줄 수 없다고 한다.(성종 24년) 대신들의 반대에도 불구하고 송씨가 원하는 것은 다 이루어졌다. 왜 이렇게까지 지나치게 하는지 모르겠다는 대신들에게 왕은 "어찌 연유가 없겠는가"라고 했다. 성종이 보위에 오를 때 송씨는 자신의 저택을 기증했는데 바로 연경궁延慶宮이다. 통 크게 베풀고 거둬들이는 방식으로 왕과 거래를 한 셈이다.

송씨를 비호하는 절대 권력은 연산군으로 넘어갔다. 새 왕이 탄생하자 송씨는 각종 보물과 노리개를 바쳤다. 이에 신하들은 그런 물건은 주는 사람도 받는 사람도 이치에 어긋난 일임을 설파했지만 왕은 듣지 않았다. 송씨는 권력을 이용하여 재물을 끌어들이고 그것을 다시 재투자하여 키우는 방식으로 재물을 관리했다. 연산군은 태어난 지 1년 만에 병치레를 자주 하게 되는데 성종은 송씨에게 맡겨 양육을 책임지게 한다. 원자를 사가에 보내는 것에 대한 대신들의 강력한 반대에도 불구하고 결국 왕의 뜻대로 추진되었다. 따라서 성종이나 연산군에게 송씨는 혈연 이상의 각별한 정이 있었다.

재산을 쾌척하여 절을 창건하고 절 출입이 잦은가 싶더니 결국 송씨는 추문의 주인공이 되었다. 동대문에 방榜이 붙었는데, "영응대군 부인 송씨가 중 학조學祖와 사통私通을 했다"라는 것이다. 그런데 연산군은 도리어 이것을 상언한 신하를 옥에 가두고 사관에게 명하여 송씨에 대한 소문을 기록에서 삭제하라는 영을 내린다. 연산군의 이 말까지 기록한 조선시대 사관의 기록 정신이 새삼 돋보인다. 일흔을 바라보는 송씨에게 그 추문은 어쩌면 지나친 탐욕이 불러온 모함일 수도 있겠다. 송씨에 대한 험담은 기록 곳곳에 보이는데 질투심이 많고 성품이 사나웠다고도 한다. 폭군 연산군이 폐위되고 새 왕 중종이 들어섰다. 다시 중종의 마음을 사로잡은 송씨의 죽음에 왕은 소선素膳으로 애도를 표한다. 한편 송씨의 딸 길안현주는 5남 5녀를 낳았는데 증손자 구사맹의 딸이 인조의 모후 인헌왕후다. 조선 후기의 왕위는 인조의 후손으로 계승된 것인데 따지고 보면 그 핏줄은 송씨에게까지 올라간다. 바뀌는 왕마다 통 큰 거래를 하며 좋은 관계를 유지한 그 자체로도 송씨의 능력은 특별하다.

다산의 아내로 산다는 것,
홍혜완

홍혜완洪惠婉의 남편은 다산 정약용이다. 남편이 조선을 대표하는 대학자라면 그 아내의 삶도 이에 상응하는 무언가 있지 않을까 하는 바람을 가질 법하다. 과연 홍혜완(1761~1838)은 지기知己이자 아내로서 다산의 삶을 이끈 장본인으로, 〈다산시문집〉 곳곳에 그 증거들이 전해온다. 벗처럼 말이 통하고 함께 천수를 누린 점에서 그들의 부부 운은 만점에 가깝다. 다산은 "내 아내는 흠 잡을 것이 없지만 아량이 좁은 것이 흠"이라는 투정도 해보지만 아내를 향한 인간적 사랑과 잔잔한 배려는 고금을 통틀어 과히 독보적이다. 그런데 이 부부의 역사를 홍혜완 쪽에서 서술해본다면 보이지 않았던 다른 사실이나 감정들을 만날 수 있지 않을까.

홍혜완은 15세 신랑으로 만난 다산과 60년 동안 부부의 삶을

1 / 구체적으로 살고 입체적으로 존재하다

일구었다. 무관 홍화보(1726~1791)의 2남 2녀 중 차녀로 태어난 그녀는 혼인한 다음 해 어머니 이씨의 부음을 듣는다. 이복 언니와 두 오라비가 있지만 사위 다산에 대한 자부심이 컸던 아버지는 부부의 앞날에 물심양면의 지원을 아끼지 않았다. 어린 부부는 아버지들의 임지인 화순과 진주를 차례로 방문한다. 진주를 찾은 그들에게 병마절도사 아버지 홍화보는 오래도록 방치되어 부서져 있던 논개의 의기사義妓祠를 깨끗이 보수해놓고 사위 정약용에게 기문記文을 쓰게 한다. 〈진주의기사기〉가 그것이다. 부부는 인근을 여행하며 1년 반을 보내고 혼인 5년 차에 접어든 봄에 서울로 돌아온다. 이로부터 다산은 성균관 입학과 과시를 준비하는데 왕의 전폭적인 지지를 받는 학자 관료로 성장하기까지 20년이 걸린다. 그동안 홍씨는 6남 3녀의 아이를 낳고 4남 2녀의 아이를 떠나보냈다. 죽은 아이가 산 아이의 두 배였다. 다산은 아내의 임신과 출산에 대한 사실들을 상세히 기록해놓았다. 그는 요절한 아이들도 생년과 모습, 죽은 날짜를 기록해서 삶의 흔적을 남겨야 한다고 생각했다.

경자년(1780) 가을에 예천의 군사郡舍에서 아기 하나를 지웠고, 신축년(1781) 7월에 아내가 학질에 걸리는 바람에 여덟 달 만에 아이를 낳았는데 딸이었고 4일 만에 죽었다. 이름도 짓지 못한 채 와서瓦署의 언덕에 묻었다. 그다음은 무장武牂과 문장文牂인데 다행히 성장해주었다. 이어서 구장懼样과 효순孝順이 났는데 둘 다 죽어 이들의 광명壙銘을 남겨놓았다. 그다음 낳은 딸은 지금 열 살이다. 두 번째 홍역을 넘겼으니 요사夭死는 면한 것 같다. 그다음은 삼동三童으로 곡산에서 천연두로 죽었다. 그때 아내는 아기를 가지고 있어 슬퍼하는 와중에 아들을 낳았다. 이 아이 또한 천연두를 앓다가 열흘 남짓 살다가 죽었는데 이름이 없다. 그다음이 농장農样이다. 모두 6남 3녀를 낳았는데 산 애들이 2남 1녀이고 죽은 애들이 4남 2녀이니 죽은 애들이 산 애들의 두 배이다. 아아, 내가 하늘에 죄를 지어 잔혹함이 이와 같으니 어찌할 것인가.

_〈농아광지農兒壙志〉

열 차례의 임신과 아홉 차례의 출산, 여섯 아이를 품 안에서 빼앗기는 비운을 겪지만 홍씨의 일상은 남아 있는 가족을 위해 전열을 가다듬어야 했을 것이다. 부부의 살림은 다산이 공직 생활을 하고 있음에도 그리 녹록지는 않았던 것 같다. 홍씨가 누에를 쳐서 '초라한 생계'를 이어가면, 다산은 연작시를 지어 그 노고에 보답한다. "반년이라 삼 농사는 갈고 거두기 힘들고 목화 농사 1년 내내 가뭄 장마 걱정인데, 무엇보다 누에치기 효과 가장 빠르니 한 달이면 광주리에 고치가 가득하네." 땅이 없는 서울살이에서도 홍씨는 누에치기를 하는데 이를 두고 다산은 "한 뙈기만 심어도 열 집 옷은 나온다"라고 한다. 실학자다운 계산이라 할 수 있다.

신유박해(1801)에 연루된 다산이 유배길에 오르자 한강 남쪽 마을 사평沙坪에서 눈물로 이별하고 마재로 돌아온 홍씨는 어린아이들을 지키고 생계를 주도하며 아버지와 남편의 빈자리를 채워나간다. 생사를 기약할 수 없는 상황에서도 자신의 건강을 염려해준 남편의 격려가 힘이 되었을 것이다. 다산은 유배를 가던 도중에 두 아들에게 편지를 보낸다. "우리 이별은 그렇다 치고 너희는 언제 어머니 모시고 고향 집에 돌아갈 것이냐. 되도록 빨리 돌아가도록 하라. 너희 어머니 안색이 위험하니 영양 있는 음식으로 보하고 약을 써서 다스리도록 유의하여라." 홍씨 42세 때의 일이다. 남편을 유배 보내고 일상으로 돌아온 홍씨는 어린아이들과 살아갈 도리를 찾아간다. 다시 누에치기에 몰두하자 유배지의 남편은 시 〈아내가 누에친다는 말을 듣고[聞家人養蠶]〉를 보내 힘을 실어준다. "전혀 가리는 성미가 아니더니 금년 봄에는 누에를 친다네. 뽕은 어린 딸 시켜 따오게 하고 누에 시렁은 아들들에게 치게 하지."

'병든 처[病妻]'로 불린 홍씨의 고단한 일상은 강도 높은 노동보다도 생사를 장담할 수 없는 지기의 온전한 귀향을 기다리는 시간 그 자체가 아니었을까. 그것도 무려 18년을. 와중에 막내아들 농이를 잃게 되는데, 죽음이 임박해서도 아버지가 보냈다는 소라 껍데기 2개를 기다리던 네 살배기 아들이었다. 다산은 장문의 편지를 마재 집으로 보내 아내를 위로한다. 생사고락의 이치를 대략 알고 있는 자신도 비통하기가 말할 수 없는데 직접 품속에서 흙속에다 묻은 아내의 심정은 어떻겠는가를 걱정한다. 이에 다산은 아버지로서의 자신의 슬픔보다 아이 어머니의 처지를 더 슬퍼하며 두 아들에게 "엄마를 보호하라"라는 영을 내린다. 살아 있거나 죽었거나 이별이 일상화된 홍혜완에게 그래도 다행인 것은 유배지의 남편과 곁에 있는 아들들이 공동 전선을 펴며 자신을 위로하고 배려해준다는 사실이다. 다산은 두 아들에게 엄마를 섬기는 방법을 구체적으로 적시한다.

> 어버이를 섬김에는 뜻을 받드는 것(養志)이 가장 크다. 그러나 부인들은 뜻이 의복이나 음식, 거처하는 것에 있으니 어머니를 섬기는 자는 세쇄한 것에도 유의해야 한다.…새벽에 문안드리고 저녁에 잠자리를 보살필 때 이불 밑 방바닥이 차다 싶으면 노비에게 시키지 말고 너희 형제 스스로 나무를 가져다 불을 지펴 따뜻하게 하여라. 잠깐 연기를 쏘이는 수고지만 네 어머니의 기쁜 마음은 마치 맛있는 술을 드신 것과 같을 것이다.
>
> _〈두 아이에게(寄二兒)〉

　홍혜완만큼 부부관계가 원만하고 남편의 존중을 받으며 산 사람은 많지 않을 것이다. 다산은 가족의 중심에 아내가 있음을 두 아들 내외에게 주지시켰다. "어머니의 마음을 기쁘게 하여라. 그리하여 두 아들은 효자가 되고 두 며느리는 효부가 된다면 나는 이곳에서 그대로 늙는다고 해도 유감이 없을 것이니, 이것을 힘쓰도록 하여라." 자신에게 마음을 다하는 남편에게 홍씨도 이러저러한 애정과 관심을 보내곤 한다. 근래 발견되어 세간의 주목을 크게 받은 '다섯 폭짜리 낡은 치마'에 깃든 사연도 그 가운데 하나다. 혼인할 때 입었던, 30년도 더 된 다홍치마[霞帔]를 유배지의 남편에게 보낸 것인데, '초심을 잃지 말자'는 사랑의 언어로 해석되곤 한다. 함께 보낸 편지에서도 그런 마음이 묻어난다.

집을 옮겨 남쪽으로 내려가, 끼니라도 챙겨드리고 싶으나
한 해가 저물도록 병이 깊어져, 이내 박한 운명 어쩌리까.
이 애절한 그리움을, 천 리 밖에서 알고 계실는지.

_〈기강진적중寄康津謫中〉

폐족廢族의 위기에서 다시 살아난 가족은 강진 초당에서 마음으로 기원한 다산과 실전의 상황을 몸으로 막아낸 홍씨의 합작품이다. 다산은 자식들을 향해 늘 폐족으로서의 긴장과 노력을 주문해왔다. 다산은 청족清族이라면 글을 안 해도 혼인도 하고 군역도 면할 수 있지만, 폐족으로 글을 안 하면 사람 축에 끼지도 못할 것이라고 한다. 여기서 가시밭길을 꽃길로 가꾼 홍씨의 대장정을 누구라서 부정하겠는가. 다산이 자신의 학문과 자신의 역사에 몰두하

는 동안 홍혜완은 가족과 함께하는 공간과 시간을 만들어왔던 것이다.

홍혜완의 삶은 크게 네 부분으로 나뉘는데 혼인 이전의 15년과 혼인하여 남편과 함께 산 25년 그리고 유배가 갈라놓은 18년, 귀양살이에서 돌아온 남편과 함께 산 18년이다. 홀로 된 3년을 합하면 78년이다. 다산은 유배 떠나는 날부터 늘 아내의 건강을 염려하며 '병처病妻'로 호명하기까지 했는데 다행스럽게 홍씨는 수를 충분히 누렸다. 무엇보다 부부는 회혼례 당일까지 살았던 아주 귀한 모델이 되었다는 점이다. 다산은 아내와의 60년 인연을 기록했는데 그가 죽기 3일 전의 일이다.

> 육십 풍상의 바퀴 순식간에 굴러왔네.
> 복사꽃 화사한 봄빛은 신혼 때와 같구려.
> 산 이별, 죽은 이별 모두 늙음을 재촉하건만
> 슬픔은 짧고 기쁨은 오래가니 임금님 은혜에 감동하네.
> 오늘 밤 뜻 맞는 대화가 새삼 즐겁고
> 옛적 그 다홍치마엔 먹 흔적 남아 있네.
> 갈라졌다 다시 만나는 게 꼭 우리 모습이야.
> 한 쌍의 잔 남겼다가 자손에게 줍시다.
>
> _〈회근시回巹詩〉

귀양지에서 다산을 되살리다,
소실 홍임모母

1999년, 서울의 고서점에서 한시 16수가 발견된다. 이것저것 필사해놓은 책 사이에 들어 있던 시 〈남당사南塘詞〉는 강진에 유배 와 있던 유명한 학자를 현지에서 보살폈던 첩의 마음을 담은 것이다. 바로 다산 정약용의 소실 이야기였다. 해배된 다산을 따라 어린 딸과 함께 마재 본가까지 왔다가 '쫓겨나[遭逐]' 쓸쓸히 강진으로 되돌아간 그녀의 마음을 독백의 형식으로 풀어놓은 것이다. 분명한 것은 작중 화자가 시인 그 자신은 아니라는 점이다.

시의 작자가 그녀의 목소리에 자신을 숨기고 있는 형상은 등 뒤로 숨겨져야 했던 생전의 그녀와 묘한 대조를 이룬다. 사실 7~8년을 함께 살며 아이까지 낳았지만 다산의 그 많은 글 어디에도 그녀의 흔적은 없었다. 구장·효순·삼동·농아처럼 태어나 만 2~3년을 살다 간 '정식' 아이들에게는 눈물의 묘지명으로 부정父情을 다한 다산이지만, 총명함이 아버지를 닮았다는 그녀의 딸 홍임에 대해서는 긴 침묵으로 일관했다. 본처에게서 난 딸에 대한 절절한 그리움을 곳곳에서 유감없이 그려낸 것과는 너무 다르다. 그런데 항간의 소문으로만 떠돌던 그녀가 〈남당사〉로 인해 공식적인 존재가 된 것이다. 이 시를 근거로 오늘 우리는 다시 그녀와 마주하게 되었다.

강진 남당포 출신의 그녀가 초당에 왔을 때 유배 10여 년 차의 다산은 심신이 위태한 상태였다.《시경강의》12권의 책 저술에 의욕을 쏟은 것이 무리였는지 수족과 언어에 마비가 왔다. 절망한 다산은 아들에게 오래지 않아 당도할 자신의 상장례를 의논하기까지 한다.

나는 지금 풍병으로 사지를 쓰지 못하고 있으니 이치로 보아 오래 살 것 같지 않다. 다만 단정히 앉아 섭양이나 하면서 해치는 것만 없다면 혹 조금의 세월은 지연시킬 수도 있을 것이다. 그러나 천하의 일이란 미리 정해놓는 것보다 더 좋은 것이 없다. 내가 이제 그 점을 말해주마.…내가 이곳에서 죽는다면 이곳에다 묻어두고 나라에서 죄명을 씻어줄 때를 기다렸다가 그때 가서 반장反葬해야 한다. 다행히 은혜를 입어 뼈라도 선산에 돌아가 묻힐 수 있다면 죽음이 비록 슬퍼도 영화롭지 않겠느냐?(학연에게)

1 / 구체적으로 살고 입체적으로 존재하다

엎친 데 덮친 격으로 막 조성되던 해배 분위기가 무산되었다는 소식이 왔다. 제자들이 돌아가며 식사 당번을 하지만 누군가 작심하고 섭생과 수발을 맡아야 할 형편이었다. 그 무렵의 상황을 전해주는 화제시畫題詩에는 "'묵은 가지가 다 썩어가는 즈음에 갑자기 푸른 가지가 나와 꽃을 피웠다'라는 내용이 있어 소실과의 만남으로 다산의 스러져가는 심신이 되살아났음을 알 수가 있다. 《논어고금주》 등 다산의 대표적인 저술들이 그녀를 만난 이후 쏟아지듯 나온 사실은 기억해둘 필요가 있다.

그렇다면 그녀에게 다산은 무엇이었을까. 어떻게 부모 연배에다 건강에 적신호가 온 다산과 인연을 맺을 생각을 했을까. 〈남당사〉 속의 화자는 자신을 일러 "조관朝官을 지낸 분의 첩실"이라고 했다. 그렇다면 대과 급제한 조정 대신이었다는 그 자체가 그녀에게 큰 의미였던 것 같다. 〈남당사〉 7절에서 화자는 다산이 대학자라는 점 말고도 신분적으로도 다가갈 수 없는 존재임을 말하고 있다.

> 절대 문장에 특출한 재주,
> 천금을 줘도 한번 만나기 어려운 분.
> 갈가마귀, 봉황과 어울려 짝이 될 수 있으랴.
> 천한 몸에 과한 복, 재앙이 될 줄 알았네.
>
> _〈남당사〉 7

다산과의 인연은 누군가의 소개로 이루어진 것이겠지만, 강진 젊은이들의 사표가 된 다산이라는 거목에 대한 그녀 나름의 안목이 작용한 것이다. 어찌 되었건 그녀의 자상한 돌봄으로 다산은 되살아난다. 풍병이 들어 사지를 못 쓸 정도로 절망에 빠져 있던 다산, 곧 닥칠 것만 같던 자신의 장례를 아들과 논의하던 다산, 그의 소생은 조선 지성사에서도 일대 사건이라 할 수 있다. 여기에 '고목에 날아든 어린 새'로 비유된 딸 홍임은 그의 삶을 봄날로 데려다놓았을 것이다.

> 묵은 가지 다 썩어 그루터기 되려더니
> 푸른 가지 뻗더니만 꽃을 활짝 피웠구나.
> 어디선가 날아든 채색 깃의 어린 새
> 한 마리만 남아서 하늘가를 떠돌리.(1813년 8월 19일)

이 시가 적힌 새 한 마리가 있는 〈매조도〉는 누가 보아도 홍임을 생각하여 그린 것이다. 그런데 이 그림의 방제傍題가 "의증종혜포옹擬贈種蕙圃翁", 즉 '혜포를 심는 노인에게 줄까 한다'라는 뜻이다. 여기서 의擬의 글자에 '짐짓', '~하는 셈 친다'는 뜻이 있음을 안다면 이 작품의 수신자를 숨겨야 하는 상황임을 감지할 수 있다. 다시 말해 그림을 받을 주인공이 따로 있지만 그냥 혜포옹 자신이 갖겠다는 뜻이 된다. 홍임에 대한 이중적 태도를 여실히 드러낸 것인데 이렇듯 다산에게 홍임 모녀는 애틋하지만 숨기고 싶은 존재였다. '고목에 핀 꽃' 홍임을 연상케 하는 새 한 마리의 〈매조도〉는 사실 새 두 마리의 〈매조도〉를 완성한 지 한 달여 후에 그려진다. 그러니까 시집가는 딸에게 주려고 그린 〈매조도〉가 먼저 있었다.

> 펄펄 나는 저 새가 내 뜰 매화에서 쉬네.
> 꽃향기에 취해 기꺼이 찾아왔지.
> 머물러 지내면서 집안을 즐겁게 하렴.
> 꽃이 활짝 피었으니 열매도 많겠구나.(1813년 7월 14일)

'딸에게 준다[遺女兒]'는 수신자가 분명한 이 〈매조도〉에는 홍부인 소생의 '정식' 딸에게 기대하는 아버지의 바람을 담았다. 즉 어여쁜 내 딸에게 취한 사위라는 설정도 그렇고, 행복한 부부로 다자多子의 복을 누리라는 것도 그렇다. 곁 글로 써놓았듯이 딸에게 주는 이 〈매조도〉는 홍부인이 보낸 하피霞帔를 활용했고 두 아들에게 준 교훈과 같은 의미를 지닌다고 한다. 다산에게는 공개적으로 복을 축원할 '떳떳한 딸'과 애틋하지만 숨겨야 하는 딸, 두 종류의 딸이 있었다.

이로부터 5년 후 다산은 유배에서 풀려나 고향으로 돌아가게 된다. 홍임모는 돌아갈 날만 생각하는 다산에게 내심 섭섭했다. "어찌 알았으랴! 모두가 기뻐하던 그날이 우리 모녀 기구한 운명이 시작되는 것임을!" 〈남당사〉에 의하면 홍임과 그 어머니는 강진의 다산초당에 머물며 떠나간 아버지와 남편을 한없이 기다리는 존재이다. "물이 막히고 산이 가려 기러기도 날아오지 않아 해가 지나도록 광주廣州 편지 얻을 수 없네." 이들에 대한 다른 이야기에 의하면, 홍임모는 해마다 찻잎이 새로 돋아나면 따서 정성스럽게 제조하여 마재로 보냈다고 한다. 다산이 시에서 "기러기 끊기고 잉어 잠긴 천 리 밖에, 매년 오는 소식 한 봉지 차로구나" 한 것이 그 증거라고 한다.

그러면 다산 소실의 심정을 섬세하게 그려낸 〈남당사〉는 누가 썼는가. 그리고 얼마나 사실을 반영한 것일까. 해제를 붙여 작품을 처음 소개한 임형택 교수는 소실의 사연을 잘 아는 강진 문인이 쓴 것으로 보았다. 다산으로서는 감추고 싶은 얘기인데 자신이 쓸 리가 없다는 것이다. 반면에 정민 교수는 맥락적인 몇 가지 근거를 제시하며 〈남당사〉는 정약용의 작품이 맞고 미안함 때문에 썼을 것이라고 한다. 다산의 문체를 분석하면 결판이 날 듯도 한데 쉽지 않은 모양이다. 다만 과거의 다산이 〈매조도〉를 그렸지만 수신자 홍임의 존재를 감추었듯이 〈남당사〉 또한 소실에 마음을 그린 다산의 작품이 아닐까 하는 생각이 든다. 숨겨야 하는 상황과 드러내고 싶은 욕망이 뒤섞여 있는 인간 심리의 역설을 감안한다면 말이다. 어쨌든 〈남당사〉는 가족이라는 체제 밖에서 서성이는 한 여성의 속마음을 곡진하게 다루었다는 점에서, 다산이라는 우리 사회의 상징 기호를 다각도로 보게 한다는 점에서 그 자료적 가치는 충분하다. 문제는 내용인데 버림받은 여인의 정체성으로 슬픔과 비애의 삶을 예견하는 시인의 시선이다. 비극의 주인공으로 만들어버릴 것이 아니라 죽어가던 다산을 되살린 그 힘과 정성에 주목할 수는 없었을까. 그 힘과 정성으로 딸과 함께 새로운 삶을 꿈꾸는 것을 상상할 수는 없었을까. 관중석에서 볼 때 그녀는 다산학을 이룬 한 부분으로 재발견되어야 한다.

2

/

성녀와 마녀의 프레임을 넘어

마음의 주체가 되다,
허난설헌

시인 허난설헌(許蘭雪軒, 1563~1589)은 자신의 재능과 열정, 가족의 지원이라는 삼박자가 이루어낸 작품이다. 난설헌은 호號이고 본명은 초희楚姬이다. 그녀는 우리 여성의 역사를 대표하는, 신사임당과 쌍벽을 이루는 인물이다. 시와 그림이라는 서로 다른 영역에서 자신의 세계를 구현한 그들이지만 '출세'로 이어지는 길은 남성 가족의 절대적인 지원이 있어야 했다. 즉 율곡 어머니라는 사실로 화가 사임당의 역사가 전개되었다면, 시인 난설헌은 두 오라비 허봉(1551~1588)과 허균(1569~1618)으로 인해 역사에 기억될 수 있었다. 하늘이 내린 재주가 있다 한들 누군가의 의도적인 노력 없이는 여성이 세상 밖으로 나올 수 없던 시대였다. 게다가 규범서를 짓는다면 모를까 내면을 드러내는 시라는 장르는 가족이 서둘러 막는 실정이었다. 그런 점에서 남성 흉내가 아닌 여성 주체의 시 세계를 연 난설헌과 그녀를 만든 가족의 힘이 새삼 돋보인다.

하루는 미숙의 아우 단보 군이 그의 죽은 누이가 지은 《난설헌고蘭雪軒稿》를 가지고 와 보여주었다.⋯나는 시학詩學에 대해서는 잘 모르지만 본대로 평한다면 그 뛰어나기가 숭산과 화산이 빼어나기를 다투는 듯하고, 한당漢唐의 시보다 뛰어난 것들이 많다. 또한 사물을 보고 정감을 불러일으키거나 시절을 염려하고 풍속을 근심함에는 열사의 기풍이 있다.

_《서애집》

류성룡이 1591년에 쓴 〈허난설헌집 발문〉의 일부이다. 미숙은 허봉의 자字이고 단보는 허균의 자인데 그들은 각각 허난설헌의 오빠이고 동생이다. 난설헌은 1589년 27세의 나이로 세상을 떠났고, 많은 작품들은 유언에 의해 불살라졌다. 그런 가운데 동생 허균은 친정에 남겨진 것들과 자신이 외운 누이의 시 210여 편을 모아 문집으로 엮었다. 그리고 평소 존경하던 형의 절친 류성룡을 찾아가 발문을 부탁한 것이다. 허균은 류성룡의 발문을 붙인 몇 권의 필사본을 다시 만들어 지인들에게 돌린다. 명사의 발문까지 받아놓았지만 곧이어 임진왜란이 터지는 바람에 그 간행이 미뤄졌다. 조선의 전쟁을 도우러 온 참전 문인 오명제吳明濟는 돌아가 《조선시선朝鮮詩選》(1600)을 펴내는데 시를 수집한 경위를 이렇게 썼다.

> 기다렸던 한양에 도착하여 많은 문인들에 대한 이야기를 들었다. 공관 밖에 거주하며 여러 학자들과 교분을 나누고 막사로 돌아오겠다는 나의 간청이 받아들여져 허씨〔허균〕 집에 머물렀다.…이때 그 누이의 시 2백 편을 얻었다.
>
> _《조선시선》_

허난설헌의 시는 중국의 애호가들을 감동시켰다. 여기저기 이름난 시 선집選集들은 난설헌의 시로 독자들을 끌어들였는데 현재 확인된 것만 해도 10권이 넘는다. 게다가 요절이라는 안타까운 현실은 천재 시인의 존재를 신화화하기에 충분한 조건이 되었던 것 같다. 예컨대 '여선녀가 동방 조선에 내려와 잠시 머물다 갔다'는 식이다. 이름난 학자들의 무게 있는 시평도 지속적으로 나왔다. 반지항(潘之恒, 1536~1621)은 허난설헌을 가리켜 "한漢나라 반소(班昭, 45~117) 같은 존재로 역사에 기록되어야 하며 이에 대해 조선의 군신들도 동의할 것일 바 오히려 그녀보다 앞서지 못함을 느낄 것이다"(《긍사亘史》, 1608)라고 썼다.

누이의 시를 세상에 알리고자 한 허균의 노력은 가히 눈물겹다. 1606년 명나라 황손의 탄생을 알리러 온 사신 주지번(朱之蕃, 1575~1624)과 양유년梁有年에게도 누이 난설헌의 시를 건넨다. "주지번이 내게 누님의 시에 대해 묻기에 갖고 간 시권詩卷을 바로 바쳤다. 그가 읊어보더니 감탄했다."(《성소부부곡》) 주지번은 난설헌의 시를 "빼어나면서도 화려하지 않고, 부드러우면서도 뼈대가 뚜렷하다"라고 했고, 양유년은 허난설헌이 길이 만대에 전해지느냐 아니냐는 이제 역사가의 몫이라고 했다. 이로부터 2년 후 허균은 공주 목사로 부임하여 누이의 시문집을 목판본으로 간행하면서 "두 아이를 잃어 한을 품고 돌아가신 누님을 생각하면 언제나 가슴이 아프다"라고 했다. 누이의 것이라곤 아무것도 남아 있지 않은 이 세상에서 시야말로 사라지지 않을 누이 그 자체가 아니었을까. 이렇게 허난설헌은 동생 허균에 의해 세상으로 나와 중국과 일본의 독자들을 매료시켰다.

여기서 난설헌이 시인으로 성장하게 된 계기나 과정이 궁금해진다. 그녀보다 12세 위의 오빠 허봉이 있었다. 난설헌 허초희가 8세의 나이로 〈광한전백옥루상량문〉을 지어 신동으로 판명 나자, 허봉은 알고 지내던 당시唐詩의 대가 이달李達을 선생으로 모셔온다. 학습과 훈련을 통해 허초희는 자신을 표현할 시라는 도구를 갖게 된 것이다. 한편 허봉은 시집간 동생이 시작詩作에 게을를까 싶어 수시로 격려의 글을 보낸다. 새로 나온 두보杜甫의 시 해설서를 보내며 "두보의 명성이 내 누이에게서 다시 일어나기를" 기대

　　　　　　　　　2 / 성녀와 마녀의 프레임을 넘어

한다. 또 임금이 하사한 귀한 붓을 격려시와 함께 보내기도 한다.

> 귀한 자리 있을 때 하사받은 붓이라네
> 가을 규방에 보내니 풍경들과 놀아보려무나.
> 오동나무와 마주하여 달빛도 그려보고
> 등불을 따라 몰려드는 벌레들도 그리겠지.
>
> _〈누이에게 붓을 보내며〉

　난설헌의 시부 김첨金瞻과 시숙부 김수金晬는 정치적 입장을 함께하는 허봉의 친구들이다. 오빠의 바람이었는지 난설헌의 재능을 높이 산 시어른들은 권위로 군림하는 대신 시로서 화답하는 글벗이 되었다. 난설헌이 시인으로 성장한 데는 오빠 허봉의 역할이 컸던 것이다. 허봉은 아우 허균에게 "경번[난설헌의 자]의 글재주는 배워서 얻을 수 있는 것이 아니다"라고 했는데, 이러한 누이의 재능을 살리고자 형제들이 힘을 모은 것이다.
　한편 난설헌의 시를 읽다보면 당시 남자들이 말하는 여자와는 다른 모습들을 만나게 된다. 그녀의 시에는 며느리·아내·어머니 등의 역할로 호명될 뿐이었던 여자들이 마음의 주체, 자유를 추구하는 주체로 나온다. 노처녀의 심리를 그려낸 〈빈녀음貧女吟〉이나 연모의 정을 노래한 〈채련곡采蓮曲〉 등은 여자의 내면세계를 보여준다. 또 그는 각종 규범과 가치로부터 자유롭고자 하는 인간 보편의 욕망을 87수의 장편 〈유선사遊仙詞〉에 담아냈는데 여기서 주인공은 선녀로 변신한 자신이다. 다시 말해 난설헌은 현실의 한계에 좌절하기보다 상상의 세계인 선계仙界를 통해 꿈을 실현해가는 방법을 취한 것이다.

난설헌이 세상을 떠난 지 30여 년 후 중국에서는 그녀의 시를 찾는 애호가들이 늘어나는데 그와 함께 표절 시비에 휘말리며 '동쪽 오랑캐 여자'로 폄하되기도 한다. 또 국내에서는 동생 허균이 역적의 혐의를 쓰고 가산이 적몰된 채 처형되자 그녀의 시적 재능에 대한 평판은 가시밭길을 걷게 된다. 여기서 난설헌은 시선詩仙도 아니고 천재도 아닌, 중국 시를 표절한 삼류 시인에 불과한 존재로 전락했다. 게다가 시의 내용까지 왜곡되며 '외간남자 연모설'에 휩싸이게 되는데 이는 난설헌의 친정과 시가가 속한 동인東人의 정치적 몰락과 무관할 수 없을 것이다. 하지만 이러한 갈등의 시간이 지나고 그녀의 문학성이 재평가되면서 허난설헌은 역사에 길이 남을 여성 지성으로 다시 우리 곁에 돌아왔다.

시대를 초월하는 시대정신,
황진이

황진이는 시와 노래로 일세를 풍미했던 16세기 여성이다. 그 존재감이 얼마나 대단한지 식을 줄 모르는 인기가 5백여 년이 된 지금까지도 한반도 전역을 휘감고 있다. 남한에서는 그녀를 주제로 한 소설·영화·오페라 등의 작품이 20편 넘게 나왔고, 북한에서도 개성에 있는 그녀의 무덤을 복원하여 당원과 근로자 그리고 어린 학생들의 방문을 받고 있다고 한다. 역사 인물 황진이는 곧 남북한 공동의 자산인 셈이다.

그런데 자료를 주의 깊게 살펴보면 황진이에 관한 많은 부분은 실재라기보다 허구에 가깝다는 것을 알게 된다. 1505~1506년 즈음에 태어나 40년 남짓 살다간 중종 연간(1506~1544)의 인물이라는 것 외에 출생이나 행적들에 대해서는 이야기마다 제각각이다.

심지어는 그녀의 정체성이기도 한 황씨 성姓이나 진사의 서녀라는 것은 19세기에야 나온다. 1824년에 편찬된 〈중경지中京誌〉에서 진眞의 성이 황黃이라는 언급이 있은 후 황진이가 된 것이다. 진眞이 살아서 돌아온다면 자신이 왜 황씨가 되었는지 의아할 법도 하다. 물론 세월이 갈수록 부풀려지거나 새로워졌다는 것이지 그 존재 자체를 부정할 수는 없다. 시에 등장하는 벽계수나 소세양 등도 그녀의 존재를 증명해주는 사람들이다. 그렇다면 어디까지가 그녀이고 어디부터가 이야기일까. 황진이는 허균(1569~1618)의 《성소부부곡惺所覆瓿藁》에서 진랑眞娘이라는 이름으로 처음 소개되었다. 허균의 책이 1613년에 나왔으니 그녀가 죽은 지 60년도 더 흐른 시점이다.

진랑은 개성 맹인의 딸이다. 성품이 어디 얽매이지 않아서 남자 같았다. 거문고를 잘 탔고 노래를 잘했다. 일찍이 산수를 유람하면서 풍악산에서 태백산과 지리산을 지나 나주에 도착했다. 그때 고을 수령이 절도사와 함께 한창 잔치를 벌이는데 풍악과 기생이 좌석에 가득하였다. 진랑이 남루한 차림을 조금도 부끄러워하지 않고 그 좌석에 끼어 앉아 태연스레 이虱를 잡으며 노래하고 거문고를 타자 기생들이 기가 죽었다. 평생에 화담 선생을 사모하여 거문고와 술을 들고 가 놀다 오곤 했다.

_《성소부부곡》

　　　　　2 / 성녀와 마녀의 프레임을 넘어

이어서 허균은, 그녀가 30년을 수양해온 지족선사를 유혹하여 그 지조를 꺾었다며 자랑하고 다녔고, 스스로 송도삼절松都三絶 중의 하나로 자부했다고 썼다. 그러니까 우리에게 알려진 황진이의 중요한 일화는 허균으로부터 나온 것이다. 특히 허균은 황진이가 지은 노래가 수십 년이 지난 자신의 시대에도 불리고 있다는 점에서 그녀의 재주를 높이 샀다. 허균의 아버지 허엽(1517~1580)이 화담 서경덕(1489~1546)의 문인이고 보면, 허균이 전하는 진랑 이야기는 사실일 수도 있겠다.

이후 나온 여러 종류의 황진이는 사실상 허균의 각주에 불과하다. 유몽인(1559~1623)의《어우야담於于野談》에는 "가정(嘉靖, 1522~1566) 초에 송경松京에 명창 진이眞伊라는 사람이 있었는데 뜻이 크고 기개가 있었으며 남자처럼 용감했다"라고 한다. 여기서 처음 이름 진랑은 '진이'로 바뀐다. 또 앞에서 말한 '명산대천 유람'은 좀 더 구체적인 내용을 갖추며 불어나는데, 금강산 유람에 재상가의 아들 이생李生과 동행하며 길에서는 노래를 팔고 절집에서는 몸을 팔아 끼니를 해결했다는 것이다.《어우야담》은 배포가 큰 진이의 성격에 걸맞게 이 여행도 그녀가 주도한 것으로 서술하고 있다.

듣기로 중국 사람도 "고려국에 태어나서 금강산 한번 보기를 원한다"라고 합니다. 하물며 우리나라 사람으로 본국에 태어나 자라서 선산仙

山을 지척에 두고 진면목을 보지 못한대서야 되겠습니까? 우연히 선랑仙郎을 만났으니 함께 신선 놀이나 합시다. 산의야복山衣野服으로 빼어난 경치를 마음대로 찾아보고 돌아오면 또한 즐겁지 않겠습니까?

_유몽인,《어우야담》

이덕형(1566~1654)의 《송도기이松都記異》에서는 "진랑이 비록 창류娼流로 있기는 했지만 성품이 고결하여 번화하고 화려한 것을 일삼지 않았다"라고 한다. 또 소리 명인 이사종을 만나자 즉석에서 6년간의 동거를 제안하여 3년의 생활비는 진이가 대고 다음 3년은 이사종이 대기로 하여 칼같이 실행에 옮겼다고도 한다. 관부官府의 술자리에 불려 나갈 때도 빗질과 세수만 할 뿐 입은 옷 그대로였고 자신의 전공인 노래로 승부수를 던졌다. 인품이 빠진 시정잡배는 천금을 준다 해도 상대하지 않았다고 한다. 이러한 이야기들은 무엇을 근거로 만들어졌을까.

우리에게도 익숙한 황진이의 "청산리 벽계수야, 수이 감을 자랑 마라"라고 하는 시조를 보자.《청구영언》에 실린 이 시조를 근거로 《금계필담錦溪筆談》(1871)은 벽계수와 황진이가 서로 관심을 갖고 밀당을 하는 것으로 꾸민다. 즉 종실宗室 벽계수가 황진이를 만나기를 원했으나 풍류 명사가 아니면 어렵다기에 시인 이달李達에게 방법을 물었다. 의도적으로 무시하여 황진이의 적극적인 구애를 유도하라는 것인데 결국 그 본의를 들켜 벽계수가 도리어 무시를 당한다는 내용이다. 벽계수는 세종의 증손 이종숙(1508~?)으로 후궁 신빈 소생의 자손이다. 이러한 형태의 이야기는 시와 음악으로 당대 예술계를 울리던 그녀에게 인간의 모습을 덧씌운 것이 아닐까. 그리움이나 이별을 주제로 한 그녀의 시들은 세기를 초월하여 사람들의 심중을 파고들었다.

> 그리워라, 만날 길은 꿈길밖에 없는데
> 님 찾아 떠났을 때 님은 나를 찾아왔네.
> 바라거니, 언제일까 다음 날 밤 꿈에는
> 같이 떠나 오가는 길에서 만나기를.
>
> _〈상사몽相思夢〉

만날 길이 꿈길밖에 없는 사람들에게 그녀의 시 〈상사몽〉은 길벗이 되었고, 가곡 〈꿈〉으로 되살아났다. 황진이를 고결한 품격과 기개를 지닌 인물로, 돈과 권력에 굴하지 않은 자유정신으로 이야기해온 것은 근거가 없지 않았다. 그녀가 남긴 시를 통해 그녀를 읽어낸 것이다. 다만 사랑의 화신이라든가 성녀聖女라든가 하는 식으로 많은 경우 남성의 시각으로 재단되어온 것도 사실이다. 근대 이후의 황진이는 새로운 시대정신으로 거듭나는데 그녀를 처음 소설화한 이태준이 《황진이》(1936)에서 구태의연한 신분 의식이나 도덕에 저항하는 호방한 성격으로 재탄생시킨 것 등이다.

황진이와 관련된 대부분의 이야기들은 그녀가 남긴 시와 당찬 일화들을 토대로 새롭게 만들어진다. 야담집에서 예술작품으로, 남성 위주에서 남녀평등의 시대정신으로 오늘도 황진이의 재탄생은 계속되고 있다. 우리가 황진이를 지속적으로 불러내는 이유는 신분에 자신을 가두기보다 신분을 넘어선 자신을 만들며 세상의 편견과 시선으로부터 자신을 지켜내었다는 점에 있지 않을까.

2 / 성녀와 마녀의 프레임을 넘어

임금의 마지막을 지킨 어의녀,
대장금

조선의 특유한 젠더 문화는 의녀醫女라는 직업을 탄생시켰다. 건국기 유교의 유입으로 내외법이 발효되자 치료가 목적이라하더라도 여자의 신체를 남자 의원에게 맡기는 것은 어불성설이었다. 부끄러워 병을 보이려고 하지 않는 부인들이 사망하는 일이생기자 여의女醫를 양성하자는 목소리가 커져 태종 6년(1406), 어린 여자 10명을 뽑아서 맥경脈經과 침구針灸를 가르친 것이 의녀 제도의 시작이다. 관비 중에서 총명한 자를 뽑아《천자문》·《효경孝經》등을 읽혀 문리를 틔운 후 의서醫書를 읽혔는데, 매월 시험을 치러 우열을 가리고 보수를 정했다. 세종은 의녀 교육에 각별한 관심을 기울였는데 제생원 의녀 교육의 성공 여부는 훈도관의 근면과 성실에 달려 있다고 보아 예조와 승정원이 상시로 감찰하도록

했다.(세종 4년 11월 14일)

　제도가 정착되자 지방으로 확대하는데, 먼저 충청·경상·전라도의 큰 고을을 중심으로 관비 중에서 나이 10세 이상 15세 이하의 영리한 동녀童女 2명씩을 선발했다. 뽑혀 올라온 의녀 후보생에게는 선상選上 여기女妓의 예에 의하여 봉족奉足을 주고, 제생원에서 본원의 의녀와 함께 교육시켰다. 의술 공부가 성취하기를 기다렸다가 도로 그들의 본읍으로 보내도록 했다.(세종 5년 12월 4일) 지방에서 선발해 온 의녀 후보생의 학습 효율을 높이기 위해 기초 과목은 미리 공부해 오도록 했다.

> 제생원의 의녀들은 반드시 먼저 글을 읽게 하여, 글자를 안 연후에 의방醫方을 읽어 익히도록 하고 있습니다. 지방에서 선발하여 올려 보내려고 하는 의녀도 지금 거주하고 있는 그 고을의 관원으로 하여금 먼저 《천자문》·《효경》·《정속편正俗篇》 등의 서책을 가르쳐서 문자를 대강 해득하게 한 뒤에 올려 보내게 하소서.(세종 5년 12월 27일)

　드라마 〈대장금〉의 주인공으로 널리 알려진 장금長今은 중종 10년(1515) 장경왕후의 원자(인종) 출산을 도운 의녀로 처음 기록에 등장한다. 그런데 출산 1주일 만에 왕비가 죽자 호산護産에 관여한 의녀 장금을 처벌하라는 요구가 빗발쳤다. 처음에는 사헌부에서 호산의護産醫 하종해河宗海를 탄핵했는데, 이에 대해 왕은 "의녀가 그 증상을 전하면 의원들이 약을 의논해서 짓는" 방식이어서 1인에게 죄를 묻는 것은 부당하다고 한다. 그러자 다시 대신들은 장금에게 책임을 물어야 한다는 것이다. 그들은 "의녀 장금의 죄는 하종해보다도 심합니다"라고 했다. 이어서 왕비를 대고大故에 이르게 한 죄에 합당한 율을 적용해야 하는데 속을 바치는 것으로 대신한 것은 잘못임을 주장했다. 이에 왕은 장금이 큰 상을 받아야 하지만 산모가 죽었으니 그럴 수 없고, 상을 주지 못할망정 형장을 가할 수는 없다고 못 박았다.

중종의 신뢰 속에서 장금의 의술은 점점 정교해져 10년이 지나자 대장금이라 불리며 내의녀 최고의 대우를 받게 된다. 다시 20년이 흐른 중종 39년(1544)에는 이른바 어의녀御醫女로 임금을 진료하고 약을 의논하는 일을 맡는데 여의로는 전무후무한 일이었다. 당시 그녀의 나이는 예순 안팎은 되었을 것이다. 장금이 실력 있는 의녀로 성장할 수 있었던 것은 개인의 노력이 크지만 무엇보다 세종 이후 훌륭한 여의를 기르고자 한 제도적인 노력이 큰 몫을 했다. 장금이 의녀로 입문했을 당시로 보이는데 의녀 교육의 제도적 장치를 마련하기 위해 왕과 대신들이 고심한 기록이 있다. 성종 9년(1478)에 나온 〈의녀권과조醫女勸課條〉를 보면 의녀가 철저한 시스템 속에서 배출되었음을 알 수 있다. 구체적인 내용을 보면, 명망 있는 문신文臣 2인을 교수로 배정하고 의녀가 읽을 책을 단계적으로 정해놓는다. 또 의녀는 3등급으로 나누어 내의內醫 2인에 간병의 20인과 초학의初學醫로 나눈다. 내의 2인에게는 급료를 주고, 간병의는 성적순으로 4인에게만 주며, 초학의는 간병에 참여시키지 않고 공부에만 전념토록 한다. 그리고 1년 학습을 평가하여 과락이 많은 자는 봉족을 빼앗되 3년 안에 만회가 안 되거나 나이가 만 40세 이상으로 한 분야에도 능통하지 못한 자는 본역으로 돌려보낸다. 여기서 본역이란 의녀가 되기 전의 소속 관청을 말한다. 이러한 의녀 교육 덕분인지 중종대에는 대장금 외에도 몇 명의 의술 있는 의녀 이름이 오르내린다.

죽음을 앞둔 중종은 왕자나 부마 등의 친족 외에는 문안하지 말라는 영을 내린다. 임금 곁에는 혈육이 아닌 오직 한 사람, 대장금이 있을 뿐이다. 왕의 상태는 그녀에 의해 내전 밖에서 기다리던 육조 당상관들에게 실시간 보고되었다. "어제저녁에 상께서 삼경에 잠이 들었고, 오경에 또 잠깐 잠이 들었습니다. 소변은 잠시 통했으나 대변이 불통한 지가 3일이나 되었습니다." "대변이 통하지 않아 오늘 아침 처음으로 밀정蜜釘을 썼습니다." 왕은 내의원 제조나 어의御醫에게 "내 증세는 여의가 안다"라고 했고, 그들은 대장금의 진단과 처방을 공식적인 발표로 삼았다. 왕의 상태는 모두 의녀로부터 나온 것이었다. "상의 옥체가 혼미하신 증상이 아침보다 더욱 심하여 지보단·청심원·강활산의 물을 많이 올렸으나 넘기시지 못하므로 약물이 계속 땅으로 떨어졌다는 사실을 의녀에게서 들었습니다" 하는 식이다. 1544년 11월 15일, 대장금은

"상의 증후가 위급하십니다"라는 마지막 보고를 남기고 기록에서 사라진다. 그 후 460년, 대장금은 드라마의 주인공으로 화려하게 복귀한다. 이야기의 원천이 된 실존 인물 대장금은 실제로 대단했다.

조선에서는 대장금 외에도 의술을 인정받은 여의들이 더러 있었다. 특히 제주 출신의 효덕·장덕·귀금은 눈·코·이의 질병을 잘 다스렸다. 장덕의 제자 귀금은 스승의 의술을 전수받는 데 10년이 걸렸다고 한다. 의녀는 업무에 따라 내의內醫와 간병의로 나뉘기도 하고, 전공에 따라 맥의녀脈醫女·약의녀藥醫女·침의녀鍼醫女 등으로 구분되기도 했다. 또 의술의 정밀도와 경력에 따라 수의녀首醫女나 어의녀, 밀착 진료의 임무를 띤 차비대령差備待令 의녀 등으로 나뉘었다. 하지만 모든 의녀가 의술에 집중한 것만은 아니었다. 의술의 기초 지식을 활용하여 내외內外 구분으로 파생된 사회적 문제를 해결하는 데 투입되기도 했다. 세종대에는 입학한 종친들이 모병母病이나 처병妻病을 핑계로 종학宗學에 나오지 않자 의녀를 보내 허실을 가려내게 했다. 법으로 금지된 호화 혼수의 실상도 규방의 일이라 적발하기가 쉽지 않았던 것을 의녀를 통해 조사 보고토록 했다. 남편에게 구타당한 아내, 남편에게 죽임을 당한 아내 등 폭력의 실상을 조사하여 그 죄를 밝히는 임무에도 의녀가 투입되었다.

그녀들은 부인 치료를 목적으로 출발하여 경서와 의서를 익힌 전문가지만 관비라는 출신의 한계로 제대로 평가받지 못했다. 기녀의 한 부류로 취급되며 각종 유흥에 동원되기도 했는데, 특히 연산군은 의녀를 '좀 영리한' 기녀 정도로 이해했다. 또 약방기생과 유사한 부류의 의기醫妓의 경우 사대부의 사랑놀이에 응하여 본업을 팽개치고 남의 첩이 되는 등 타의든 자의든 성문제로 분란을 일으키기도 했다. 그래서 중종대에는 조관朝官들이 의녀를 불러 방종하게 술을 마시던 관행을 법으로 금지했다. 의녀 집단 또한 긴 기간을 통해 자신의 전공으로 일가를 이룬 소수와 그렇지 못한 다수로 구성되었다. 특히 의술을 매개로 한 직업이지만 남의男醫와 여의의 궁중 내 위상은 크게 달랐다. 중인中人과 천인賤人이라는 신분적 차이에 남자와 여자라는 성별 차이가 함께 작동된 것이다. 이러한 이유로 조선 후기에는 여의들의 존재가 미미해졌다.

어쨌거나 의녀는 신분과 기술과 여자에 대한 인식의 질곡 속에서 부침을 거듭하며 5백여 년의 역사를 걸어온 직업이다. 남녀유별의 문화가 낳은 태생적 한계가 있지만, 이 제도로 질병과 출산의 공포로부터 더 많은 여성들이 구제될 수도 있었다. 제도를 보완하면서 수준 높은 여성 의료인을 지속적으로 양성해나갔다면 일상과 여성의 역사는 크게 달라졌을 것이다.

공동체를 위한 한 줄기 빛,
논개

논개(論介, ?~1593)는 임진란 때 진주성 싸움에서 적장을 끌어안고 남강에 투신한 의녀義女다. 1593년 7월 왜적에 맞선 진주성은 군관민의 필사적인 방어에도 불구하고 함락되고 말았다. 실록의 기사는 진주성 전투가 얼마나 참혹했는가를 말해준다. 진주 전황을 보고받은 선조의 걱정은 이만저만이 아니었다.

> 진주가 포위된 지 오래여서 성안의 사졸들이 도망해 나올 수 있는 길이 없을 것이다. 성을 지키는 일은 할 수 있을 듯하지만 성안에 마초馬草가 이미 다 떨어졌을 것이니 전마戰馬가 다 죽었을까 염려된다. 진주성이 포위된 지 10여 일이 되었는데, 성안의 사정을 들을 수 없으니 답답하다.(선조 26년 7월 16일)

이 참사로 성안에 있던 군인과 민간인이 전멸했는데 죽은 사람의 수가 조선 측 기록으로 6만 명, 일본 측 기록으로 2만 명이었다. 어느 쪽을 택하든 당시 인구를 감안할 때 전투의 참상을 전해주기에 충분한 숫자다.

한 이야기에 의하면, 성이 함락되자 왜군은 촉석루에서 전승축하연을 벌이고 기생 논개는 그들의 여흥을 돕게 된다. 그녀는 왜장을 꾀어 강 가운데에 있는 바위 위에서 마주 춤을 추다가 춤이 한창 무르익어갈 즈음에 그를 껴안고 시퍼런 강물에 몸을 던져 함께 죽는다. 논개의 거사는 승리에 도취된 왜군의 사기를 꺾기에 충분한 것이었다. 1780년 진주를 방문한 다산 정약용의 〈진주의기사기晉州義妓祠記〉라는 글에 나오는 내용이다. 이러한 이야기는 수백 년에 걸쳐 전승되어 온 것일 텐데, 사실을 따지자면 논개라는 이름의 여성이 한 왜군을 끌어안고 강에 뛰어든 것 외에는 상황의 진실이 무엇인지 알 수는 없다. 중요한 것은 각 시대정신과 조우하며 새로운 의미를 창출해내는 논개라는 인물의 역사적 의미가 가볍지 않다는 점이다.

논개의 죽음은 바로 다음 해인 1594년 무군사撫軍司의 일원으로 세자 광해군을 따라 진주에 온 유몽인(1559~1623)에게 전해지고, 나중에 그의 저서《어우야담》(1621)에 수록된다. 지역사회에 파다했던 논개의 죽음이 공식적으로 기록된 것은 일이 있은 지 30여 년이 지나서인 셈이다. 여기서 그 최초의 기록에서 논개는 어떤 모습으로 등장하는가를 보자.

> 논개는 진주 관기다. 계사년(1593)에 김천일이 거느리는 의병이 진주
> 성에서 왜군과 싸웠는데 성이 함락되어 아군이 패하자 백성들도 함께
> 죽었다. 논개는 분단장을 곱게 하고 예쁜 옷을 입고선 촉석루 아래 가
> 파른 바위 꼭대기에 서 있었다. 만 길 낭떠러지 아래는 강물이 넘실거
> 렸다. 한 무리의 왜인들이 논개를 보면서 희희덕거리지만 감히 가까
> 이 다가가지는 못했다. 유독 한 왜인이 당당하게 앞으로 나아가자 논
> 개는 웃으면서 그를 맞이했다. 왜장이 그녀를 유혹하며 끌어당기려
> 하자 논개가 바로 그를 안은 채 강물에 몸을 던져 함께 죽었다.
>
> _〈인륜·효열〉, 《어우야담》

이어서 유몽인은 논개의 죽음을 놓고 "적들에게 몸을 더럽히지
않은 것"에 강조점을 둔다. 이는 곧 "왕의 성화를 입은 백성으로서
나라를 배신하지 않은" 행위이므로, "다름 아닌 충忠"이라고 결론
짓는다. 여자의 충절은 정절을 지키는 것으로 완수된다는 논리다.
진주성 싸움에서 최우선적인 덕목은 '나라를 위해 자신을 희생한'
충절이었다. 성을 지키기 위해 싸우다 전사한 김천일金千鎰·황진
黃進·최경회崔慶會 등 많은 장수들의 충절로 온 나라가 숙연해지던
때이다. 기록에 의하면 성안의 모든 사람들이 왜에 대한 적개심을
품고 필사적으로 몸부림쳤다. 이러한 상황임을 볼 때 논개의 죽음

은 단순히 정절을 지키기 위한 자기방어에 불과할 수가 없다. 앞의 인용문에 나온 바, 논개는 적을 유인해 가까이 오게 하여 껴안고 함께 투강하는데 이는 적을 죽이기 위한 의도된 행위임을 알수 있다. 유몽인의 서술은 논개의 죽음 직후에 채집된 사연이라는 점에서 가공되었을 가능성이 상대적으로 적다. 그리고 논개의 행위는 겁탈의 위기를 자결로 해결하는 '열녀행실도류'의 죽음과는 질적으로 다른 것이다. 이것이 바로 논개가 이후 역사에서 끊임없이 소환되는 중요한 이유가 아닐까. 논개에 관한 첫 기록자 유몽인이 정절을 통한 충절의 가능성을 드러낸 것이라면 이후의 논개는 충절 일방향으로 달려간 감이 없잖아 있다.

당시만 해도 여자가 나라의 충신이 되는 상황이 어색했다. 남자는 나라를 위해 존재하고 여자는 남자를 위해 존재한다는, 이원화된 성별 구도에서 논개의 거사에 이름을 붙이기가 쉽지 않았을 것이다. 그녀를 열녀라고 해야 할지 충신이라 해야 할지, 이후에 전개된 논개 담론의 역사에는 이런 고민이 들어 있다. 아무튼 당시 순국한 장수들은 충렬의 이름을 얻어 사당으로 들어가지만, 논개의 넋은 150여 년이 지난 1740년(영조 16년)에 비로소 사당 의기사義妓祠에 안치된다. 충렬로 나라의 승인을 받은 논개는 대부분의 역사 인물이 그렇듯 각색되고 첨가되는 과정을 거친다.

최초의 기록《어우야담》에서 진주 기생이던 논개는 전북 장수 출신의 주논개朱論介로 보완된다. 진주성 3장사의 한 사람인 황진

2 / 성녀와 마녀의 프레임을 넘어

을 따라왔다고도 하고, 의병장 최경회의 후처 또는 첩으로 함께 왔다고도 한다. 최근 해주 최씨 종회에서는 최경회 장군의 부실 '주논개 부인'으로 확정하고 있다. 경상우도 병마절도사인 최 장군이 전투의 패배로 자결하자 기생으로 가장해 적장에 접근하여 남편의 원수를 갚았다는 것이다. 여기서 논개는 충신이 아니라 충신의 아내 열녀가 되는 것이다. 그런데 논개 주변을 맴돌고 있는 이런 이야기들이 짓밟힌 나라의 자존심에 몸을 떨었을 한 어린 여성의 정당한 분노와 무슨 관련이 있을까. 지역이든 문중이든 논개를 자신들 가까이 두려는 것은 그녀를 '점유'함으로써 얻게 될 이익도 이익이려니와 그녀가 전하는 메시지가 귀중하기 때문일 것이다. 논개 재현 작업은 18세기에 이르러 본격화된다.

역사 인물 논개는 많은 사람들을 흥기시켰다. 무엇보다 그녀는 진주 기생들의 자존심이었다. 논개를 사모한 시를 남긴 진주 기생 산홍山紅은 을사오적 이지용을 향해 "내가 비록 기녀지만 어찌 당신 같은 역적의 첩이 되겠느냐"라며 꾸짖었다고 한다. 황현黃玹의 《매천야록》에 나오는 이야기다. 사람들은 "온 세상이 매국노 앞에 무릎을 꿇고 금과 옥이 지붕보다 높지만 산홍을 얻기는 어렵구나!"라며 이지용을 기롱한다. 황현은 논개를 기리는 시에서 "천년의 기생 역사에 한 줄기 빛을 발했다"라고 썼다.

이로 볼 때 논개의 신분이 양반인지 천민인지, 기생인지 부인인지를 따지는 것은 논개 담론의 곁가지에 불과하다. 지속적으로 논개를 소환하는 우리의 의미, 그것이 몸통이다. 기존의 역사적 사실을 자기 시각으로 재조명한 정약용은 논개를 기리는 글 〈진주의기사기〉에서 그 시대 진주성의 분위기를 전한다. 이에 의하면 성이 함락되려고 할 때 이웃 고을에서는 군사를 끌어안고만 있을 뿐 보내주지 않았고, 조정에서는 공을 세운 이들을 시기하여 지는 것을 오히려 기뻐했다. 그래서 아주 튼튼했던 진주성이 왜구의 손에 떨어지게 되었다. 당파적 이익에 빠져 적군을 응원하는 믿지 못할 상황이 연출되었다는 것은 오늘 우리 사회의 일각에서 벌어지고 있는 행태를 통해서도 수긍이 간다. 여기서 논개의 등장은 황현의 말처럼 한 줄기 빛이 아닐 수 없다. 옛날에도 그랬다면, 지금도 이름 없는 어떤 논개는 공동체를 위해 마음을 다하고 있지 않을까.

2 / 성녀와 마녀의 프레임을 넘어

시련에도 잃지 않은 예의,
정순왕후

골라서 뽑는 간택揀擇으로 왕실 가족의 배필을 구하는 관행은 세종 때 시작되었다. 여자를 세워놓고 무슨 물건 가리듯 하는 것은 당사자로선 상당히 모욕적일 법하다. 간택은 처음에 중국이 요구하는 공녀貢女 선발에 쓰던 방법인데, 이후 세자나 왕자의 신붓감과 공주나 옹주의 부마 선발에 활용된 것이다. 아주 대놓고 거부 의사를 밝힌 사대부가 인사들도 있었지만 이 관행은 왕조의 거의 마지막 19세기까지 지속되었다. 처음에 세종이 "세계世系와 부덕婦德도 중요하지만 외모도 좋아야 한다"라며 간택을 제안하는데, 재상 허조許稠는 "얼굴 모습을 취하는 것이지 덕을 취하는 것은 아니"라며 강하게 반대했다. 선조 때 이이李珥도 간택은 "사족 처녀를 대접하는 도리로 보나 예의지국의 체모를 보나 있을 수 없는 일"이라며 비판했다. 이에 비해 딸을 둔 사대부 가문의 반응은 제각각이었는데, 무슨 물건처럼 딸을 내놓게 되는 상황을 싫어하는 부류가 있었다면 국혼國婚을 놓치지 않고자 재빠르게 움직이는 부류가 있었다. 한편 서로 뽑히려고 자태를 경쟁하는 사대부 처녀들도 있어 이들에 대한 시선이 곱지는 않았다. 간택으로 비빈이 된 경우는 혈통과 가문은 좋지만 대개 권력도 재산도 없는 집이 많았다.

단종 비妃 정순왕후(1440~1521) 송씨도 간택으로 왕비가 되었다. 임금 자리를 노리던 수양대군은 아직 혼인의 뜻이 없었던 어린 조카 단종(1441~1457, 재위 1452~1455)의 후견인을 자처하며 처녀 간택에 나선다. 이 행사는 수차례 거부 의사를 밝힌 임금의 눈을 피해 창덕궁 뜰에서 열렸는데 오늘날 미스코리아를 선발하는 것과 유사한 형태였다. 중앙 무대 창덕궁에 선 처녀들은 서울을 비롯 경상·전라·충청 등에서 예선을 거친 자들이었다. 각계의 유명인사로 꾸려진 미인 선발 심사단처럼 왕비 간택에서도 효령대군을 비롯한 종실 어른과 그 배우자, 세종과 문종의 후궁들, 시집간 공주들, 그리고 재상에 이르기까지 공식적인 명단만 해도 20인이 넘었다. 이들은 서로 의견이 달라 왕왕거리다가 이틀을 보내고서야 3명의 후보로 겨우 합의를 보았다. 최종으로 뽑힌 송씨는 궁중의 미곡을 관장하는 정6품 풍저창부사 송현수의 딸이었다. 왕에게 아무런 힘이 되지 못할 처족을 고른 것은 우의정과 좌의정을 사돈으로 둔 수양대군의 기획이었다.

간택이 아니었으면 감히 명함도 못 내밀 처지지만 권력인지 운명인지 그 장난으로 역사의 중앙 무대에 서게 된 송씨. 겨우 통과했나 싶더니 간택된 왕비를 이제 왕이 거부하고 나섰다. 단종은 자신의 동의를 얻지 못한 혼인 자체를 무효라고 하는데, 임금 곁에서 수작을 부린 것으로 간주된 성삼문이 국문을 받기에 이르는 등 일이 시끄러워졌다. 결국 수양대군의 뜻대로 국혼이 이루어지긴 했으나 왕비 송씨의 마음이 어땠는지 미루어 짐작하기란 어렵지 않다. 단종 2년 1월 22일에 왕비 책봉식이 있었고, 6일 후인 28일이 왕비 송씨의 생일이었다. 이에 종친과 백관들이 생신 하례를 올리는데 왕이 정지하라고 영을 내린 것을 보면 왕 자신은 여전히 이 혼인을 인정하지 않았다. 그 후 그녀는 바람 앞에 등불 같은 국왕의 배필로 숙부 수양대군이 주최하는 종친 모임에 잠깐씩 등장하는 정도였다. 송씨는 15세에 왕비에 책봉되어 16세에 왕대비로 물러났으며 18세에 다시 서인庶人으로 돌아왔다. 곧이어 죽임을 당한 아버지와 남편. 살아남은 것이 죽은 것보다 더 큰 고통이었을 이 여인의 비극은 단종 애사哀史에 묻혀 거론조차 되지 않았다. 그녀는 '살 바를 잃지 않도록 돌보아야 할' 존재로 간혹 언급될 뿐 기억 저편으로 사라져갔다.

그런데 죽음이 가까워진 여든의 정순왕후가 단종 사후 60여 년만에 나라에 상언上言을 제출한다. 송씨의 상언은 자신의 재산과 노비를 정미수의 아내에게 주는 것을 허락해달라는 것으로, 〈노산군부인 별급문기〉를 공식화하는 성격이었다. 정미수는 단종의 누이 경혜공주의 아들로, 6년 전에 자녀 없이 아내만 남겨놓고 죽었다. 송씨의 재산이 정미수에게 갔다가 다시 그 아내에게 가도록 하는 절차인 셈이다. 이와 함께 금기되어온 단종에 대한 기억이 공론화되었다. 여기서 정언 김정국金正國은 "정미수의 아내마저 죽으면 노산군의 제사가 끊어질 것이니 후사 문제를 논의해야 하지 않겠느냐"라고 한다.(중종 13년 7월 5일) 남편인 단종, 즉 노산군과 영도교에서 헤어진 지 꼭 61년 만에 '공식 석상'에 그 존재를 드러낸 송씨. '재주財主의 뜻대로 하라'는 왕의 허락이 떨어지고, 송씨는 혹시 있을 분쟁을 염려하여 이 내용을 문서화한다.

죽은 정미수의 처 이씨에게 주는 별급문기다. 이 몸은 자식 없는 과부인지라 내가 죽은 뒤의 모든 일들을 의지하고 맡길 데가 없어 밤낮으로 슬퍼하고 울던 차에…내 생전에는 내가 제사를 모실 것이지만 이 사당과 제사를 전하여 지키고 봉행할 사람을 내 친정 쪽 족친에게 잇게 할 수는 없는 일이다. 자네 남편은 문종대왕의 유일한 외손으로 노산군의 가장 가까운 친족이고 자네 또한 이 몸에게 잠시라도 마음을 거스르는 바가 없이 항상 정성껏 보살펴주었다.

_《해주정씨고문서》

송씨의 상언으로 단종에 대한 제사 및 후사 문제가 연일 논의되어 왕의 영으로 제사가 내려졌다. 이에 정순왕후 송씨는 온갖 지혜를 짜내어 신주를 모실 사당을 조성하고 사당과 묘지를 지킬 노비를 배정했다. 이에 앞서 중종 4년(1509)과 6년(1511)에 송씨는 정미수에게 상속한다는 허여문기를 작성했다. 여기서 그녀는 "지금 나이 71세의 할머니가 다른 방법으로는 정을 표시할 길이 없다"라며 자신을 혈족으로 돌본 정미수 부부에게 고마움을 전했다. 간택을 기다리는 대상에서 서술되는 대상으로, 권력과 운명의 피해자로, 늘 수동태로만 존재해온 그녀의 마지막 마음은 무엇이었을까. "자네 남편은 노산군의 가장 가까운 친족이고 자네 또한 이 몸을 항상 정성껏 보살펴주었네." 어린 나이에 수모와 공포를 딛고 살아낸 사람의 마지막 말이, 혈육은 아니지만 자신을 돌봐준 생질부에게 모든 것을 주고 싶다는 인간적 예의를 다한 모습이라니.

상언으로 재산과 제사 문제를 공론화한 지 3년 후 정순왕후는 82세의 일기로 세상과 하직했다. 왕후의 장례 절차를 놓고 의견이 분분한 가운데 왕자군 부인의 예우에 따르기로 했다. 왕후의 사후 60년이 지난 1581년(선조 14년)부터 단종의 묘역 수리를 시작으로 기억의 작업들이 국가 차원에서 행해졌다. 단종과 정순왕후의 완전한 복위는 250여 년이 지난 숙종 연간에 이루어졌다. 숙종은 "정비正妃가 낳은 자녀는 모두 대군·공주라고 하니 노산군도 당연히 대군이어야 한다"라면서 단종을 노산대군으로 추봉追封했다. 그리고 숙종 24년(1698)에 노산대군은 단종대왕端宗大王으로 복위되고, 부인 송씨는 정순왕후로 복위되었다. 또한 정순왕후는 사릉思陵이라는 능호를 받는데 단종을 그리워한 삶이 반영된 것이다. 단종대왕과 정순왕후의 신위神位가 창경궁 시민당時敏堂으로 옮겨졌다. 같은 해 12월에는 단종대왕과 정순왕후의 시호가 올려졌는데 왕후의 시책문에는 그녀의 '은미한 정성'이 표현되었다. 정순왕후의 복위식이 거행된 이듬해 정순왕후 송씨의 관향貫鄕인 전라도 여산군이 도호부都護府로 승격되었다. 정조는 왕이자 후손으로서 정순왕후의 능에 직접 제사를 지내며 제문을 올리고, 왕후를 보살핀 정미수의 묘역에도 치제하며 고마움을 전한다. "문종을 외조부로 하고 단종의 생질로서, 살아 계실 때는 봉양하고 돌아가신 뒤에는 제사를 받드니 정순왕후가 경卿에게서 편안하게 되었네."(《홍재전서》권22)

정순왕후는 15세에 왕비에 책봉되었고, 18세에 서인으로 강등되어 절집 정업원에 몸을 의탁했다. 불온의 딱지로 그 제사마저 금기된 노산군의 외롭고 억울한 넋을 돌본 왕후의 60여 년은 사실상 유폐된 시간이었다. 절대 권력 세조의 한주먹 거리도 안 되는 미미한 존재지만 억울하게 죽은 한 인간의 영혼을 돌보면서 그 명예회복을 꿈꾸며 평생을 살아낸 것이다. 모진 시련에도 잃지 않은, 인간에 대한 예의가 한층 돋보인다.

가부장 권력을 내 편으로,
소혜왕후

15세기 지식과 권력의 아이콘 소혜왕후(1437~1504)는 곤음(坤陰: 여성)의 정치를 확실하게 보여준 인물이다. 문자와 지식으로 우리 역사에 등장한 최초의 여성이기도 하다. 그녀는 모두 7명의 군주가 바뀌는 정세 속에서 한확(韓確, 1400~1456)의 딸에서 세조의 며느리로, 성종의 어머니에서 연산군의 할머니로 가족 역할 또한 바뀌면서 한생을 살았다. 그에 따른 호칭도 수빈粹嬪에서 인수왕비, 인수왕대비, 그리고 소혜왕후로 바뀌었다. 《내훈》의 저자 내지는 성종의 모후母后로 주로 언급되는 소혜왕후는 무엇보다 가부장 사회의 '비호' 속에서 자기의 욕망을 실현한 인물이라는 점에서 재조명될 필요가 있다. 다시 말해 가부장들의 결탁으로 얻은 권력을 자신의 것으로 이끌어 간 수완 있는 정치가였다. 그녀를 통해 가부장제하에서의 여성은 어떻게 권력을 만들고 향유하는 가를 엿볼 수 있다.

소혜왕후는 세종조에 정치적으로 영향력을 가졌던 한확 (1400~1456)의 3남 6녀 중 막내딸로 태어났다. 사실 그녀 아버지의 입지는 두 고모로부터 온 것이었다. 아버지 한확은 태종 17년 (1417)과 세종 10년(1428)에 여동생 둘을 차례로 명나라 황제의 후궁으로 보냈는데 그녀가 태어나기 훨씬 전의 일이다. 공녀로 간 두 고모가 중국 황제의 마음을 얻어 우대받는 후궁이 되자 그 오빠인 한확이 권세가의 반열에 오르게 된다. 더구나 큰 고모가 영락제의 후궁 여비麗妃에 봉해지자 명 황족의 대우를 받게 된 한확의 존재감은 더욱 강해졌다. 명나라와의 외교 문제를 해결하는 창구가 된 그를 조선의 국왕은 함부로 할 수가 없었다. 한번은 그가 중죄를 범해 논핵을 당하게 되었는데 세종은 "내가 죄줄 수 없는 사람"이라며 풀어주었다. 사람들은 그를 "누이 팔아 부귀를 얻은 자"라며 수근거렸다.

소혜왕후가 태어나던 해에는 둘째 언니 한씨(1426~1481)가 12세의 나이로 계양군 이증과 혼인하여 세종의 며느리가 되었다. 그리고 소혜왕후는 세조가 될 수양대군의 며느리로 왕실에 입성한다. 두 딸을 왕자와 혼인시킬 수 있는 그 권력에 대해서는 굳이 설명할 필요가 없겠다. 당대의 문장가 서거정(1420~1488)은 소혜왕후 언니 정선군부인 한씨의 묘비명에서 이렇게 말한다.

한씨는 명망 있는 가문으로 태임太任과 태사太姒 같은 현숙한 왕비를 탄생시켰고 혹은 종실의 부인을 탄생시켰으니 가문에 빛남이 있기로는 삼한三韓의 최고라 할 것이다.

_《사가문집보유》권1

이에 의하면 한씨 가문의 '빛'은 딸들에게서 나온 것이다. 소혜왕후가 도원군 이장(1438~1457)과 혼인한 바로 그해에 수양대군은 단종을 폐위시키고 왕위에 올라 세조가 되었다. 세조의 왕위 찬탈은 명나라 황제와 사돈 관계에 있었던 한확과 그의 인척인 한명회로 인해 가능하였다. 이로써 세조조 및 성종조에 청주 한씨들의 정치적 위상은 매우 비대해진다. 소혜왕후를 비롯하여 예종의 두 비 장순왕후와 안순왕후, 성종의 원비 공혜왕후는 모두 이 가문에서 나왔다.

세조의 등극으로 한씨는 왕세자빈에 책봉되어 수빈粹嬪이 되었고, 남편 도원군은 의경세자에 책봉되었다. 그리고 연달아 월산대군과 명숙공주, 후에 성종이 될 잘산군乽山君을 낳는다. 그런데 잘산군이 태어난 그해 9월에 남편 의경세자가 세상을 떠나는 바람에 수빈은 혼인 3년 만에 21세의 과부가 되었다. 바로 앞 해에는 아버지 한확이 명나라 출장길에서 유명을 달리했다. 세조의 사건은 찬탈이 아니라 양위였음을 설득하고 오던 길이었다. 잇따른 불행에도 그녀는 아버지가 깔아 놓은 자리를 발판으로 다시 일어선다. 아버지와 친척 한명회 등 친정 가족을 통해 정치 권력의 힘을 직접 확인할 수 있었던 그녀였다. 그녀는 왕궁을 나와 사가私家에 거처하면서 시부모인 윗 전殿의 마음을 얻는 데 성공한다. 시동생인 예종까지도 "수빈의 청이라면 국재國財를 기울일지라도 무엇을 못 하겠느냐!"라고 할 정도였다.

소혜왕후는 시아버지가 그랬던 것처럼 권력가 한명회(1415~1487)의 딸을 며느리로 맞아 '대권'을 노린다. 예종이 갑자기 서거하자 예정된 것처럼 그 자리에 한명회의 딸과 혼인한 차남이 오르게 되는데 바로 성종이다. 왕의 어머니이긴 하지만 왕비가 아니었던 그녀는 대비라는 칭호를 받을 수 없었다. 칭호가 없으면 역할과 권력도 제한적일 수밖에 없다. 한명회와 신숙주가 주동이 되어 한씨를 왕비로 만드는 프로젝트가 가동되어 죽은 남편은 추존왕 덕종이 되고 자신은 덕종비가 된다. 대비의 칭호를 받자 다시 예종비 안순왕후와의 서차序次를 논제에 부쳐 덕종이 예종의 형이라는 사가의 논리대로 윗자리를 확보한다. 이로써 그녀는 인수대비라 불리며 성종 시대 정치의 깊은 곳, 즉 내정內庭을 관장하게 된다.

무엇보다 그녀는 15세기 지식 여성의 아이콘이었다. 20대에 이미 세조의 명으로 불경의 언문 번역에 참여했고, 39세 때는 유교 경전을 통한 교훈서《내훈》을 지었다. 무엇보다 그녀는 당시에 이미 유교와 불교를 아우르는 여성 지식인의 대명사로 일컬어졌다. 이러한 맥락에서 국가 시책에 부합하면서 당시 사회가 요구하는 여성 모델을 제시하는 일은 그녀에게 부여된 시대적 소명이었는지도 모른다.《내훈》이 저술된 15세기 조선 사회는 유교적 체제 확립이라는 시대적 과제에 직면해 있었고, 저자는 임금의 모후이자 왕실 어른의 자리에 있었다. 그렇다면 아직은 어린 왕의 배후에서 각종 정치적 의사 결정에 관여해야 했던 소혜왕후에게 가장 절실했던 문제는 무엇이었을까?

《내훈》은 1475년(성종 6년)에 완성되는데, 당시는 공혜왕후의 죽음으로 왕비석이 비어 있던 상황이었다. 따라서 책의 저술은 아들의 훌륭한 내조자를 기다리는 어머니의 마음에서 나온 것임을 알 수 있다. '안의 교훈'이라는 뜻을 가진《내훈》은 전적으로 여성을 위한 책일 것으로 생각된다. 서문에서도 "나라와 집안의 흥망치란은 남자의 능력에 달려 있지만, 그 부인의 덕성도 중요한 변수가 되기에 여자를 가르치지 않을 수 없다"라고 한다. 그런데《내훈》각 장의 사례를 살펴보면 남성이 주인공인 경우가 많고, 언행·효친·화목·청렴 등의 주제도 남성의 덕목에 가깝게 서술되고 있다. 왕의 어머니이자 왕가의 어른으로서 그녀의 관심은 내조자로서의 여성에 국한될 수만은 없었던 것으로 보인다. 남편을 하늘처럼 받드는 순종하는 아내를 요구한 것이나 나라의 재물을 소중히 관리하고 임금에게 충성을 다하는 신하를 요구한 대목들은 아들과 자신의 입장을 반영한 것이다.

여성이지만 '여성'을 넘어서야 했던 소혜왕후는 시시각각 모순

된 상황에 직면해야 했을 것이다. 남편에게 순종할 것을 주장하면서 남성을 계도하여 정사를 행한 역사 속 여걸들을 소개하기도 한다. 자신의 책이 "민간의 우매한 여자들에게까지" 널리 읽히기를 바라면서 그 내용은 주로 남성 '영웅'들의 이야기를 담았다. 일관성이 없어 보이는 이러한 서술은 학식과 정치적 감각을 두루 갖춘 이 여성 앞에 펼쳐진 세계 자체가 하나의 역할만을 고집하기에는 너무 복잡했기 때문이 아닐까.

그녀는 성인의 정치를 꿈꾸면서 정적을 제거하는 데는 냉혹함을 보였고, 유교적 현실 정치를 꿈꾸면서도 불교 신앙에 심취했으며, 자신의 아들을 지키기 위해 며느리에게 사약을 내리는 것을 주저하지 않았다. 나라에 중대한 결정 사항이 있을 때마다 언문 교지로 응답하며 대신들과 격렬한 논쟁을 벌이는 등 강한 의지와 정치적 감각을 유감없이 발휘했다. 아들을 통해 조선을 호령하던 인수대비의 권력도 시한이 있어 새로운 권력에 밀려날 수밖에 없었다. 인수대비가 68세의 나이로 세상을 떠나자 연산군은 "나면 반드시 죽는다"라며 할머니의 죽음을 대수롭지 않게 여겼고, 상례 규모에서도 정식 왕비가 아니었다는 구실로 시비를 걸었다. 하지만 소신을 갖고 안팎의 정사를 돌본 그녀의 50년은 결코 폄하될 수 없었다. 시호 소혜昭惠가 올려졌다.

2 / 성녀와 마녀의 프레임을 넘어

조선과 중국의 경계인,
한계란

여자를 특수 공물貢物로 취급하여 국제관계에 이용한 부끄러운 역사가 있었다. 이른바 공녀貢女인데 고구려와 신라에서 중국의 북위北魏에 여자를 보낸 기록이 있는 것으로 보아 그 역사는 멀리 5세기 초까지 거슬러 올라간다. 본격적인 공녀는 원의 간섭이 시작된 고려 후기부터인데 조선 전기에는 명나라에, 후기에는 청나라에 바쳐졌다. 고려시대만도 비공식적인 공녀까지 포함하면 최대 2천 명이 넘는 숫자라고 한다. 고려의 문신 이곡(1298~1351)은 공녀 차출을 중지해줄 것을 원나라 정부에 요구하는데, 당시 상황이 얼마나 심각했는가를 말해준다.

┃ 지금 자주 특별 명령을 내려 남의 집 딸을 빼앗는 것은 심히 옳지 못

합니다. 사람이 자식을 낳아 기르는 것은 뒷날 자식들의 봉양을 기대하는 것인데 이는 존비尊卑의 차별이나 화이華夷의 구별과 무관한 자연스러운 일입니다. 고려의 풍속은 차라리 아들로 하여금 따로 살게 할지언정 딸은 내보내지 않으니 데릴사위제와 같은 것입니다. 부모 봉양은 딸이 맡아서 하므로 딸을 낳으면 정성스레 길러 후일을 기대하게 됩니다. 그런데 하루아침에 품안에서 빼앗아 4천 리 밖으로 떠나보내 죽어서도 돌아오지 못하니 그 마음이 어떠하겠습니까?…고려 사람들은 딸을 낳으면 바로 숨기고 드러내지 않으니 이웃도 볼 수 없다고 합니다. 중국에서 사신이 올 때마다 서로 돌아보며 무엇하러 왔는지, 동녀를 데리러 온 건 아닌지 걱정합니다. 관리들은 사방으로 나가 집집마다 수색하여 딸을 찾아내는데 딸을 숨기기라도 하면 이웃과 친족을 괴롭힙니다. 사신이 한번 오게 되면 온 나라가 소란스럽고 개나 닭도 편치 못합니다.

_〈열전·이곡〉, 《고려사》 109

중국으로 간 여자들 중에는 왕족이나 문벌, 부호들의 중매 혼인도 있었지만 대다수는 강제로 차출된 경우이다. 끌려간 공녀들이 말 설고 물설은 낯선 땅에서 어떤 삶을 꾸렸을까. 예나 지금이나 그 계기가 무엇이든 내 나라를 벗어난 삶의 고충이란 말과 글로 다 표현할 수 없을 것이다.

한계란(韓桂蘭, 1410~1483)은 세종 10년, 19세의 나이로 공녀에

　　　　　　　　2 / 성녀와 마녀의 프레임을 넘어

차출되어 중국으로 떠난다. 그녀는 1428년 10월 4일에 명나라에서 온 내관 창성·윤봉 등과 조선 측 인솔자와 함께 서울을 출발한다. 황제의 후궁 감으로 가는 것이라 그나마 모양을 갖춘 것이다. 이 행차를 구경하던 사람들은 "그 형 한씨가 영락제 궁인宮人이 되었다가 순장당한 것만도 애석한 일인데 지금 또 가는구나"라고 하며 한씨를 생송장生送葬라 불렀다. 공녀로 가게 되었을 때 한씨는 언니를 중국 황제에게 진헌하여 이른바 황친皇親의 특혜를 누리던 오빠 한확을 향해 울부짖었다. "동생 한 명을 팔아 부귀영화를 누렸으면 되었지 남아 있는 동생마저 팔려고 하는가!"라고 외치며 칼로 이불을 찢고 마련해둔 혼숫감을 뿔뿔이 흩어버리기까지 한 그였다. 그런 분노 때문인지 몸이 아파 1년을 지체한 후에 떠나게 된 그녀에게 중국 땅은 두려움 그 자체였다. 9년 전에 조선을 떠났던 언니가 영락제의 여비麗妃로 7년을 살다가 불과 4년 전에 황제의 죽음과 함께 순장된 사실이 그녀에게 트라우마로 작용한 것이다.

조선 전기 태종과 세종 연간에 모두 114명의 공녀가 보내졌는데, 당시 중국이 요구한 항목에는 처녀·여종·집찬녀(요리 담당)·가무녀 등이 있었다. 공녀를 선발하는 기구으로 진헌색進獻色과 혼례도감 낭청을 두었다. 한씨 자매도 각각 태종와 세종 두 시기에 차출된 것이다. 공녀에 대한 요구가 오면 먼저 전국에 혼인금지령을 내리고 경차내관敬差內官을 도별로 내려보낸다. 조선 태종 8년(1408) 4월에 실시된 명나라로 보낼 1차 공녀 선발은 온 나라를 두 달간이나 불안과 공포에 떨게 했다. 이 사건은 각 도에서 30명의 처녀를 뽑아 서울로 이송함으로써 일단락되었다. 뽑힌 공녀 후보자들은 의정부의 재심을 거쳐 부모 삼년상을 당한 자나 무남독녀를 제외한 7명으로 압축되었다. 다시 선발된 7명을 놓고 중국에서 온 내관 황엄黃儼 등이 경복궁에서 최종 심사를 한다. 여기서 황엄은 처녀들의 미색이 없다고 분노하고, 선발된 처녀 모두가 몸에 이상이 있는 것처럼 하여 뽑히지 않으려고 애를 쓰는 상황이 연출된다. 결국 이 여자들의 부친은 모두 딸을 잘못 가르친 죄로 파직되거나 귀양을 가게 되고, 그해 7월에 전국을 대상으로 처녀를 다시 뽑게 된다. 이에 태종은 처녀를 더 철저히 찾아낼 것을 명한다.

> 다시 수령·품관·향리·양반 등 모든 백성의 집을 수색하여 자색姿色이 있는 모든 처녀를 가려내라. 정결하게 빗질하고 단장시켜 명나라 사신의 심사를 기다리도록 하라. 만일 처녀를 숨기거나 침을 뜨고 약을 붙이는 등 흉하게 보이도록 꾀를 쓰는 자는 통정대부 이하는 각 도에서 직접 처단하고, 가선대부 이상은 '왕지王旨를 따르지 않는 죄'로 논하여, 직첩을 회수하고 가산을 몰수하라. (태종 8년 7월 3일)

세종대에도 "처녀를 숨기고 알리지 않는 자나 나이 비슷한 못생긴 다른 아이를 대신 내놓는 자는 왕의 명령을 어긴 죄로 처벌하고 가산을 몰수하여 신고한 자에게 상으로 준다"(세종 6년)라고 하고, "진헌할 처녀의 각 호戶에 조부모·외조부모·친형제·숙질 외의 나머지 잡인들은 출입하지 말게 하라"라고 했다.(세종 8년) 우 여곡절을 겪으면서 선발된 공녀, 특히 명나라 황제의 후궁이 될 그녀들은 두 달 이상이 걸리는 긴 여행길에 오를 채비를 하였다. 건강 상태를 점검하고 외모를 가꾸는가 하면, 왕비가 차린 전별연 에 불려 가 위로도 받는다. 태종대와 세종대의 일곱 차례에 걸친 공녀 전송이 모두 똑같은 순서와 형태인 것은 아니지만 대체로 왕 과 왕비가 참석하는 전송식을 치렀다.

한계란은 영락제의 손자인 명나라 5대 황제 선덕제의 후궁이 되었다. 중국 황실에서의 삶이 어떠했는지 전해오는 바가 없다가 떠난 지 40여 년이 지난 성종조에 그의 존재가 조금씩 거론되기 시작한다. 성종의 모후 소혜왕후가 바로 한계란의 조카이기 때문 인데 예순을 넘긴 나이였다. 명 황실의 후궁이 된 한확의 두 여동 생과 조선 왕실의 핵심 일원이 된 한확의 딸, 두 사실은 결코 우연 적인 별개의 일일 수가 없다. 어쨌든 고모 한계란과 조카 소혜왕 후는 서신 교환을 통해 각별한 '자매애'를 쌓아간다. 조카는 고모 에게 조선의 특산물을 챙겨 보내고, 고모는 조카에게 중국의 책과 금은보화 등을 실어 보낸다. 진헌품을 한씨에게 전달하고 돌아온 신하에게 조선의 왕은 "인정人情으로 가져간 물건을 적게 여기진 않던가?"라고 하며 반응을 살핀다. 그만큼 중국의 황제 권력과 거 리상 가깝게 있던 한씨는 조선에서 정성을 다해야 하는 각별한 존재였다. 명 황실의 한씨가 조선의 특산물을 무리하게 요구한다는 비판의 목소리도 있는 것으로 보아 '조국'에 대한 그녀의 심사는 결코 단순할 수가 없었던 것이다. 자신의 권력 형성에 '조국'을 적극 활용하는 정황들이 흘러나온다.

한계란은 1483년(성종 14년) 57년의 황실 생활을 마감하고 74세의 일기로 세상을 떴다. 공신恭愼이라는 시호를 받은 그녀는 북경 서쪽 향산에 묻혔다. 그녀를 두고 조선 쪽에서는 "고국을 생각하여 늘 울기를 그치지 않았으니 죽어서도 한 조각 마음은 응당 고국 땅으로 돌아올 것"이라고 했다. 명나라 쪽에서 쓴 그녀의 묘지명에는 "동국에서 태어나 중원으로 진출했네.[生乎東國進乎中原] 황실을 공경히 섬기고 몸은 향산에 묻혔네[恭事天府埋玉香山]"라고 썼다. 고국을 그리워할 것이라는 조선과 '세계 시민'으로 자부심을 가질 것이라는 중국, 어느 쪽이 한계란의 심사에 더 가까울까.

공녀는 한 역사 시기에 국한된 특수한 사건이라기보다 이름은 다르지만 언제나 있어왔고 다시 살아날 수 있는 현재성이라는 데 문제가 있다. 최상층에 속한 한계란의 이야기도 이렇게 속이 시끄러운데 열악한 처지의 하층민 공녀들은 어떤 대우를 받다 어떻게 생을 마감하였을지 그 아픔을 감히 상상조차 하기 힘들다. 이제 와서 그들의 행적을 찾고 기억할 방도는 별로 없다. 다만 국제관계에 동원되어 활용되다가 내쳐지는 20세기판 '공녀'들의 기록을 통해 그 삶을 짐작해볼 뿐이다.

7개월 만에 '구성된' 죄, 폐비 윤씨

극도의 폭정으로 역사의 비극을 초래한 연산군은 기이한 심리와 행동을 보인 것으로도 유명하다. 그의 유년기를 들여다보면 '망나니 칼춤'을 추게 된 연원이 짐작되기도 한다. 태어나 세자에 책봉되기까지 6년은 그의 어머니 윤씨가 왕비에 올랐다가 폐위되고 사사되는 폭풍의 시간들과 딱 겹친다. 사실 윤씨가 무슨 죄를 지어 왕비에서 서인이 되고 사약을 받는 흉악범이 되었는지 당시 사람들도 그 진실을 궁금해했다. 다만 선녀에서 악녀로 전락하는 과정을 통해 '그녀의 죄'가 어떻게 구성되는지를 볼 수 있을 뿐이다.

폐비 윤씨로 더 알려진 제헌왕후(1455~1482)는 정3품 판봉상시사 윤기견尹起畎의 딸로 태어났다. 윤기견은 세종실록 편수관으로 참여했고 홍문관에서 문필과 관련된 업무를 맡은 것으로 보아 학식 있는 사람이었던 것 같다. 그의 딸 윤씨는 재취 부인 신씨 소생으로 아버지를 여읜 후 홀어머니와 가난한 살림을 꾸려가던 중 성종의 후궁으로 선택되어 입궁하게 되는데 어머니의 사촌인 신숙주가 도왔다고도 한다. 기록에 의하면 성종 4년에 대왕대비 윤씨가 호조에 명하여 윤기견·윤호의 집에 물품을 내려주게 하는데, 이로부터 2개월, 5개월 후에 그 딸들이 후궁으로 차례로 입궁한다. 함께 들어온 두 윤씨는 차례로 왕비의 자리에 오른다. 윤호의 딸은 폐비 윤씨 후임으로 왕비가 된 정현왕후다. 성종 (1457~1495)은 17세의 나이로 19세의 윤씨를 후궁으로 만나게 된다. 공혜왕후의 죽음으로 비어 있던 곤위가 그녀에게 돌아간 것은 입궁 3년 만의 일이다.

> 곤위가 오랫동안 비어 있어 내가 위호位號를 정하여 위로는 종묘를 받들고 아래로는 국모를 삼으려고 했다. 숙의 윤씨는 주상께서 중히 여기는 바이며 나 또한 적임자라고 여긴다. 윤씨가 평소에 허름한 옷을 입고 검소한 것을 숭상하며 일마다 정성과 조심성으로 대하였으니 대사를 맡길 만하다.(성종 7년 7월 11일)

수렴청정 중이던 당시의 권력 정희왕후의 명령이었다. 왕은 "오랫동안 적당한 사람을 구하기 어려웠는데 대왕대비의 영令을

2 / 성녀와 마녀의 프레임을 넘어

받들어 중궁을 정위正位하는 것"이라고 한다. 왕비 등극의 행사는
화려했다. "그대 윤씨는 성품이 부드럽고 마음가짐이 아름다우며,
정숙하고 신실하며 근면하고 검소하여 대비전의 총애를 받아왔
으니, 예법을 갖추어 왕비로 책봉한다."(성종 7년 8월 9일) 책봉식이
있은 지 3개월 만에 윤씨는 원자를 출산하는데 나중의 연산군이
다. 그리고 다시 4개월이 흘렀을 때 왕비는 대비전 여자들(정희왕
후와 소혜왕후)의 구설에 오르는데 곤위에 오른 지 7개월 남짓한 시
간이 흘렀을 뿐이다.

성종의 조정 신하들은 "대왕대비의 명이니 중궁을 폐하는 문제
를 논하라"(성종 8년 3월 29일)라는 의제와 마주하게 된다. 당시 대
신들은 "좌우가 서로 돌아보고 실색하여 말할 바를 알지 못했다"
라고 한다. 아마도 왕비의 친잠親蠶 행사와 관련된 일인 듯싶다. 친
잠이란 양잠을 장려하여 항산恒産을 두둑이 하자는 취지의 고례古
禮로 진연進宴을 동반함으로써 왕비의 존재감을 높이는 효과가 있
다. 그런데 대비전에서는 연회를 생략하라고 한다. 하지만 친잠
의례의 백미인 연회가 없을 수 없어 그녀들의 허락을 얻기 위해
대신들이 수차례 들락거린 덕에 겨우 행사를 치르게 된다. 외명부
부인들의 화려한 하례 행렬로 왕비가 더욱 돋보이는 가운데 왕은
교서의 형태로 일장 연설을 한다. "누에를 길러 항산이 풍족하게
되면 예의가 저절로 갖추어질 것이고, 나라는 지치至治의 높은 수
준에 이를 것이다. 이 행사의 뜻을 조정과 민간에 널리 알려 모두

알게 하라."(성종 8년 3월 14일) 이때 왕비는 "내외 명부命婦에게 물건을 차등 있게 내려줌"으로서 내치內治의 권위를 보여준다. 새 권력의 등장을 알리는 이러한 행사가 있은 지 보름 만에 '중궁을 폐하라'는 대왕대비전의 명령이 발동된 것이다. 그 사이 무슨 일이 있었을까.

왕비를 묘사하는 언어로 '질투'와 '불손'이 나오더니, 정씨와 엄씨 두 후궁을 음해하는 언문 문건이 왕비 친정의 두 비婢에서 나왔다고 한다. 연루자로 왕비의 어머니 신씨와 이복 오라비 윤구와 윤우 및 그 아내들이 거론되었다. 그런데 문서 작성자로 지목된 여자들 모두 언문 사용이 불가능하다는 사실이 밝혀졌다. '곤경'에 처한 사건은 다시 두 비 삼월과 사비四非를 심하게 족쳐 왕비와 그 어머니도 알고 있었다는 식의 자백을 받아낸다. 하지만 직접 조사에 임한 왕은 삼월의 단독 사건으로 결론 내리고 왕비나 그 가족들은 전혀 무관함을 공포한다. 회의에 참석한 모든 이가 이 사실을 수용하지만 유독 한 사람 정인지는 "끝까지 추궁하여 후세에 구실을 남기지 않아야 한다"라며 독보적인 행보를 보인다. 참고로 정인지는 의숙공주의 시아버지로 대비전의 권력자 정희왕후의 사돈이다. 결국 왕비의 모친 신씨의 작첩을 빼앗고, 여비는 각각 교형과 극변 유배로 마무리되었다.

그리고 2년의 시간이 흐른 어느 날 아침, 윤씨의 폐위 교서가 '호외'로 날아든다. 윤씨는 "성격이 패려하고 왕조모와 왕모에게 불순하며 덕을 잃은 짓이 상당히 많아 도저히 종사宗社를 받들 수 없는" 여자가 되어 있었다.(성종 10년 6월 2일) 여기 오기까지의 사건의 대략을 보면, 출처를 알 수 없는 괴문서가 한바탕 소동을 벌인 지 반년이 지나 권력 소재를 놓고 대비전과 중궁전의 갈등이 감지되는 사건이 있었다. 성종 8년 10월 2일, 승정원에서 왕이 강무講武로 궁 밖에 머물 때 "공사公事는 왕비에게 여쭈어 시행한다"라는 대전大典의 조항을 상기시키자 왕은 의지懿旨와 내지內旨, 즉 대왕대비와 왕비 사이에서 결정을 하지 못하고 대신들에게 공을 넘긴다. 여기서 대왕대비의 사돈 정인지는 의지를 취하는 것이 맞다고 주장하고, 나머지 대신들은 권력을 이미 물리신 대왕대비보다 원칙대로 중궁에게 이양해야 한다고 주장한다. 여기서 왕은 양측을 취합하여 대왕대비의 뜻을 먼저 묻고 중궁이 결정하는 것으로 정한다. 그리고 또 반년 남짓의 시간이 흐른 후, 중궁의 오라비 윤구가 전토田土의 송사를 해당 관서가 아닌 중궁에게 부탁했다 하여 왕 앞에 불려온다. 이에 윤구는 자신은 전혀 모르는 일이라고 하며 중궁도 똑같은 내용으로 꾸짖었다면서 억울해한다.(성종 9년 4월 19일)

윤씨의 폐위 결정에 대신들은 불복했다. 바로 전날 아무런 논의가 없다가 밤에 갑자기 입직한 승지를 안으로 들라 했다가 다시 그만두라고 하다가 이른 아침에 폐비 하교를 내린 이 상황을 알아듣게 설명해달라는 것이다. 이에 "윤씨는 성품이 본래 흉악하고

161

위험하여 행실에 패역함이 늘 많았다"로 시작되는 폐비 교서가 모양을 갖추었다. 이번에는 성균관 유생 65인이 중궁 폐출을 반대하고 나왔다. 왕은 이의를 제기한 대신들을 망령된 정보로 백성을 동요시켰다며 의금부에 회부시켜 추국하게 하고, 국가 일에 관여한 서생들은 모두 감옥에 처넣으라고 명했다. 정 그렇다면 세자를 보아서라도 윤씨를 별궁에 거처토록 하자는 대신들의 의견은 묵살되었고, 폐서인으로 사가私家로 내쳐졌다. 이어 윤씨 폐위가 마땅함을 중국 황제에게 보고하기 위해 한명회가 그 주본奏本을 들고 북경으로 갔다. 그 핵심 내용은 이러했다.

> 폐비 윤씨는 성격이 패려悖戾하여 왕조모와 왕모에게 불순하고 덕을 잃는 짓이 상당히 많아 종사를 도저히 받들 수가 없습니다. 우리 전하께서 조모님과 어머님의 말씀을 받들어 종묘·사직에 고하고 궁 밖의 사가에 폐하여 두었습니다.(성종 11년 12월 9일)

폐위의 직접적인 이유는 시조모와 시모, 즉 왕조모와 왕모의 마음을 얻지 못한 것이고, 폐위를 주관한 자는 시조모와 시모, 즉 정희왕후 윤씨와 소혜왕후 한씨임을 알 수 있다. 한편 대왕대비가 내린 긴 글의 폐위 교서에서 유독 눈길을 사로잡는 한 문장이 있다. "우리들이 비록 국모國母라고 부르나 본래는 평민인 것이요"라는 말인데 이는 윤씨 집안의 한미한 배경을 염두에 둔 것이다.

2 / 성녀와 마녀의 프레임을 넘어

현숙하여 대사를 맡길 만하다던 그녀가 패악이 너무 심해 도저히 중전 자리에 둘 수 없을 정도의 사람이 되는 데 걸린 시간은 단 7개월이다. 한 개인이 새로운 집단에서 뭘 해보기엔 너무 짧은 시간이다. 윤씨의 경우 완전히 새로운 공간에서 낯선 관계들에 휘말렸다고 보는 것이 맞을 것 같다. 조작된 언문 문서로 사람을 볶아 댄 끝에 언문을 몰라 문서를 작성할 수 없음이 드러나고서도, "끝까지 파헤쳐야 할 것"을 뻔뻔하게 주장하는 고관대작. 그들에게 '정의감'이 한 톨이라도 있었을까. 이런 판국에 그녀가 설령 상스러운 욕을 했다 한들 뭐가 그리 죄일까 싶다. 그것이 혈친을 난도질하고, 아들을 빼앗고, 사약을 내려 죽여야 할 사안이었을까.

사가로 내쳐진 지 3여 년, 대신들은 폐비의 일을 거론하며 거처를 사가에서 별궁으로 옮겨야 함을 주장하기 시작한다. 대비전에서는 곧장 폐비를 두둔한 신하를 징계하라는 언문 글을 내린다. 이로부터 나흘 후, 왕은 경복궁으로 가서 삼전(三殿: 정희왕후·소혜왕후·안순왕후)을 문안하고 대신들에게 음식을 대접하도록 한다. 대신들과 협상하려는 제스처로 보인다. 바로 다음 날 윤씨를 사사하라는 영을 내린다. 성종 13년 8월 16일, 28세의 윤씨는 사사되었다. 후궁으로 3년, 왕비로 3년, 폐비로 3년을 산 왕비 윤씨의 일신一身의 막이 내렸다. 윤씨의 폐비 사실을 중국에 알리러 갔던 한명회가 왕비의 사사를 어떻게 말해야 하는지를 묻자, 왕은 "폐하여 사가에 있다고 하고, 만일 끝까지 물으면 근심에 시달리다 죽었다고 하라"라고 한다. 곧이어 아들 이융李隆의 세자 책봉식이 경복궁에서 거행되었다. 그로부터 20여 년이 흘러 그녀의 아들은 광기와 복수로 가득한 폭군이 되는데, 그 관련인들은 줄줄이 경을 치게 된다.

사실은 평범한 여인, 장희빈

미천한 신분의 궁중 나인에서 임금 호리는 재주 하나로 왕비석을 쟁취하고, 무소불위의 권력을 휘두르다 결국 사약으로 삶을 마감한 악녀. 우리에게 각인된 장희빈(1659~1701)의 이미지다. 그녀를 설명하는 언어의 틀은 대체로 희화적이고 악의적이다. 반면에 그녀의 적수 인현왕후(1667~1701)는 고귀한 신분에 선한 본성의 소유자로, 악녀의 투기 모략으로 폐출되지만 다시 왕비로 돌아오는 사필귀정의 아이콘이다. 그런데 1차 자료라고 할《숙종(보궐)실록》이나《승정원일기》를 보면 이들의 행위를 선악의 프레임으로 접근하는 게 얼마나 식상한가를 알게 된다. 다만 원자료에도 조작과 억지가 없을 수 없어 발화자의 당파적 맥락을 잘 가려 읽어야 한다.

은밀하게 등장한 장씨가 폭음을 남기고 사라진, 17세기의 마지막 20년은 서인과 남인의 갈등이 첨예화되면서 수시로 두 권력이 교체되는 환국換局의 정국이었다. 희빈 장씨가 남인 측 대표선수라면 왕비 민씨는 서인 측 대표선수다. 두 여자는 자신이 속한 당파와의 긴밀한 공조 속에서 나름의 권력을 주체적으로 행사한다. 절대 권력자의 마음을 장악함으로써 자신과 당파의 이익을 도모하는 것인데, 한 사람의 노력보다는 장場의 운동으로 굴러간다고 하는 게 맞다. 더구나 왕의 모후 명성왕후도 지적한 바 "희로喜怒의 감정이 느닷없이 일어나는" 왕의 마음을 길게 붙들어 매기란 불가능에 가까웠다.

친가와 외가가 모두 서인 지도층에 속한 인현왕후의 실제는 '선한 피해자'의 이미지와 사뭇 다르다. 장씨 대항마로 서인의 딸 김씨를 후궁으로 들인 것도 그녀이고, 아무도 검증할 수 없는 꿈이라는 장치를 통해 장씨를 파멸시키고자 한 것도 그녀다. 왕비 민씨는 꿈에서 들었다는 선왕先王과 선후先后의 말을 왕에게 전한다.

> 숙원 장씨는 전생에 짐승의 몸이었는데 주상께서 쏘아 죽였으므로 묵은 원한을 갚고자 이 세상에 태어났다고 합니다. 그래서 경신년에 실각한 무리들과 서로 결탁한 것인데 그 화禍는 이제 헤아리지 못할 것입니다. 또 장씨는 팔자에 본디 아들이 없고 복도 없으니 주상이 아무리 노력해도 공이 없을 것이며, 대신 내전內殿에는 복록이 두텁고 자손

이 많을 것이라고 하셨습니다.

《숙종실록》15년 5월 2일

　이 말을 들은 왕은 사대부가 여자로서 어찌 이리 험하고 교활
하냐며 충격을 받는다. 관중석에서 보더라도 '자신은 복도 많고
자손도 많지만 장씨는 아들도 복도 없다'는 말은 인현왕후의 지
적 수준을 가늠케 한다. 왕은, 중전으로서의 덕행은 고사하고 투
기만 일삼다가 도가 지나쳐 고금에 다시 없을 사기邪氣를 부린다며
그 "간교한 정상이 폐부를 들여다보듯 환하다"라고 한다. 자신의
부모를 끌어들이고 원자의 존재를 부정했다며 격노한 왕은 인현
왕후의 폐출을 결정한다. 왕비 민씨의 발언은 숙종이 직접 인용한
것이라는 점에서 당파적 맥락에 따른 조작이나 모함과는 거리가
있다. 왕비가 후궁 장씨를 '경신년에 실각한 무리', 즉 남인과 결탁
했다고 한 것은 이들의 갈등이 당파성과 연결되어 있음을 말해준
다. 중요한 것은 연적戀敵이자 정적政敵인 장씨와 정면승부를 벌인
민씨 역시 나약한 희생자가 아닌 적극적인 행위자라는 점이다.
　주인공 장희빈으로 다시 돌아오면, 그녀는 대대로 역관譯官인
집안의 딸로 태어났다. 조부 장응인은 인조 대 명역관으로 정3품
의 벼슬에 이르렀고, 외조부 윤성립은 종4품 벼슬의 사역원 첨정
으로 일본어가 전공이었다. 아버지 장형張炯과 당숙 장현張炫 등도
역관이었는데 통역 일이 장씨 집안의 가업이었던 셈이다. 게다가

외삼촌 윤정석은 조선의 부를 장악했던 육의전의 면포 상인으로 장씨 가족과 담 하나를 사이에 두고 살았다. 통역관으로 중국을 수시로 드나들던 그들은 사적으로 무역을 하여 부를 축적할 수 있었는데 역관의 수장인 장현은 거부로 이름이 났고 벼슬은 종1품에 이르렀다. 그는 사비를 내어 사신들의 편의를 돕기도 하고, 거금을 쾌척하여 중국 비장秘藏의 도서를 구입하여 왕실에 바치기도 한다. 이에 희빈 장씨의 왕실 입성이 당숙 장현과 연관되면서 둘이 함께 공격을 받기도 한다. 장씨 일족이 비록 문신 사대부 가문은 아니지만 조선에서 손꼽히는 대부호였으며 사회적 위치 또한 결코 떨어지지 않았음을 알 수 있다. 잦은 외국 출입에서 얻은 견문과 통역이라는 업무 과정에서 획득한 교감의 능력은 가문의 유전자로 희빈 장씨에게도 각인되었을 것이다. 따라서 장희빈을 두고 '어미가 여종이고 그녀 또한 사생아'라는 것은 음해성 루머임이 당시에도 이미 밝혀졌다. 그럼에도 서인 노론이 주도한 실록의 기사에는 '카더라' 식의 허위 기사가 그대로 실려 있다.

후궁인 장씨가 임금의 총애를 독차지하자 서인들은 당황하기 시작한다. 그녀를 견제하기 위해 서인의 영수 김수항이 종손녀를 후궁으로 입궁시키지만 아무런 효과가 없었다. 반면에 장씨는 한 평범한 후궁에서 종4품 숙원으로, 다시 정2품 소의로 지위가 올라가며 드디어 원자를 생산하기에 이른다. 숙종 14년(1688) 28세의 왕이 첫아들을 얻은 것이다. 예견된 대로 반대 당의 심술이 극에

달한다. 산모를 구호하기 위해 그 친정어머니 윤씨가 입궐하는데 옥교屋轎를 탔다는 이유로 그 종을 잡아다 가두고 가마를 뺏는 일이 일어났다. 일을 주도한 사헌부 지평 이익수는 "소의의 어미는 하나의 천인賤人에 불과한데 감히 지붕이 있는 가마(옥교: 집같이 꾸미고 출입하는 문과 창을 달아 만든 가마)를 타고 전하의 대궐을 드나든다"라고 하며 왕에게 후궁의 명분과 질서를 바로잡아줄 것을 요구한다. 마치 왕을 훈계하는 듯한 언사도 그렇지만 차기 왕이 될 원자와 관련된 일을 종5품에 불과한 일개 관리가 능욕을 한 셈이다.

격노한 왕은 "산월産月에 임박해서는 으레 친가에서 들어와 보며, 들어올 때 가마는 모두 구례舊例에 있고 지금 또한 이에 의거한 것"임을 분명히 한다. 또 "왕자의 외가에서 전교傳敎에 따라 출입한 것인데 소疏에서 천인이라 하고 도보를 운운했다 하니 그 방자하게 모욕한 것이 결코 적지 않다"라고 한다. 왕은 다시 "비교 대상도 되지 않는 귀인 김씨의 어미가 출입할 때 사헌부에서 이처럼 모욕했다는 말을 듣지 못했다"라고 하여 이 소란을 서인 노론의 농간으로 읽는다. 앞에서도 소개한 귀인 김씨는 장씨를 견제하기 위해 서인 측이 들여보낸 후궁이다. 그 배후를 철저히 조사하라는 왕의 명령을 감찰 기관이 경청하지 않은 것을 보면 거의 조직적으로 소의 장씨에게 배타적으로 굴고 있음을 알 수 있다. 옥교 사건은 도리어 왕을 자극하게 되는데 곧이어 장씨는 정1품의 희빈에 봉해진다. 그리고 몇 달 후 인현왕후가 폐출되어 흰 가마를 타고 본가로 돌아가고 그 4일 후에 희빈 장씨를 왕비로 삼겠다는 전지가 발표된다.

> 희빈 장씨는 좋은 집에 태어나 어린 나이에 궁중에 들어와서 인자하고 효성스러우며 공손하고 검소하여 그 덕이 후궁의 으뜸이다. 일국의 모의母儀가 될 만하니 나와 함께 종묘를 받들고 영구히 하늘의 상서로움을 받을 것이다. 이에 올려서 왕비를 삼노니 예관으로 하여금 모든 예에 의거하여 즉각 거행하게 하라.
>
> _《숙종실록》 15년 5월 6일

이렇게 왕비는 되었지만 그 자리를 지키는 일은 쉽지 않았다. 갑술환국으로 5년 만에 서인이 재집권하게 되자 왕비들도 따라서 교체되었다. 폐위된 민씨가 왕비에 복위되고 왕비 장씨가 희빈으로 강등된 것이다.

왕비 생활 3년 6개월, 궁궐 별채에 유폐된 희빈 생활 7년, 이후 3백 년이 넘도록 악녀로 기억되어온 장희빈은 이제 그 이미지를 벗어날 때도 되었다. 희빈 장씨와 왕비 민씨의 관계는 선과 악의 대결이 아니라 서인과 남인의 대결로 보는 것이 맞다. 희빈 장씨에게 '천한 족속'이라는 표현을 쓴 데서 알 수 있듯이 문관과 무관·역관의 신분적 차이도 갈등을 부추기는 요소가 되었다. 위기를 타개하고 암울한 현실을 벗어나기 위해 벌인 그녀들의 다양한 악행은 일방이 아니라 쌍방이었다. 장씨는 증명하기도 애매한 저주의 죄목을 쓰고 자진으로 삶을 마감했다. 자신의 거처 취선당에서 아픈 아들의 쾌유를 비는 무사巫事를 행하고, 그 목적을 이루자 다시 왕비 복위를 염원했다는 것이 추국 기록을 통해 나온 것이다. 이에 무녀와 비녀 등이 왕의 친국을 받게 되자 영의정 최석정은 '희빈이 무사를 행하는 일을 일일이 캐서는 안 된다, 세자의 어머니 희빈의 생활은 보호해주어야 한다'는 내용의 청을 올리지만 왕의 광분은 멈출 줄 몰랐다. 사실 자신의 어머니 명성왕후도 그랬듯이 왕실 여성들에게 질병이 든 자식의 무사쾌유를 비는 무사는 크게 유별난 것이 아니었다. 추국 기록에서 만난 희빈 장씨는 냉엄한 현장에 던져진, 겨우 열 살 남짓한 아들의 미래를 기원하는 종교적 감수성이 풍부한 한 평범한 여인이었다.

성공을 향한 몸부림, 정난정

율곡의 《석담일기》에 의하면 정난정(鄭蘭貞, 1506~1565)은 윤원형(1503~1565)의 첩이었다가 본처를 내쫓고 부인夫人이 되었다. 난정은 윤원형을 움직여 뇌물을 받고 수탈을 일삼아 자신의 욕구를 채웠다. 생살여탈권을 쥐고 권력을 농단한 지 20년, 그들이 소유한 저택 10채에는 재화가 흘러넘쳤다. 원형이 실각하자 백성들이 그에게 돌을 던지고 욕을 하며 죽이려고 덤벼드니 둘은 황해도 강음江陰으로 달아났다. 지은 죄가 워낙 엄청나 난정을 의금부에 하옥시키라는 요구가 빗발치지만 임금은 계속 머뭇거리며 허락하지 않았다. 결국 난정은 자신을 옥죄어오던 형벌에 대한 두려움으로 자살을 하는데, 며칠 후 원형도 죽었다. 당시의 여론이기도 한 이런 모습의 정난정은 사극을 통해서 우리에게도 익숙하

2 / 성녀와 마녀의 프레임을 넘어

다. 즉 몽매한 남성 권력자를 색기色氣로 장악하고 배후에서 조종하여 기존 질서에 균열을 낸 파괴력 쩐 여자이다.

그런데 엄격한 신분 체계에서 착취의 대상이었던 한 여성이 온 갖 고초를 겪으며 이른바 성공의 코드에 맞게 자기 삶의 조건을 만들어간 것에 주목한다면 정난정은 충분히 새로워질 수 있는 인물이다. 무관인 양반 정윤겸과 관비 어머니 사이에서 태어난 그녀는 어릴 때 집을 나와 기녀로 활동했다고 한다. 주어진 삶을 거부한 첫 행보라 할 수 있다. 윤원형의 첩이 된 정확한 시점을 알 수는 없지만 4남 2녀의 자녀를 낳아 기른 것을 보면 20세를 전후하여 인연을 맺은 것으로 보인다. 기녀의 신분으로 왕비 동생의 첩, 즉 왕실 외척의 일원이 된다는 것은 보통의 수완으로는 불가능하다. 윤원형의 첩으로 지내던 그녀가 본처 김씨를 몰아내고 정실부인의 자리를 차지한 것은 나이 오십이 가까워서이다.《경국대전》에 "첩은 처가 될 수 없다"라고 규정해놓았지만 당시의 권력 문정왕후의 승인으로 난정은 외명부 정1품 정경부인에까지 오른다. 신분의 수레바퀴에서 신음하던 한 여자의 인간 승리는 부정할 수 없는 사실이다. 하지만 역사란 늘 명암이 있고 모순적인 것들이 뒤섞인 흥미로운 해석의 장이다.

윤원형은 누나 문정왕후를 등에 업고 권력 농단을 일삼아 사림士林의 울분을 자아낸 것으로도 유명하다. 그를 일러 키가 작고 풍채가 초라하여 볼품이 없는 데다 탐욕스럽고 사특하며 독살스러워 얼굴은 늙은 여우 같다고 했다. 얼굴 생김을 가지고 왈가왈부하는 것은 그의 파렴치한 행적이 얼굴에 덧씌워진 결과이다. 윤원형은 기름진 전답을 걸신들린 듯 마구 취해 사가私家가 나라보다도 부자이고 개인이 임금보다도 사치스러웠다고 한다. 그의 탐욕은 욕망의 화신 정난정으로 인해 더욱 부각되고 그녀의 악행 또한 한없이 부풀려진다. 본처 김씨를 독살했다는 소문도 그중 하나인데 국왕 명종은 근거 없는 음모라며 단칼에 일축해버린다. 사람들은 만인지상萬人之上의 자리를 꿰어 찬 천민 정난정을 도저히 봐줄수가 없었던 것이다.

정난정은 여기서 멈추지 않는다. 남편을 부추겨 처와 첩, 적자녀와 서자녀를 차별하는 기존의 법안을 폐기하도록 한다. 1553년(명종 8년), 윤원형이 측근을 통해 제안한 '서얼허통론'이 그것이다. 허통의 논리에 의하면, 1백 년 동안 막혔던 서얼들의 진로를 허통하는 것은 나라의 오랜 숙원이고, 식견 있는 선비라면 모두가 원하는 것이다. 또 서얼 중에서 호걸다운 인재가 있어도 등용되지 못하고 헛되이 늙는 경우가 많았다는 것이다. 사실 '오랜 숙원'이었다거나 '모두가 원하는' 법이란 있을 수 없다. 이 새로운 제도에 대한 반응은 권력을 쥔 사대부 사이에도 각자의 이해에 따라 다를 수밖에 없었다. 서자녀를 둔 대신들은 환호까지는 아니더라도 손해 볼 것 없다는 입장이었다면 반대 측에서는 서얼들의 오만과 불손을 미리 걱정한다.

허통론이 제기된 이듬해에 조항을 마련하는데 예조 판서 정사룡(1491~1570)은 적실 소생은 없고 첩실 소생만을 둔 자신이 이 일을 주관하는 것은 불편하다며 체직을 요청한다. 자기 이익에 충실한 것으로 비칠까 눈치가 보인다는 뜻이다. 그럼에도 당시의 여론은 "정사룡이 예를 안다면 누가 예를 모르겠는가"라고 하며 조롱거리로 삼았다. 서얼 허통 반대론자에게 적서의 구분과 귀천의 분별은 하늘이 무너져도 지켜져야 할 절대 진리다. 그들은 오로지 "서얼이 적자를 능멸하거나 비천한 자가 존귀한 자를 해치는 풍조가 생길까"를 염려한다. 이러한 분위기에서 적서 철폐의 제도를 만든다는 것은 나라를 다시 세우는 것만큼이나 어려운 일이었을 것이다. 사욕의 발동으로 추진된 일이긴 하나 정난정처럼 대찬 인물이었기에 국정을 흔들며 밀어붙일 수 있었던 것이다.

서얼허통이 열리자 정난정은 그녀 소생의 자녀들을 사대부 집안과 혼인시켜 주변을 공고히 한다. 정난정 부부가 총애하는 사위들인 안덕대安德大와 이조민李肇敏 주변에는 동서분당의 주역인 심의겸沈義謙·김효원金孝元을 비롯한 적잖은 인물들이 모여들었다. 정난정 부부는 사위 안덕대의 친척인 황대임의 딸을 사주를 조작하기까지 하여 순회세자(1551~1563)의 빈嬪으로 밀어 넣는다. 그런데 세자빈 책봉례를 행한 지 한 달 만에 고질이 발병한 황씨는 후궁으로 강등되고, 다시 윤옥尹玉의 딸 윤씨를 세자빈으로 선발하게 된다. 건강을 속여 세자빈에 천거한 것은 국본을 흔든 행위라며 여론이 들끓은 것도 잠시, 정난정 부부는 중종의 손자이자 덕흥군의 아들인 정2품의 왕자를 사위로 맞아 세자를 잃은 명종의 보위를 잇고자 기획하기도 한다. 처의 지위를 획득한 정난정은 자녀들의 신분 세탁을 주도면밀하게 추진하는 등 금지되었던 자신의 욕망을 하나씩 실현해간 것이다. 정난정은 자신을 천한 서출로 대접하며 무시한 적조카에게 죄를 얽어 해치려 했는데, 그녀의 어머니가 나서서 "종손을 해친다면 차라리 내가 죽겠다"라고 할 정도였으니 그 무소불위의 권력 행사를 짐작할 수 있다.

정난정의 꿈이 실현되고 권력이 더해갈수록 그녀를 향한 혐오의 감정들도 덩달아 거세졌다. 물론 혐오감이 날개를 단 듯 아무 말 잔치처럼 그녀를 공격한 것은 권력이 그녀를 떠난 후의 일이다. 정경부인 정난정에게 이익을 구걸하는 자와 그런 자를 조롱하는 자 등 그녀를 중심에 놓고 수많은 일화가 제조되었다. 의원 송윤덕의 이야기도 그중 하나다. 정난정이 등에 종기가 나자 의원 송윤덕이 침鍼으로 치료를 하게 되었는데, 종기 난 곳을 빨아주어 마음을 사려고 했다는 것이다. 그리고 윤원형의 '용서 못 할 죄' 그 첫 항목이 '첩을 처로 삼은 것'이다. 자신의 권력 행사에 장애가 되는 수많은 사람을 무고하게 얽어 죽이거나 귀양 보낸 을사년의 사화士禍보다도 강상을 어지럽힌 '첩을 정처로 삼은 죄'가 더 컸다. 사신史臣의 말로 대표된 당시의 여론은 언필칭 첩 타령이다. "하늘을 속여 첩을 부인으로 삼았고, 문정왕후의 환후가 악화되었을 때 자기 첩을 궁중으로 들여보내 내의內醫를 호령하고 잡약雜藥을 마구 시험하게 했습니다."

예견된 것처럼 정난정 부부의 뒤를 봐주던 문정왕후가 죽자 그들을 공격하는 상소가 빗발쳤다. 왕의 외숙으로 우의정과 영의정 등 최고 자리에 앉아 세도를 부리던 윤원형은 삭탈관직되었다. 한편 정난정은 남편의 전처 김씨의 친정에서 제기한 '적실 부인 살해' 사건에 휘말린다. 전처 김씨의 계모 강씨가 올린 소장에 의하면, 굶주려 방치된 김씨가 음식을 달라고 하자 그 안에 독약을 넣어 여종 구슬을 시켜 올리게 했다는 것이다. 정난정을 두고 조작과 음해가 판을 치자 명종은 "근년에 인심이 완악하고 거짓스럽다"라는 말로 고소 고발의 작태에 철퇴를 가한다.

물건과 인간의 경계인境界人에서 여자 인간 최고의 자리 정경부인에 오르기까지 격동의 60년을 보낸 정난정. 그녀를 잡아다 법정에 세우라는 아우성을 뒤로 한 채 자살로 삶을 마감한 최후의 순간에 정난정은 무슨 생각을 했을까. 정난정이 열어준 서얼허통은 잠시뿐, 강상 윤리의 기치를 내건 '적처들'의 반격으로 무산되었다. 천민의 굴레를 벗어나기 위해 몸부림친 정난정의 성공 신화를 누구라서 비웃을 것인가.

뒤늦게 위로된 슬픔, 세자빈 강씨

　　자신의 시대를 살며 감당했던 문제들과 그것을 헤쳐나가는 방법들을 엿보는 재미로 우리는 역사 속 여성들을 만나곤 한다. 바로 이웃에 사는 듯 공감을 불러오는 유형이 대다수지만, 운명인지 인과因果인지 박수를 쳐주고 싶을 만큼 잘 풀린 인생도 있고, 어처구니없는 일을 당한 안타까운 사람도 있다. 기록으로 전해오는, 억울하고 비극적인 삶으로는 강빈(姜嬪, 1611~1646) 만한 사람도 드물 것이다. 의금부 도사가 검은 가마에 강빈을 태워 선인문을 나가는 장면에서는 모골이 송연해진다.

　　강빈은 17세에 인조의 장남 소현세자의 빈에 간택되어 입궁한다. 별궁에서 가례를 준비하는 3개월간 부친 강석기에게 소학을 배우고, 세자빈에 봉해진다.

　　　　　　　　　　　　　2 / 성녀와 마녀의 프레임을 넘어

아, 그대 강씨는 대대로 빛난 명가의 후손으로서 선행을 독실히 쌓아
왔다. 부드럽고 온순한 성품을 천성적으로 타고났는데 기거하고 동작
하는 사이에서 덕성이 우러나오는 것을 알 수가 있다. 그래서 이번에
선발하는 과정에서 여러 대상자들보다 훨씬 뛰어나기에 점卜을 쳐보
았더니 길吉하다고 나왔고, 경상卿相에게 물어보았더니 모두들 적합하
다고 했다. 그래서 예문禮文에 따라 날짜를 정하였으니 이는 하늘이 배
필을 마련해준 것이라 하겠다.

〈왕세자빈죽책문〉

이렇게 시작된 세자빈 생활 10년 만에 병자호란의 볼모가 되어
남편 소현세자와 함께 청국의 수도 심양으로 끌려간다. 돌도 안 된
아들을 안고 두 달 남짓의 노정으로 심양에 도착한 강빈은 1645년
귀국할 때까지 8년을 그곳에서 생활한다. 당시 청은 명나라 침략
을 본격화하면서 조선을 심하게 압박할 때였는데, 볼모인 세자 부
부는 청국과 조선 양국을 조율하는 역할을 하면서 동시에 양국에
서 의심을 받는 처지가 되었다. 그동안 강빈은 불안 증세나 복통과
곽란 등 여러 가지 질병에 시달리는데 와중에 2남 4녀의 자녀까
지 낳는다. 그곳에서 체류한 8년 내내 임신과 출산의 상태였던 셈
이다. 때론 청나라 측의 요구에 응하느라 세자가 자리라도 비우면
강빈이 공무를 대신한 직도 있다. 대국의 횡포에 유연하게 대처하
며 나라를 보위하고자 한 것이 강빈의 의도였다면 이마저도 '권력

욕'으로 왜곡되어 그녀가 죽어야 할 이유가 되었다. 설상가상으로 심양관의 운영 경비를 지급해주던 청淸이 연이은 흉년과 식량난으로 정책을 바꾸자 농사를 지어 곡물과 채소를 충당해야 하는 상황이 되었다. 청나라에서 세자 관소에 전하는 말은 이러했다.

> 속담에 '나그네 살이 3년이면 생업을 이룬다'라고 한다. 세자가 이곳에 온 지 5년이 되었는데 생업을 이루어야 하지 않겠는가. 이곳의 여러 왕들도 다 자기의 힘으로 먹고 있는데 세자·대군·재신宰臣·질자質子 등에게 어찌 늘 식량을 대 줄 수가 있겠는가. 경작할 땅을 줄 터이니 내년부터 각자 농사를 지어 먹도록 하라.(인조 19년 12월 22일)

이에 상주 인구 5백여 인에 이른 심양관의 식량과 운영비를 마련하기 위해 둔전을 경작하게 된다. 1641년에 청이 아리강阿里江변에 있는 1천 경耕의 전지田地를 떼어 주자 땅을 일구어 관소에서 직접 채소를 가꾸고 가축을 길러 식량을 마련한다. 농군은 피로인被擄人을 속환하여 쓰게 했다. 즉 "포로로 잡혀간 조선인들을 모집해 둔전을 경작하여 곡식을 쌓아두고는 그것으로 진기한 물품과 무역하느라 관소의 문이 마치 시장 같았다"라는 말이 그것이다. 주로 청 황실 사람들이 요구하는 것을 조선에서 구해 파는 것인데, 여러 정황을 참조할 때 곡식을 쌓아두고 무역한 기간은 채 몇 개월에 지나지 않는다. 여기서 강빈이 적극 가담한 것인데 거리낌

2 / 성녀와 마녀의 프레임을 넘어

없이 거리를 활보하고 기마와 사냥에도 능한 만주족 여성들을 보며 자극이 되었을 것이다. 만주족 또한 부계 중심이지만 전쟁에 여성을 동원하고, 인구수를 늘이기 위해 여성의 재혼을 장려하는 등 이념보다 실질을 중시한 사회였다.

조선왕국의 세자빈으로 차기 왕비가 될 강빈은 역사의 소용돌이 현장에서 정세의 변화를 온몸으로 경험하게 된다. 소현세자는 볼모살이 동안 고국을 두 번 방문하는데 두 번째 방문 때 강빈의 동행을 왕에게 사정하여 허락받는다. 이국땅에서 맞이한 부친 강석기의 죽음과 병환에 든 모친의 소식이 강빈의 귀국을 재촉했을 것이다. 세자 부부가 서울에 돌아오자 수많은 인파가 길거리를 메우며 반겼는데 혹은 절을 하고 혹은 눈물을 흘리기까지 했다. 강빈이 고국을 방문한 중요한 이유가 무엇인지를 알고도 남을 인조는 그녀의 사가 방문을 거절해버린다. 세자빈이 부모를 찾아뵙는 것이 인정상 마땅하다는 정승들의 호소에도 막무가내였다. 소현세자 부부에 대한 인조의 감정은 이로써 삐걱대기 시작한 것 같다. 시아버지인 인조도 세자빈이 이때부터 "임금을 업신여기는 마음"이 있었다고 말한 바 있다.

억류 생활에서 풀려난 세자 부부는 귀국길에 많은 재물을 싣고 왔다. 특히 강빈은 진귀한 물건과 수놓은 비단 등을 많이 싣고 와 주변에 선물로 나누어주었다. 다만 은 1만 650냥과 황금 160냥은 죽을 때까지 지니고 있었는데 훗날 자녀들의 혼수 비용으로 쓰고

자 한 것이다. 그런데 귀국 두 달 만에 소현세자가 의문스러운 죽음을 맞이하고, 강빈 또한 서서히 죽음을 향해 가는 처지에 놓이게 된다. 세자 독살설에 강빈이 오르내리고, 궁궐 내에서는 친강빈파로 판단되면 추방되거나 죽임을 당했다. 남편을 잃은 지 반년도 안 되어 장녀를 병으로 잃게 된 강빈은 극한의 상황으로 몰리게 되었다. 이쯤에서 강빈은 시아버지인 임금의 처소에 가서 소란을 피우고 문안하는 예를 그만두었던 것 같다. 이 역시 몇 달 후 강빈이 사사賜死되는 세 가지 이유 중의 하나가 된다. 별다른 이유 없이 강빈의 형제 네 명에게 오지 유배령이 떨어지고, 곤장을 맞다 죽는다.

급기야 왕의 전복구이에 강빈이 독을 넣었다는 음모가 나오더니 그것을 사실화하는 과정에서 수많은 사람이 추방되거나 죽임을 당했다. 강빈이 어선御膳에 접근하기란 하늘의 별 따기보다 더 불가능한 상황에서 물증 없는 심증으로만 강빈을 옭아매어 사사로 몰고 가는 왕의 '광란'은 수많은 사람을 불안에 떨게 했다. 우의정 이경석은 왕의 엄한 전교가 계속되어 사람마다 보전하지 못할 듯한 것이 광해군 때의 풍색과 비슷하다고 한다. 최명길이 글을 올려 "나라의 일이 우려되는 점이 많다"라고 하자 왕은 강빈의 기세에 눌려 대신이 위협을 당한 것으로 해석한다. 대신들은 왕의 정신 상태를 염려하는데 왕은 대신들이 "시퍼런 칼날에 평상심을 잃고 미쳐 날뛰고 허둥댄다"라고 보았다. 즉 인조는 대신들이 강

2 / 성녀와 마녀의 프레임을 넘어

빈의 협박을 받고 있는 것으로 해석하는데 왕의 인식 체계에 장애가 온 것이 분명해 보인다. "소현이 죽은 지 1년도 채 안 되었고, 어린아이들이 강보 속에서 울고 있으며", "제왕이 인륜의 변을 처리하는 도리는 아버지와 자식 간의 자애심이 주가 된다"라며 강빈의 사사를 거둬달라고 설득하던 대신들은 하나둘 조정을 떠나갔다.

왕이 주장한 강빈의 죄는, 심양에 있을 때 청국 사람들과 결탁하여 왕위를 바꾸려고 했고 왕비 옷 홍금적의紅錦翟衣을 미리 만들어놓았다는 것이다. 세자빈의 사사로 민심이 동요하자 왕은 "저 여러 강씨들은 모두 어리석고 분수를 모르니 먼 데로 이주시켜 인심이 진정되기를 기다리자"라고 하고, 김류는 "드러난 죄가 없는데 죄인으로 취급한다면 인심이 더 놀랄 것"이라고 한다. 대신들의 반대에도 불구하고 인조는 70세에 이른 강빈의 모친 신예옥申禮玉을 형장으로 끌어내어 수차례 심문하다 죽여버린다. 소현세자 부부의 세 아들 이석철李石鐵·이석린李石麟·이석견李石堅은 각각 11세, 8세, 4세의 나이로 제주도로 유배되었다. 위로 두 명은 그곳에서 죽고 막내만 살아남는데, 나중에 윤선도는 세자 부부의 남은 아들을 거두어줄 것을 염원하는 글을 효종에게 올린다.

강빈의 신원伸寃을 도덕적 의무로 여긴 사람들의 노력으로 70년이 지나서야 그녀는 모든 의혹을 벗고 그 '슬픔을 위로한다'는 뜻의 민회愍懷를 시호로 받는다. 숙종은 "저승의 한을 불쌍히 여겨 잘못된 옥사를 신원한 것은 이미 온 나라 사람들의 마음을 따른 것"

이라고 한다. 숙종 44년(1718)에 강빈의 직위와 칭호를 회복하는 의례가 거행되었다. 〈민회빈시책문〉에 의하면 참소와 이간질을 당해 모자가 참담한 운명에 처했고, 형제와 모친이 죽임을 당했다. 강빈이 사사되던 날에 길 가는 모든 사람들이 탄식하며 슬퍼했으며, 옥사를 날조한 흉악한 역적들이 형벌을 받았다. 이어서 왕명으로 민회빈 강씨의 복위를 기념하는 별시 문과를 개설하여 5인을 뽑는다.

강빈 옥사를 주도한 시아버지 인조는 보다시피 사헌부의 공식적인 사실 파악을 가로막으면서 물증 없는 주장만으로 수많은 사람을 죽음으로 내몰았다. 왕은 자신의 패륜을 저지하려던 대신들을 향해 "부모가 불효한 자식을 죽이려고 하는데 신하된 자들이 그 죄를 묻지 않고 온통 구해주려고만 하니 오랑캐나 금수만도 못하다"라고 한다. 종묘에 사사의 연유를 고한 글에는 "강이 역모를 자행하여 그 악이 가득 차 귀신과 사람이 함께 분노했다"라고 했다. 소현세자가 청국 황족과 친교를 맺고 원만한 관계를 이룬 것에 대한 부담이 작용한 것이라는 해석은 열등감에 사로잡힌 한 인간의 왜곡된 권력에 대한 완곡한 표현일 뿐이다.

사랑이라는 영원한 주제,
도미 부인

　　우리 역사에 기록된 최초의 정절 여성은 백제의 도미都彌 부인이다. 2세기에 이 땅에 살던 도미 부부는 사랑과 의리를 구현한 인물로 알려져 있다. 그들은 고려에서 조선으로, 1850여 년이 지난 지금에 이르기까지 회자되고 있다. 부부가 살던 곳이었다는 보령에서는 정절사貞節祠라는 사당을 지어 매년 10월 그녀의 정신을 기리는 제사를 지내고 있다. 또 그들 부부는 사랑의 진정성이라는 영원한 주제를 구현한 주인공이 되어 연극·무용 등 각종 예술작품으로 거듭나고 있다. 처음 이들의 이야기는 구전이나 다른 문헌자료를 통해 전승되어오다가 정사正史에 등재됨으로서 권위를 갖게 되었다. 그러면 첫 기록인 12세기《삼국사기》에 실린 도미와 그 부인의 이야기는 어떤 내용인가. 다양한 변주를 가능하게 한 원전을 직접 확인해볼 필요가 있는데 열전에 기록된 〈도미전〉의 첫 부분은 이러하다.

> 도미는 백제 사람이다. 소민小民이지만 의리가 무엇인가를 알고 있었다. 그의 아내는 수려한 외모에다 행실이 뛰어나 사람들의 청송을 받았다. 개루왕蓋婁王이 이 소문을 듣고 도미를 불러 말했다. "부인의 덕은 지조가 굳고 행실이 깨끗함을 우선으로 하지만 그윽하고 어두운, 사람 없는 곳에서 교묘한 말로 유혹하면 넘어가지 않을 사람이 드물 것이다." 이에 도미가 대답하기를 "사람의 마음을 헤아리기는 어려우나 신의 아내라면 죽을지언정 두 마음을 갖지 않을 것입니다"라고 했다.

도미는 부역의 의무를 가진 일반 평민으로 지식 계층은 아니지만 의리가 있었고 그 아내는 미모와 지조가 있었다. 질투를 느낀 백제왕 개루(재위 128~166)는 도미에게 도전장을 내민다. 이른바 여자란 마음이 갈대와 같아 외물에 따라 유동하는 존재라는 것이다. 자신의 아내를 폄하하는 왕을 향해, 평범한 사고 수준을 가진 도미는 그게 덫인 줄도 모르고 '다른 여자는 모르겠고 내 아내는 절대로 그렇지 않다'고 응수한다. 그래? 그럼 내기를 해보자!

이에 왕은 그녀를 시험한다며 도미를 궁에 붙잡아두고 한 근신近臣을 왕인 것처럼 차려 입혀 그의 집으로 보낸다. 도미의 집 앞에 이른 가짜 왕은 사람을 보내 왕이 왔음을 먼저 알리고 안으로 들어가 부인에게 말한다. "네가 미인이라는 소문을 오래도록 들어왔다. 도미와 내기를 했는데 도미가 졌다. 그래서 내일 너를 들여 나의 궁인宮人으로 삼을 것이다. 네 몸은 지금부터 내 것이다." 가짜는 도미 아내에게 동침을 요구하고 그녀는 기지를 발휘하여 위기를 모면한다. 새 옷을 갈아입고 오겠다는 핑계로 물러나 자신의 여종을 대신 들여보낸 것이다. 이후 왕은 그녀에게 속은 것을 알고 크게 노하여 도미에게 죄를 엮고 두 눈을 멀게 한 후 작은 배에 태워 강에 띄워 보내버린다. 장님이 된 몸으로 물결 따라 흐르다가 빠져 죽으라는 것이다. 여기까지는 내용 전개상 두 번째 부분에 해당한다. 이 부분에서 짚고 넘어갈 것이 있다.

여기서 전하려는 메시지는 그 어떤 권력과 폭력에도 굴하지 않는 도미 부인의 정절에 있다. 그런데 우리를 불편하게 하는 폭력적인 장면들을 지적하지 않을 수 없다. 《삼국사기》의 시대, 즉 12세기 사람들의 정서라는 점을 감안하더라도 말이다. 그 하나는 여자를 걸고 남자들이 '내기'를 한다는 점이다. 왕 개루와 평민 도미, 왕의 신하가 그 남자들이다. 특히 개루와 도미는 신분으로는 하늘과 땅의 차이가 있지만 여자를 '거래'하는 '남자'라는 점에서는 동류다. 힘없는 백성을 상대로 노름을 즐기는 왕은 말할 것도 없지만 아내를 위험에 빠트린 도미의 무지와 무모도 문제적이다. 게다가 도미 부인의 절개를 제3의 남자를 통해 시험하려는 것이나 시험의 방법도 강간이라니. 또 하나는 도미 부인과 여비女婢의 관계다. 이야기는 성폭력 상황에 직면한 도미 부인이 자신의 여종을 대신 바치고 빠져나오는 구조다. 여자주인공 도미 부인은 자신의 정절을 지키기 위해 다른 여성의 성性을 이용한 것이다. 이어서 〈도미전〉의 나머지 결론 부분으로 직접 들어가보자.

> 왕이 도미 아내를 끌어다 강제로 간奸하려고 하는데 그녀가 말한다. "지금 남편을 이미 잃었으니 홀로 남은 이 한 몸을 스스로 보전할 수가 없습니다. 하물며 왕의 시비가 되었으니 어찌 감히 어길 수 있겠습니까? 그런데 지금 월경 중이어서 몸이 더러우니 다른 날을 기다려주시면 향기롭게 목욕한 후에 오겠습니다." 왕이 그 말을 믿고 허락했다. 부인은 바로 도망쳐 강어귀에 이르렀으나 건널 수가 없었다. 하늘을 우러러 통곡하자 갑자기 빈 배가 물결을 타고 다가왔다. 그것을 탔더니 천성도泉城島에 닿았다. 거기서 남편을 만났는데 죽지는 않았다. 둘은 풀뿌리를 캐서 먹다가 함께 배를 타고 고구려의 산산蒜山 아래에 이르렀다. 고구려 사람들이 불쌍히 여겨 옷과 음식을 주었다. 부부는 구차하게 살다가 그곳에서 생을 마쳤다.

사태의 심각성을 알게 된 도미 부인은 꾀를 내어 왕의 요청에 응하는 척한다. 그리고 틈을 타 마수에서 도망쳐 도미를 찾아 강가로 달려가고, 운 좋게 작은 배를 얻어 타게 된다. 그리고 죽은 줄로 알았던 눈먼 남편과 재회를 한다. 이 부부의 이야기에서 흥미로운 점은 일을 저지르는 사람은 남편이고 수습하는 사람은 아내라는 사실이다. 물론 남편 도미는 왕과 내기를 걸 정도로 아내를 향한 사랑과 믿음이 확고하다. 그러나 '내 아내는 절대 그렇지 않다!'라며 왕과 정면 승부를 건 도미의 사랑 표현 방식은 위태한 감이 없잖아 있다. 그는 사랑하는 아내를 위험에 빠트리고 불구가 된 자신을 평생 돌보아야 하는 짐을 아내에게 안겨주었다. 반면에 부인은 지혜로운 대응과 적극적인 행동으로 사랑을 끝까지 지켜내었다. 이 이야기는 호메로스의 서사시에 나오는 율리시즈의 아내 페넬로페가 낮에는 옷을 짜고 밤에는 다시 풀면서 7년간 남편을 기다린 신화를 연상시킨다. 그런데 도미 부인의 방식이 훨씬 더 적극적이다. 어쨌든 도미 부부는 외부의 그 어떤 힘도 둘의 사랑과 절개를 깨트릴 수 없다는 굳건한 인간 사랑의 승리를 보여주었다.

《삼국사기》가 유교 윤리에 의한 정리 작업이고 보면 도미설화의 주제는 부부의 결속이나 가족을 파괴하는 지배층의 횡포를 지적한 것일 수 있겠다. 그래서 도미설화를 '관탈민녀형官奪民女型' 설화라고 한다. 폭력적 권력에도 굴하지 않은 부부의 사랑과 신뢰는 각 시대가 부르는 대로 다양한 변주를 보이며 꾸준히 유통되었다. 역사 속에서 이 부부의 '서로 사랑'은 부인의 '일편단심'으로 초점이 이동된다. 세종대에 제작된 《삼강행실도》는 그들의 이야기를 〈도미의 처, 풀을 뜯어먹다[彌妻啖草]〉라는 제목으로 〈열녀도烈女

▥)에 실었다. 도미 부인이 열녀가 된다는 것은 도미의 아내 사랑
보다는 부인의 정절 행각에 주목하겠다는 뜻이다. 의도하지 않게
이 과정에서 남편 도미는 아내의 처분에 몸을 맡긴 수동적인 존재
로 떨어진다. 남편을 찾겠다는 일념으로 죽음도 불사한 도미 부인
의 용기는 남편을 위해 어떤 일이든 감당해야 했던 조선시대 여성
들의 롤모델이 되기도 한다. 정절이 키워드가 된 도미설화는 근대
남성 작가들의 소설로도 부활하는데 〈아랑의 정조〉나 〈몽유도원
도〉 같은 것들이다.

현대의 도미 부부는 현실적이거나 세속적인 욕망에 부응하여
재탄생한다. 평범한 백성이던 도미가 〈성주도씨족보〉에서는 정승
으로 둔갑했고, 경남 진해에서는 '백제정승 도미 부부의 묘'가 발
견되었다. 고구려의 산산, 즉 원산 지역에서 죽었다는 도미 부부
가 왜 그곳에 묻혔는지 학계의 설명이 아직은 없다. 도미설화가
자신의 가문이나 지역을 돋보이게 하는 장치로 활용되고 있다는
증거이다. 최근에는 도미 부부를 소유하려는 각 지역의 노력들이
각축을 벌이고 있다. 충남 보령에서는 설화와 관련된 지명이 많다
는 점을 들고 있고, 눈알을 뽑힌 도미가 배에 실려 떠났다는 나루
의 소재를 놓고 서울시의 강동구와 송파구, 경기도 하남시가 각각
'소유권'을 주장하고 있다. 도미 부부를 서로 자기네 동네 사람이
라고 한다.

이렇게 2천 년 묵은 도미 부부는 소설·연극·뮤지컬로 거듭나

2 / 성녀와 마녀의 프레임을 넘어

며 여전히 우리와 함께 살고 있다. 우리가 추구하는 관계의 진실
이 오래된 미래, 도미 부부에게서 과연 얻어질 수 있을까. 이야기
의 역사가 그래왔듯 도미 부부는 우리에게도 열린 진실이다.

3

닫힌 운명에 균열을 내다

부당한 이혼 요구에 맞서다, 신태영

1704년(숙종 30년), 신태영申泰英은 남편 유정기兪正其로부터 이혼 소송을 당한다. 혼인한 지 26년, 별거한 지 14년 만이다. 참고로 신태영은 유정기의 후처로 시집와 10년 동안 아이 다섯을 낳았고, 12년째 되던 해에 유정기의 집에서 쫓겨나 전처 아들의 집에서 살고 있었다. 소송 건을 접수한 예조禮曹는 나라법[國典]에 없다는 이유로 이혼 청구를 기각시켰다. 이에 유정기의 친구이자 사헌부 장령인 임방(1640~1724)이 예조에 문제를 제기하며 왕에게 직접 아뢰었는데 이런 내용이었다.

신씨는 성정이 고약하고 언행이 패악하여 남편을 꾸짖고 욕하기가 다반사이고 입에서 종일 나오는 것은 욕설 아닌 것이 없습니다. 게다가 제주祭酒에 오물을 섞고 사당에서 난동을 부렸으며, 남편과 싸우다가 한밤중에 단신으로 집을 뛰쳐나갔습니다. 유씨 일문一門 50여 인이 연명으로 이 사실을 확인했습니다.

_《숙종실록》 30년 9월 24일

　법전을 들먹인 예조를 조롱하듯 임방은 "변통을 생각하지 않은 채 시종 굳게 지키는 것을 능사로 삼는 것이 옳은지 모르겠다"라고 한다. 다음 날 예조판서 민진후(1659~1720)가 임금을 독대하였다. 임방을 염두에 둔 듯, 그는 예조가 이 사건을 기각한 이유를 조목마다 밝혔는데, 우선 신씨의 행실이 패악하다고들 하지만 부부 반목으로 인한 거짓 정장呈狀인 경우를 배제할 수 없다고 한다. 거짓 정장을 예조가 승인할 경우 윤리의 더 큰 변고가 될 수 있다는 것이다. 그리고 유정기 측이 상언한 내용에 "제주에 오물을 섞고 시부모에게 욕설을 했다"라는 것은 십악대죄十惡大罪에 관계되므로 형조刑曹로 옮겨 사실을 규명해야 할 중대한 사안이라고 했다. 예조는 형조의 결과를 기다린 후에 움직이겠다는 것이다.

　민진후가 임금을 만난 바로 다음 날 장령 임방이 다시 왕을 알현했다. 그는 신씨의 부도한 행실에 온 나라 사람들이 분노하고 있다는 말로 사건을 풀어나갔다. 신태영의 패악한 행실 몇 가지를 더 추가시킨 임방은 사건을 형조로 넘기는 것을 극구 반대했다. 임방은 왜 사건의 형조 이관을 반대했을까. "신 여인과 그 남편을 한 법정에 나란히 입장시켜 사실관계를 따져 묻는다면 정장로狀의 내용과 같을 수가 없다"라는 송상기(1657~1723)의 말을 참고할 만하다. 유정기의 '변호인' 임방은 다시 열변을 토했다.

> 이혼의 법이 《경국대전》에는 없지만 《대명률》, 〈형전〉의 '처첩구부조妻妾驅夫條'에 "지아비가 이혼을 원하면 들어준다"라고 하였습니다. 조사하여 사실을 규명한다고 말하지 않은 것은 그 지아비가 고발한 것을 반신반의하여 다시 물어서는 안 된다는 것입니다.
>
> _《숙종실록》 30년 9월 26일

임방의 주장에도 불구하고 이 사건은 형조로 넘어갔다. 신태영은 남편의 벼슬을 따라 의금부의 옥에 갇혔는데 조사가 시작되어 그녀가 발언권을 얻자 사건을 서술하는 관점이 달라지기 시작했다. 옥에 갇힌 신태영은 수천 마디에 달하는 공초를 올렸다.

> 유정기의 처가 된 지 27년이 되었습니다. 다섯 자녀를 연이어 낳으며 부부가 서로 실행失行한 일이 없었는데 무진년 이후로 유정기가 비첩婢妾에게 고혹蠱惑되어 이 지경에 이르렀습니다. 제게 씌워진 죄명은 모두 유정기가 무함한 것이고 유씨 종족들의 정장로狀은 모두 유정기가 억지로 부탁하여 만든 것입니다.
>
> _《숙종실록》 30년 10월 9일

신태영이 올린 장문의 언문 공초는 논리가 너무나 정연하여 문사文士가 대신 써준 것 같다고들 했다. 시부모에게? "욕설한 일 없습니다", 제주祭酒를? "더럽힌 일 없습니다." 증언자로 불려온 유씨 종족의 대표는? "유정기에게 들었을 뿐 직접 보지는 못했습니다." 신태영의 등장으로 대신들은 논쟁에 휩싸였고 이 과정에서 고위직 몇 명이 갈리었다. 이혼 소송이 시작된 지 2년 만에 부부 각각에게 일정한 벌이 내려졌다. 유정기는 집안을 잘못 다스린 죄로 장杖 80대, 신태영은 남편에게 욕설한 죄로 장 40대를 받았다.

하지만 이혼 여부는 정해지지 않았다. 부부는 각각 자신을 변론하는 공초를 계속 올렸고 이것을 갖고 조정 대신들은 논의를 했다. 그러기를 6년, 남편 유정기가 갑자기 세상을 떠났다. 유정기는 죽었지만 이혼 소송은 계속되었다. 그 시대의 부부는 가족의 부분일 뿐 죽었다고 해서 끝나는 관계가 아니었기 때문이다. 죽은 남편과 싸움을 벌이는 형상이 된 신태영에 대한 조정 대신들의 논의는 두 패로 갈리었다. 비판하는 자들은 신씨가 "남편을 원수처럼 여겨 사람 축에 끼지 못하게 날조했다"라고 하며 잠자리에서의 일까지 까발려 남편을 우습게 만들었다고 분노했다. 그들은 고 유정기의 이혼 정장에 나와 있는 신씨의 '악행'이 사실인지 아닌지를 논증하기보다 남편을 대하는 '무례한' 태도에 더 집중했다. 마치 자신들의 속살이 드러나는 듯한 기분으로.

신태영을 적극 변론한 공조판서 김진규(1658~1716)는 '남편이 이혼하기를 원하면 들어준다'는 《대명률》의 조항은 남편을 구타한 경우이지 신태영처럼 욕설한 경우는 해당되지 않는다고 한다. "욕설하고 과오를 들추는 것은 입에서 나오고 구타는 수족手足이 하는 것이므로 중요도가 다르다"라는 것이다. 구타한 경우의 법을 욕설한 경우에 적용시키는 것은 법을 우롱하는 처사로 보았다. 그리고 김진규는 신태영 부부의 반목은 유정기의 여자 문제에서 연유한 것임을 분명히 했다. 떠도는 말을 인용한 임방과는 달리 자신은 옥안獄案에 기재된 것만을 자료로 삼겠다는 김진규의 변론이 있고 난 10여 일 후, 신태영의 이혼 건에 대한 당상관의 회의가 열렸다. 소송이 시작된 지 9년이 지난 숙종 39년 윤5월 8일의 일이다. 이때 이혼을 허락한다는 언급이 없는 것으로 보아 신태영은 유정기의 법적 아내로 남은 것이다.

신태영 사건에서 보듯 조선시대 사족의 이혼은 주로 남편 쪽에서 제기되어 나라의 허락을 얻어 실행되었다. 아내의 행위가 이혼 요건에 해당되면 남편이나 시부모가 예조에 청구를 하고 담당관이 그 타당성을 검토하여 이혼 여부가 결정되는 식이었다. 이렇게 이혼 절차가 까다로웠던 것은 지도층의 사생활을 관리함으로써 가족 윤리를 확립하려는 국가의 의지가 강했기 때문이다. 이혼의 용어로는 이이離異가 주로 쓰였는데, 그 외 출처出妻·기처棄妻·기별棄別 등의 용어도 있었다. 이로 보아 까다로운 절차를 감수하고서라도 이혼을 하지 않을 수 없는 이유들이 적지 않았다는 점을 알 수 있다. 다만 남편이나 시부모가 주도한 이혼 청구에 억울한 여자들이 많았을 텐데 그 항변의 목소리는 잘 들리지 않는다.

신태영의 법정 투쟁에서도 보듯 그때도 지금처럼 자신의 이익을 관철시키기 위해 사건을 조작하는 무리가 있었고, 그때도 지금처럼 송사의 원칙을 지키며 약자를 위한 공감의 정치를 펼친 정치가들이 있었다. 진실과 가치 편에 선 정치가들이 있었기에 '윤리의 적'으로 매도된 신태영이 살아날 수 있었다. 물론 여기에는 부당한 요구에 맞선 신태영의 의지와 노력이 전제되었기 때문이다. 신태영의 '패악한' 행위가 사실인가 아닌가에서부터, 사실이라면 법전의 어떤 조항에 해당되는지, 또 사실임을 어떻게 논증할 것인지에 이르기까지 이혼의 법적 승인을 쟁취하는 데는 난관이 많았다. 그럼에도 친분과 여론 몰이를 통해 신태영의 이혼이 합법화되던 분위기에서 자기 변론의 기회를 얻은 신태영은 수천 마디에 달하는 공초를 올림으로서 논쟁에 불을 지핀 것이다.

혼인과 이혼에 대한 신태영의 생각은 오늘의 우리와 다를 수 있다. 왜 다르고 어떻게 다른지는 그 시대의 맥락을 통해야 해명될 일이다. 혹시 신태영을 선악의 인품으로 접근하거나 이혼 거부를 결혼생활을 유지하려는 보수적 신념으로 여긴다면 그녀가 남긴 역사적 의미는 희석될 것이다. 신태영이 어떤 형태의 회유와 협박에 굴하지 않고 자신이 당한 억울함을 적극적으로 해명한 것은 죽어서도 지켜져야 할 자존감과 명예 때문이 아니었을까. 신태영은 자신이 원했던 바, 유씨 가족의 일원으로 남았다. 나중에 전처 자식 유언명이 계모의 상喪을 지키지 않았다는 이유로 비판을 받는데 신태영이 바로 그의 법적 어머니로 남아 있었기에 가능한 일이기 때문이다.

혈통의 허상을 드러내다, 옥비

옥비玉非는 15세기 함경도 경원부慶源府 소속의 관비官婢였다. 두만강 하류에 위치한 경원은 국경을 넘는 여진족의 약탈이 일상화되어 사람이 살기에 힘든 곳이었다. 그렇다고 비워둘 수는 없기에 나라에서는 북변 개척의 일환으로 남녀의 백성들을 옮겨가 살도록 했다. 노비에게는 면천을, 범죄자에게는 형벌 대신으로, 양인에게는 토관土官의 혜택을 주었다. 세종 때 나온 이 정책을 '전가사변全家徙邊'이라고 한다. 그런데 곡식 종자와 농기구, 집과 살림살이를 관에서 마련해주던 초기와는 달리, 성종조 이후에는 그 의미가 희석되고 변장邊將들의 횡포가 심해져 도망 나오는 사람들이 속출했다. 이에 전국에 흩어져 사는 도망자를 찾아내어 그 본거지로 돌려보내는 법이 발호되었다. 신분을 속이고 다른 지역으로 옮겨 가 살다가 발각된 대표적인 사건의 중심에 옥비가 있다.

옥비의 사례는 국정 운영 능력에 문제가 있었던 당시 위정자들의 한계를 드러낸 사건으로 알려져왔다. 다른 각도에서 보면 옥비는 가부장제가 그토록 신성시한 '혈통의 권위'에 의문을 제기한 여성이다. 혈통의 허상을 보여준 것이다. 옥비가 어떤 경로로 관비가 되었는지는 확인할 수 없다. 여러 자료를 종합해보면 그녀는 변장邊將으로 온 진주 출신 무인武人의 수청을 들다가 장수가 귀향할 때 함께 따라가 그의 첩이 되는데 성종 연간인 1470~1480년대의 일이다. 관비는 국가의 재산이기에 개인이 함부로 소유할 수 없다. 그렇다면 옥비가 양반의 첩이 될 수 있었던 것은 속량贖良하여 양인이 되었거나 그런 절차 없이 신분을 속인 두 가지 경우이다. 여러 자료에서는 그녀가 '신분을 속이고 진주로 숨어들었다'고 서술하고 있는데 신분 상승을 꿈꾼 옥비의 의지가 있었던 것으로 보인다. 어쨌거나 옥비는 양반의 첩으로 새 삶을 시작했고 많은 자식을 낳았으며 들키지 않고 별 탈 없이 살다 죽었다.

그런데 옥비가 진주로 옮겨 가 산 지 1백여 년이 지나서 그녀의 존재가 새롭게 부각된다. 변경 백성들의 이탈이 늘어나자 그들을 추적하여 다시 본래의 거주지로 옮겨다 놓는 쇄환령이 강화된 것이다. 마침 경원에 충군充軍으로 온 진주 사람 강필경姜弼慶이 옥비를 존재를 보고하게 된다. 1583년(선조 16년) 당시의 경원부 일대는 여진과의 충돌이 잦아 매우 혼란스러웠다. 그해 2월에는 니

탕개尼蕩介가 경원부를 함락시켰는데 조정에서는 무과를 통해 선발한 1백 인을 이곳 방어에 투입한다. 이로써 적은 곧 진압되었지만 변경의 소요는 그칠 줄 몰랐다. 그 해결책으로 거주 이전이 금지된 서북 지역의 모든 주민을 엄격히 관리하는 차원에서 이탈 방지책을 강화하는데 와중에 옥비가 걸려든 것이다. 강필경의 보고를 받은 함경도 관찰사는 장계를 올려 조정에 알린다. 같은 해 4월 1일자 실록에는 조정의 의결이 기록되어 있다. "경원부 속공 노비 옥비가 영남으로 돌아와 죽은 지가 이미 80년이 지났다. 하지만 법으로 보면 아직 경원부에 소속되어 있기에 법에 따라 그 자손들을 다 되돌려 보내야 한다."

옥비의 자손 중 남자는 아내까지, 여자는 남편까지 연루하고, 천인賤人의 경우 그 주인까지 모두 경원부로 쇄환한다는 방침이 세워졌다. 윤승길(1540~1616)을 경차관으로 임명하여 경상도에 내려보내 해당자를 색출하도록 했다. 옥비가 죽은 지 80년이 지난 시점이었다. 옥비는 죽었지만 옥비의 자손들은 종모법에 의해 노비가 되어야 하고, 또 전가사변율全家徙邊律에 의해 원래 거주지로 돌아가야 하는 것이다. 현장에 온 윤승길은 사안이 단순치 않음을 알고 조정에 장계를 올려 원칙을 적용하기가 어려움을 토로한다. 그 내용은 남편이 아내를 따라야 할 뿐 아니라 정처가 아닌 첩으로 만난 사이까지도 논단하는 것은 부당하고, 옥비 후손들이 여러 고을에 흩어져 살고 있어 근본을 알기 어려운 상황이기에 붙좇거

3 / 닫힌 운명에 균열을 내다

나 혼인한 사람들은 구제해야 한다는 것이다. 윤승길의 주장에는 아내가 남편을 따라야 하는 것은 여필종부女必從夫의 이념에 부합하지만, 남편이 아내를 따라야 하는 것은 지배 이념에 대한 반역이라는 생각이 들어 있다. 어쨌든 조정에서는 경차관의 청을 들어주지 않고 원칙을 고수했다. 그런데 윤승길이 가족의 병구완을 이유로 중도에 그만두자 후임으로 성영(1547~1623)을 보낸다. 그 또한 경상도로 향하는 도중에 병을 핑계로 경차관 자리를 포기하는데 쉽지 않은 사건임을 직감한 것이다.

이에 김위金偉가 그 임무를 대신하게 되는데 의욕적인 수사로 밝혀낸 사람이 5백여 명이었다. 그중에는 사족이 된 자도 있고 종실과 혼인한 자도 있었다. 사족으로 행세하던 이들을 하루아침에 관비의 후손이라는 이유로 쇄환한다면 경상도 지역사회의 동요는 불 보듯 뻔한 일이다. 하지만 조정의 의지는 변함이 없이 환천還賤은 않되 쇄환刷還은 남김없이 하겠다는 것이다. 설마 했지만 전 가족 이동이 자행되었다.

> 아내가 되어 남편을 따라오기도 하고, 남편이 되어 아내를 따라오기도 하여 그 아내와 남편은 양민·천민을 가리지 않고 한집안 식구로 논단하여 집안 식구들이 남아나는 사람이 없었다. 천인들은 붙어살게 했다는 이유를 붙여 그 주인까지 강제로 데려왔으므로 더러는 한 여자에 두 지아비가 아울러 관여되기도 하고, 또 첩으로 인하여 그 정처

正妻까지 데려오기도 하여 사족士族들도 그 속에 많이 끼어 있게 되었다. 데려올 때 도보나 혹은 말도 타고 혹은 수레로 혹은 업혀서 오는데 울부짖는 소리가 도로에 어지러우니 듣는 이가 모두 눈물을 흘렸으며 길에서 쓰러져 죽는 자도 많았다.

_《계갑일록》1584년 5월 17일

끌려가는 사람들의 원한이 하늘을 찔렀고 이로 인해 팔도의 민심이 크게 돌아섰다. 신분제를 공고히 하려는 지배층의 요구와 맞물린 어처구니없는 국가의 이 대책을 역사에서는 '옥비의 난'이라고 한다. 그들은 옥비의 죄를 "오래도록 양인 행세를 하며 자손을 모두 사족士族과 혼인시켰다"라고 했는데 곧 신분 질서를 교란시킨 자라는 것이다. 이로부터 5년이 지난 1589년(선조 22년)의 기록에는 옥비의 자손 2백여 명이 경원부로 쇄환되었다고 한다. 적지 않은 숫자이다. 당시 식자들은 나라가 사람이 살도록 해야 하는데 도리어 못살게 재촉한다며 국가의 기능에 심각한 문제가 있다고 보았다. 실록에는 "백성의 부모가 되어 살길을 찾아주지는 않고 그저 백성을 옮기는 명령만 급급히 내리신단 말입니까"라며 원칙을 고집한 선조를 향한 반론도 만만치 않았음을 보여준다.

이후 사람들에게 옥비 사건은 민심에 근거하지 않은 억지 정책으로 큰 환란을 불러온 참사로 기억되었다. 나아가 신분제를 공고히 하려는 국가 정책을 비판하는 자료가 되기도 했다. 윤선도

3 / 닫힌 운명에 균열을 내다

(1587~1671)는 효종 6년에 올린 〈시폐4조소時弊四條疏〉에서 노비 추쇄로 인한 민심의 동요를 신중히 볼 것을 제안한다. 그리고 한번 노비는 영원한 노비가 되도록 만들어진 국법에 의문을 제기하고, 귀천은 정해진 분수가 있어 절대로 바뀔 수 없는 것이 아니라 변화의 원리에 의해 늘 유동하는 것임을 주장한다. 아마도 관비 옥비의 자손이 실증 자료가 되었을 것이다.

현대사회는 유전자 검사를 통해 내 속에 있는 조상을 밝혀내는 것이 가능해졌지만 15~16세기에도 여성의 후손을 모조리 찾아내는 '과학'이 있었던 것이다. 부父의 계통은 백세百世를 올라가도 내 조상인 줄 알지만 모母의 계통은 삼세三世만 올라가도 누가 누군지 알지 못하는 것이 종법제의 기획물이다. 조상을 성姓으로 파악할 때 모계는 사라진다. 양반 사족이 된 옥비의 자손들을 볼 때 양반의 피와 천민의 피가 따로 있는 것이 아니라 제도와 이념이 그렇게 구분한 것이다. 더구나 신분세탁과 자식들의 위장 혼사까지 감행하면서 세속의 신분 굴레에 몸뚱이 하나로 저항한 옥비의 삶에 누가 돌을 던질 수 있을까. 우리 가운데 그 누가 옥비의 피로부터 자유롭다고 장담할 수 있을까.

성범죄 피해자의 사적 복수, 김은애

정조 13년(1789) 윤5월 27일 저녁, 전라도 강진현 탑동 마을에서 살인 사건이 일어났다. 지속적인 성추문에 시달리던 한 여인이 가해자를 직접 응징한 것이다. 아무리 아니라고 해도 불길처럼 번지는 소문을 당해낼 도리가 없었던 18세의 김은애(金銀愛, 1772~?)가 선택한 최후의 수단이었다. 김은애는 자신을 음해한 안(安) 여인을 칼로 찔러 죽인 후 다른 한 사람 최정련을 죽이러 가는데 뒤쫓아 온 어머니의 만류로 뜻을 이루지 못했다. 곧바로 관아에 나아가 자수한 김은애는 그동안 쌓였던 사무치는 원한을 또박또박 쏟아내었다.

제가 시집오기 전에 이웃에 살던 최정련이 저와 간통했다는 식으로 말을 꾸며댔고 안 여인을 중간에 내세워 청혼해왔습니다. 허락하지 않고 다른 사람에게 시집을 가자 그들은 추잡한 말로 더욱 심하게 음해하며 그칠 줄 몰랐습니다.…저의 분함과 억울함은 이루 다 말할 수 없으니 제발 관아에서 최정련을 때려죽이어 제 한을 풀어주십시오.

숙모와 조카 사이인 안씨와 최정련이 김은애에게 지속적인 성폭력을 자행한 것이다. 사건의 발단은 김은애를 마음에 두었던 최정련이 안씨를 내세워 청혼을 하는데 지체로 보나 행적으로 보나 거절당할 수밖에 없었다. 이에 정련은 혼인을 성사시킬 욕심에 자신과 간통한 사이라며 헛소문을 피운다. 그들의 농간으로 고통받던 김은애는 다행히 그 내막을 잘 아는 이웃 마을의 한 집안과 혼인이 성사되어 새로운 생활을 하게 된다. 그럼에도 불구하고 최정련과 안씨의 음해는 그칠 줄 모르고 더욱 추잡하고 악랄해져 이제 시집 마을의 사람들까지 수군거리기 시작한다. 막다른 골목에 서게 된 김은애는 죽기를 각오하고 칼을 쥔다. 먼저 막 잠자리에 들려는 안씨를 잔인하게 살해한다. 나중에 주검을 본 현縣의 검시관들은 가녀린 체구의 김은애가 어떻게 거구의 안씨를 처단할 수 있었는지 의문을 제기할 정도였다. 그만큼 김은애의 원한과 분노가 극한에 달했던 것이다.

조사를 맡은 담당자나 고을 사람들은 김은애의 억울함을 충분히 공감하지만 살인 사건이니만큼 신중할 필요가 있었다. 강진 현감은 "무고를 당한 사실은 차치하더라도 사람을 죽였기에 목숨으로 갚아야 한다"라는 의견을 냈다. "생명을 버려 억울함을 푸는 일은 비록 한 번 죽임으로써 결판은 났지만 살인자를 상명償命하는 법은 더없이 엄격하다"라는 도道의 계사를 거쳐 이 사건은 중앙의 형조刑曹로 올라갔다. 형조 역시 살인의 동기는 충분히 이해되나 국법을 벗어날 수는 없다고 한다. 즉 "얼마나 원한이 맺혔으면 흉악한 계획을 세워 마침내 결행했겠는가", 하지만 "나이 어린 여자가 목숨을 내놓고 원한을 푼 것은 법대로 처리되어야 한다"라는 의견을 썼다. 이제 최종 결정권자 왕의 재가만 남았다.

국법과 은애의 억울함을 놓고 국왕 정조는 밤을 새워 고민했다. 그런 후 왕은 은애의 옥사는 국법으로 보면 조금도 의심할 바 없으나 왜 그럴 수밖에 없었는지 원인을 따진다면 일개 옥관이 처리할 문제가 아니라고 한다. 그래서 왕은 이 사건을 좌의정에게 보내어 의견을 구하도록 했다. 이에 좌의정 채제공蔡濟恭이 의견을 냈는데 요약하면 이렇다. 무고하게 성추문을 당한 은애가 분하고 원통한 마음에 칼을 무섭게 휘두른 것은 이해가 간다. 하지만 약법삼장約法三章에는 '사람을 죽인 자는 죽여야 한다'고 했지 정상을 참작하라는 말이 없다. 은애는 비록 사무친 원한이 있더라도 관청에 호소하여 그들의 죄를 다스리게 하는 것이 옳았다. 이렇게 강진 현감에서 좌의정에 이르기까지 이 사건을 접한 모든 사람이 은애의 상황은 이해가 되나 사람을 죽인 죄는 용서받을 수 없다고

　　　　　　　　　　　　3 / 닫힌 운명에 균열을 내다

했지만, 왕의 생각은 달랐다.

> 이 세상에서 가장 뼛속에 사무치는 억울함은 여자로서 음란하다는 무고를 당하는 일이다. 억울함이 골수에 사무쳐 스스로 목매거나 물에 빠져 죽음으로써 결백을 증명하는 자들이 있다고 한다. 김은애는 불과 18세밖에 안 된 여자지만 억울함이 사무쳐 한 번 죽음으로써 결판내려고 했던 것이다. 하지만 헛되이 죽을 수 없었다. 칼을 꺼내 들고 원수의 집으로 달려가 통쾌하게 설명하고 꾸짖은 뒤 마침내 찔러 죽임으로써 자신에게는 잘못이 없으며 저 원수는 복수를 당하는 게 당연하다는 사실을 온 고을이 알도록 했다. 사람으로서 윤리와 기절이 없는 자는 짐승과 다름이 없다. 은애의 행위는 풍속과 교화에 도움이 되지 않을 수 없다. 사형수 은애를 특별히 석방하라!
>
> _《일성록》 정조 14년 8월 10일

국왕 정조가 김은애의 행위에 주목한 것은 성범죄의 피해자이면서도 스스로에 대한 자책이 만연했던 시대에 용기와 기백으로 자신의 무죄를 입증코자 했다는 데 있다. 김은애의 시대인 18세기는 성폭력은 물론 추문으로도 자결을 선택하는 여자들이 많았는데 정조도 그런 사건들을 자주 접하고 있었다. 왕은 은애의 행위가 생사를 초월하여 기절을 숭상한 열국 시대 섭정攝政의 누이에 비유된다고 하고, 사마천이 다시 태어난다면 〈유협전游俠傳〉 말미에 은애를 포함시킬 것이라고 한다. 아마도 왕은 김은애의 행위에서 협객의 풍모를 읽은 듯하다. 성범죄 가해자를 향한 사적 복수를 용기로 볼 수 있는지는 차치하더라도 피해자 여성의 정상을 적극적으로 해석한 왕의 판결은 매우 인상적이다. 김은애 사건은 《정조실록》과 《일성록》·《심리록》 등에 실려 있다.

왕은 국법과 생명 사이에서 얼마나 고심했는지 직접 쓴 판결문[판부]을 채제공에게 보이며 다시 물었다. 왕의 고뇌에 공감한 채제공은 비로소 왕의 판결을 지지한다. 나아가 왕은 전라도 관찰사에게, "굳세고 강한 성질의 김은애가 애초에 죽이려던 최정련에게 복수하려 들 것이니 정련을 잘 보호하라"라고 명하였다. "은애를 살리려다가 최정련을 죽이게 된다면 사람의 목숨을 소중히 여기는 뜻이 없게 된다"라는 것이다. 그리고 왕은 당대 문장으로 이름난 이덕무에게 〈은애전〉을 쓰게 했고, 이덕무에게 고무된 성해응도 〈은애전〉을 썼다. 18세기 끝자락에서 김은애는 일약 스타가 되었다. 예나 지금이나 성범죄는 피해자가 오히려 숨는 경우가 많다. 현명한 왕도 없고 사적 복수도 금지된, 현대의 법치 사회에서 김은애 구출은 제도와 사회가 담당해야 한다. 18세기의 김은애가 그랬듯이 잘못은 나에게 있지 않고 가해자 너에게 있음을 세상에 알리는 것이다.

김은애 사건이 조선팔도를 휩쓴 지 10여 년이 지난 1801년, 신유사옥에 연루된 다산 정약용은 유배지 강진에 도착한다. 강진 사람들은 김은애 사건을 어떻게 보는지 궁금했을 것이다. 그는 읍내 사람들이 하는 말을 듣게 되는데 은애가 시집가기 전 최정련과 사통하는 사이였고 안 여인은 매파가 되어 그들의 통간을 도우며 이익을 취했다는 것이다. 또 "김은애가 노파를 죽이기는 했으나 집안 깊숙한 곳의 남녀 일을 누가 알겠냐"라는 것이다. 이에 다산은 한탄조로 "도둑의 누명은 벗을 수 있으나 간음에 대한 모함은 씻기 어렵다"라고 한 속담을 상기시킨다. 이어서 다산은 "실제 그랬다면 기가 죽어 이처럼 통쾌하게 죽이지는 못했을 것"이라는 짧은 논평을 남겼다.

사족 여성의 사생활,
함안 이씨

16세기 진주 사람 함안 이씨는 상당한 재력을 가진 진사 하종악의 후처로 들어가 28세에 과부가 되었다. 얼마간의 세월이 흘러 가노家奴와 음행을 저지른다는 소문이 돌기 시작하더니 결국 그녀는 피혐의자로 옥사獄事를 치르게 됐다. 배우자 없는 독신이라 하더라도 사족 부녀는 자신의 성性을 행사할 수 없었다. 규범에서 벗어난 경우 도덕적인 지탄으로 끝나는 게 아니라 법의 심판을 받아야 하는 것이다. 그렇다면 규방 안 은밀한 곳에서 일어나는 일을 세상이 어떻게 아는가. 시선과 소문이었다. 조선 사회는 풍속의 정화를 들어 양반 부녀의 사생활을 감시 감독하는 것을 합법화했는데, 이른바 소문의 정치인 풍문공사風聞公事가 그것이다.

사족 부인이기에 직접적인 형추는 피했지만 그녀가 겪었을 수모는 짐작하고도 남음이 있다. 대사헌을 지낸 이인형(1436~1503)의 손녀로 연맥이 화려할 테지만 소문에는 장사 없어 졸지에 백주 대로에 내몰리는 신세가 된 것이다. 그런데 경상도 관찰사 박계현(1524~1580)이 주도한 함안 이씨의 옥사는 아무런 물증이나 고백을 확보해내지 못했다. 관련자들을 며칠씩 옥에 가두고 탈탈 털었지만 마님의 사생활 시비는 혐의 없음으로 결론이 났다. 여기서 끝났다면 이 소문은 한갓 사소한 이야깃거리로 묻혔을 것이다. 문제는 문초를 당했던 사람들이 풀려나자 소문을 피운 자를 기필코 쏘아 죽이겠다며 독을 품고 찾아다녔다. 그들이 지목한 자는 바로 당대 최고의 선비 남명 조식(1501~1570)이었다. 산으로 바다로 도망 다니는 신세가 된 남명은 중앙의 관직에 있는 문인 오건(1521~1574)과 정탁(1526~1605) 앞으로 편지를 보낸다. 남명이 처한 상황을 말해주는 부분은 다음과 같다.

진주에 음부淫婦의 옥사가 크게 일어났습니다. 소문은 세간에서 떠도는 것이었는데 옥사가 일어났을 때 나를 제공자로 지목한 것은 음부의 남편인 하종악의 전처가 바로 내 죽은 형의 딸이기 때문입니다. 집안이 서로 연결되어 있어 나를 거론한 것입니다. 신임 감사가 부임해 와서 그들을 풀어주었습니다. 죄인 서너 명이 옥에 갇혀 거의 죽게 되었다가 되살아났으니 그들이 원한을 품고 독심을 부리는 데 못하는 짓이 없어 보입니다. 바닷가(김해)로 가면 온 가족이 통곡하고 산(덕산)으로 가면 온 집안이 근심에 잠겨 있습니다. 오직 하늘의 처분만 기다릴 뿐입니다.

_〈여자강자정서與子强子精書〉

남명은 함안 이씨의 성추문은 떠돌던 소문일 뿐 자신과는 무관하고, 다만 조카딸이 하종악의 전처라는 사실 때문에 엮여 들어간 것이라고 한다. 워낙 영향력이 있는 남명이다보니 사건의 추이가 국왕의 조정 회의에 상정되었다. 임금을 모시고 회의를 주관하던 대사헌 기대승(1527~1572)은 죄과가 드러난 것은 없지만 전혀 사실무근이라고 보기도 어렵다는 의견을 낸다. 그러면서 간통 사건은 가장 알기가 어려운 것인데 세간에 혹 미워하는 자가 있으면 그 사람 입에서 나온 것이 일파만파 퍼지는 경우가 있다고 한다. 기대승은 남명이 '떠들어서' 생긴 일로 가닥을 잡은 것이다. 이는 남명의 주장과는 다른 해석이다.

남명의 말대로 이씨의 소문이 자신이 퍼트린 것이 아니라 세간에 떠돌던 것이었다면 문제는 그 소문을 누가 관가에 고발을 했는가 하는 것이다. 또 옥에 갇혔다 풀려난 '억울한' 사람들은 왜 남명에게 책임을 묻고자 했던 것일까. 이에 대한 궁금증은 남명의 고제高弟 정인홍(1535~1623)이 풀어주었다. 결론적으로 관찰사에게 이씨의 성추문을 알리도록 한 것은 남명이었다. 다시 말해 남명의 뜻에 의해 이씨에 대한 수사가 개시된 것이다. 다만 정인홍은 이씨의 '음행'은 사실임을 분명히 했다. 그럼에도 무혐의로 풀려난 것은 함안 이씨의 종형제가 중앙 요직에 있어 적극 변호했기 때문이라는 것이다. 여기서 말한 요직은 이씨의 고종사촌인 송덕봉의 남편 유희춘을 말한다. 실제로 유희춘은 새로 부임할 경상 감사 정유길을 두 차례나 방문하여 함안 이씨를 변호하는데 《미암일기》에도 나온다.

소문은 이제 사실 여부를 떠나 진영 간 대립으로 번졌다. 이씨 측과 남명 측 혹은 고 하종악의 후처 측과 전처 측의 진실 게임이 되었다. 와중에 남명의 문도들은 선생을 곤경에 빠뜨린 '음부'의 집을 부수는 등 훼가출향毀家黜鄕을 단행한다. 이에 폭력을 쓴 주모자들이 옥에 갇히고 사건은 중앙의 조정에까지 보고되었다. 다시 기대승은 "거짓으로 고소한 죄"는 묵인한다 하더라도 남의 집을 훼철한 죄는 묻지 않을 수 없다고 한다. 그는 "진주의 유생들 소행은 선비라기보다 무뢰배의 짓에 불과한" 것이라며 강한 유감을 표했다. 하지만 경연관으로 그 자리에 있던 정탁은 "그 마음을 헤아려보면 사사로운 정에서 나온 것이 아니니 지금 기필코 죄를 준다면 성조聖朝의 아름다운 일이 아닐 듯하다"라는 의견을 제시했다. 정탁은 남명 문인으로서의 역할을 하고 있는 것이다.

한편 진주의 남명은 자신의 오랜 벗 구암 이정(1512~1571)에게 절교를 선언한다. 이정의 첩은 함안 이씨의 시누이, 즉 하종악의 서매庶妹이다. 적서로서 그 신분이 다르긴 하지만 하종악과 이정의 첩은 남매지간이다. 따라서 하종악의 후처 함안 이씨와 이정의 첩은 시누이올케 사이가 된다. 남명의 주장대로라면 '부정不貞' 행위를 한 올케를 시누이가 적극 옹호한 셈이다. 상식적으로는 이해가 되지 않은 이러한 상황을 남명은 구암이 고 하종악의 한강변 밭과 밭 지기 종 몇 명을 '음부'로부터 뇌물로 받았기 때문이라고 한다. 반면에 남명 자신은 공도公道를 바로잡기 위한 것이지 사적인 감정으로 누구를 편드는 그런 것이 아니라고 한다. 하지만 사람들은 남명이 고 하종악 전처의 중부仲父라는 사실에 주목했다. 하종악 전처의 딸이 부친이 남긴 재산을 혼자 차지하려고 계모를 음해하는 소문을 만들어 종조부 남명에게 하소연했다는 주장도 있다. 어쨌든 남명은 문도들을 향해 "구암은 의리를 저버리는 데 익숙하고 권력에 아부하는 성향이 강한 사람"이라고 비난하고, 문도들은 스승의 옛 친구 구암으로부터 일제히 뒤돌아선다. 진주 지역에서 고립된 구암 이정은 안동의 퇴계에게 그 억울함을 토로한다. 이에 퇴계가 구암에게 위로의 편지를 보낸다.

> 말도 안 되는 말들을 사람마다 서로 전하여 떠들어 대니 항상 의심이 없지 않았습니다. 조군曺君은 세상에 드높은 명성을 가지고 있기에 나는 그 사람됨이 꿋꿋하여 속세를 초월하고 결백하여 세상을 벗어나 이 세상 그 어느 것으로도 그의 마음을 얽어맬 수 없으리라 생각했는데, 저 향리의 한 부인의 실행 여부가 그 무슨 더럽혀질 거리가 된단

3 / 닫힌 운명에 균열을 내다

말입니까.…무엇 때문에 그 높은 절개를 스스로 깎아내리며 남들과 시비를 다투는 데 마음을 모두 허비하고 여러 해가 지나도록 여태껏 그만두지 않는지 참으로 이해할 수 없습니다.

_이황, 〈이정에게 답함[答李剛而]〉, 《퇴계집》 22권

이어서 퇴계는 구암에게 불행하게도 변을 당했지만 심기일전하여 고고하게 자기 수양에 매진할 것을 당부한다. 남명이 뭐라고 하든 무시하고 아예 상대를 하지 말라는 투의 조언이 퇴계 사후 선조 33년(1600)에 간행된 《퇴계집》으로 세상에 공개되자 정인홍을 비롯한 남명 문도들은 불편한 심기를 드러냈다. 이것이 계기가 되어 남명과 퇴계, 그 문인들의 관계가 벌어지게 되었다고도 한다.

여기서 함안 이씨의 소문은 더 이상 보잘것없는 사소한 이야기가 아니다. 이씨의 사생활 시비는 경상 지역과 중앙 정계의 주요 연급 인사들이 총출연한 대사건이 되었다. 한 여성에 관한 사소한 소문이 지역적으로 확대되고 공론화되면서 다양한 권력 관계를 함축하는 사건이 된 것이다. 이 사건은 소문에 대한 반응과 대응의 다양한 방식, 그 속에 함축된 사람들의 감정과 욕망, 그것을 합리화하는 지식과 권력의 작용을 보여주었다. 무엇보다 여성에 관한 소문이 유통되고 소비되는 방식은 성별화된 위계질서를 지지하는 지식과 권력의 긴밀한 공조 속에서 이루어진다는 사실이다.

그 후 2백 년이 넘도록 함안 이씨 소문을 둘러싼 명사들의 수다는 계속되었다. 수다의 구조는 "무진년 간에 진주에 한 음부가 있었다"라거나 "신중하지 못한 처신으로 남명이 엄청난 낭패를 당했다"라는 식이다. 고담준론을 업으로 삼은 명유名儒들은 가짜 뉴스로 훼손된 이씨의 명예에 주목하기는커녕 무혐의가 내려진 그녀를 여전히 음부로 호명하며 조롱한다. 그리고 피해자야 어찌 되든 말든 성性 소문에 개입하다 체모를 구긴 관련자들의 사례를 입방아에 올렸다. 부인의 사생활이 윤리의 향방을 결정하는 것처럼 떠들던 시대에 '아님 말고' 식의 소문과 맞서 싸웠을 이씨. 그녀의 적극적인 노력으로 소문의 혐의를 벗게 된 사실만은 기억되길 바란다.

피해자에게 돌을 던지는 국가,
환향녀 윤씨

환향녀는 특정한 역사 시기의 산물이지만 그 의미가 파생
되면서 여성 비하의 용어가 되어왔다. 당시 용어로는 속환녀贖還女
인데 '적에게 잡혀가 값을 치르고 찾아온 여자'를 뜻한다. 17세기
병자년의 난리를 피해 사대부들은 안전하다는 강화도로 가족을
이끌고 들어가지만 섬이 함락되자 수많은 사람들이 청군淸軍의 포
로가 되었다. 적들은 신분이 높은 여자들을 주로 골라갔는데 여자
라 힘이 약한 데다 나중에 속환비를 넉넉하게 받을 수 있기 때문
이었다. 돈 있는 자들이 직접 가서 속환해온 경우도 있지만 공식
적으로는 끌려간 지 거의 1년 만에 850여 명의 속환이 이루어졌
다. 이 안에는 여자들의 수가 훨씬 많았다. 사지死地에서 살아서 돌
아왔는데 사랑하는 가족이라면 무엇을 더 바라겠는가. 하지만 환

향녀들은 또다시 더 혹독한 삶과 죽음의 경계에 서게 된다. 윤씨의 사례는 당시 정치인들의 민낯을 여과 없이 드러내준 사건이었다. 이름 없이 스러져간 수많은 속환녀와 달리 윤씨의 존재가 공론화되어 대표성을 갖게 된 것은 당대 최고 권력가의 며느리였기 때문이다.

인조 16년(1638) 3월, 윤씨의 시부모는 아들 내외의 이혼을 허락해달라는 단자를 예조에 올린다. 시부 장유(張維, 1587~1638)는 왕의 사돈이자 봉림대군의 장인이었다. 당시 그는 3개월 전 정축년 12월에 세상을 뜬 모친 박씨의 상중이었다. 게다가 적에게 끌려갔다 돌아온 며느리 문제에 본인도 병이 깊어 조정 출입은커녕 누워지내는 날이 많았다. 왕은 조정의 중추로서 속히 정사에 임하라며 연일 불러내지만 장유는 모친상과 병을 이유로 계속 거절한다. 그러던 중 며느리 문제를 상소한 것이다.

> 외아들 장선징이 있는데 강도江都의 변에 그의 처가 잡혀갔다가 속환贖還되어 와 지금은 친정 부모 집에 가 있습니다. 그대로 배필로 삼아 함께 선조의 제사를 받들 수 없으니 이혼하고 새로 장가들도록 허락해주소서.(인조 16년 3월 11일)

잡혀갔다 돌아온 며느리에게 조상 제사를 맡길 수 없다는 것은 몸을 더럽혔다는 의미, 즉 정절이 의심된다는 뜻이다. 당시 윤

3 / 닫힌 운명에 균열을 내다

씨의 나이는 25세 내외로 아들이 하나 있었다. 윤씨의 이혼을 주창하는 사람은 시아버지 장유와 시어머니 김씨인데 김씨는 바로 1년 전 강도에서 화약고 폭발로 죽은 김상용의 딸이다. 장유의 청원을 접수한 예조는 사로잡혀 갔다가 돌아온 사족 부녀가 한둘이 아니므로 신중히 결정해야 할 사안이라며 대신들에게 공을 넘겼다. 이에 좌의정 최명길(1586~1647)은 이혼은 국법으로 금지된 사항임을 주지시켰다.

> 만약 이혼해도 된다는 명이 있게 되면 속환을 못 할 사람들이 생기고 많은 부녀자들을 영원히 이역의 귀신이 되게 하는 것입니다. 한 사람은 소원을 이루고 백 집에서 원망을 품는다면 어찌 화기和氣가 상하지 않겠습니까.…전쟁의 급박한 상황 속에서 몸을 더럽혔다는 누명을 뒤집어쓴 경우도 많은데 사로잡혀 간 부녀들 모두가 몸을 더럽혔다고 할 수 없습니다.(인조 16년 3월 11일)

최명길의 '한 사람의 소원이 백 집의 원망이 된다'는 표현은 정승을 지낸 데다 봉림대군의 장인으로 '나라 어른'의 자리에 있는 장유의 사회의식을 우회적으로 비판한 것이다. 속환 부녀의 보호를 주장한 최명길은 그녀들이 적에게 정조를 잃지 않았다는 것을 구체적 예를 들며 재삼 강조한다. 사실 생존의 문제가 더 긴박했던 상황을 목도한 최명길에게 정조를 잃었는가 아닌가의 문제는 중요하지 않았을 것이다. 다만 정조를 강조하는 사대부들의 논리로부터 완전히 자유로울 수가 없었을 뿐이다. 명분론자들은 돌아온 부녀의 이혼을 국법으로 금지해야 한다는 최명길에게 '나라를 오랑캐로 만들 사람'이라는 비난을 쏟아내었다. 와중에 이른바 지식인들은 이런 논평을 낸다.

> 부녀들이 사로잡혀 절개를 잃지 않았다고 어찌 장담하겠는가. 이미 절개를 잃었으면 남편의 집과는 의리가 이미 끊어진 것이니 억지로 다시 합하게 해서 사대부의 가풍을 더럽힐 수는 절대로 없는 것이다.(인조 16년 3월 11일)

왕은 부녀자들이 좋아서 스스로 따라간 게 아니라 힘이 없어 끌려간 것임을 분명히 한다. 그럼에도 정조론자들은 나라의 체면과 법도를 세우기 위해서는 돌아온 여자들을 받아들일 수 없다고 한다. 와중에 장유가 소疏를 올린 지 6일 만에 갑자기 죽는데 이로써 윤씨의 이혼 문제도 유야무야되는 듯했다. 그런데 이로부터 2년 6개월이 지나 장유의 아내 김씨가 죽은 남편의 유언이라며 다시 아들의 이혼을 허락해달라는 소를 올린다. 그 사이에 무슨 일이 있었는지 김씨는 "며느리의 타고난 성질이 못되어 시어른에게 순종하지 않고 또 편치 않은 사정이 있다"라고 했다. 칠거지악을 내세워 이혼을 관철시키고자 한 것이다. 참고로 김상용의 죽음을 사절이 아닌 단순 사고사로 보고한 강도유수 윤이지尹履之는 며느리 윤씨의 재당숙이다. 김상용 죽음의 해석을 놓고 당파적 갈등이 있었던 당시 사정을 보면 시어머니 김씨는 며느리 윤씨의 친정 집안에 사감이 없을 수 없었다.

다시 불거진 윤씨와 장선징의 이혼 문제는 조정 대신들을 두 패로 갈라놓았다. 영의정 홍서봉은 죽은 남편이 조정의 윤허를 받지 못하자 칠거지악을 내세운다고 꼬집는가 하면, 우의정 강석기는 부인에게 칠거지악이 있다면 헤어지게 하는 게 옳다고 한다. 돌아온 부녀와의 이혼 여부는 개별 가정에 맡기자는 의견과 이혼의 법이 한번 터지면 반목하던 부부들이 악용할 수 있다는 의견이 맞섰다. 죽은 사람의 소원이라며 떼를 쓰는 안사돈에게 왕은 훈신의 독자임을 감안하여 장선징의 이혼을 특례로 허락하고 그 외 어떤 이혼도 허락하지 않는다는 영을 내렸다. '오염된' 며느리에게 조상 제사를 맡길 수 없다던 부모의 염원이 이루어진 것이다. 그런데 장선징이 선례가 되어 대부분의 사람들은 '사대부의 가풍'에 누가 될까 환향한 부인과 갈라섰다.

윤씨와 이혼한 장선징은 경주 이씨와 재혼하여 딸 둘을 낳았고, 윤씨의 아들 장훤은 계모 이씨의 아들로 입적되었다. 장선징은 효종비 인선왕후(1618~1674)의 오빠로 이후의 벼슬은 판서에 이르렀다. 훗날 장신징의 행장行狀에는 변란 때 부모를 잘 보호하여 화를 피했다고 실려 있을 뿐, 적에게 아내를 빼앗겼다는 언급은 없다. 그런데 예전 장유 부부가 절개를 잃었다는 구실로 며느리를 내쳤듯이 자신과 그 조상의 제사를 맡아줄 손자 장훤도 사회에서 내침을 당하게 된다. 효종이 즉위하자 송시열은 국정 현안에 관한 의견을 제시하는데 여기서 '실절한 부인'의 소생인 장유의 손자 장훤이 소환된다.

> 정축년 변란 초에 실절한 부인을 버리지 못하게 하였으니 이는 실절을 가르친 것입니다. 법을 의롭게 제정해도 악용될까 걱정인데 이런 식으로 법을 만드니 어찌 백성을 단속할 수 있겠습니까. 듣건대 장선징의 집에 실절한 부인의 소생이 있는데 상신相臣이 그와 혼인을 의논했다 하니 추잡함이 막심합니다.
>
> _송시열, 〈기축봉사己丑封事〉

10여 년 전에 도태된 속환녀를 끝까지 추격하고 있는 것이다. 당대 가장 힘 있던 정객 송시열의 주도로 칼날이 윤씨에서 그 아들 장훤으로 향하게 된 것이다. 알다시피 장훤은 장유의 손자이자 김상용의 외증손자이며 효종의 처조카이기도 한, 최고위층의 일원이다. 장훤의 신상이 도마에 오르자 생모와는 연이 끊어져 계모의 자식임을 주장한다. 그러자 다시 천륜을 저버린 배은망덕한 자식으로 공격을 받게 된다. 속환 부녀를 공론화한 조부 장유의 발의가 있은 지 30여 년, 그의 손자 장훤은 "신상에 중한 허물이 있어 의관衣冠의 반열에 끼워줄 수 없다"라는 이유로 탄핵을 받게 된다. 환향 부녀를 실행녀失行女와 동일시한 장유의 프레임이 조상 제사를 맡은 손자 장훤을 옥죄게 된 것이다. 장선징의 행장에 아들 장훤과 혼인한 사돈 집안을 "모관모지녀某官某之女"라 하여 가리어 공개하지 않는 데서도 장훤의 입지를 짐작할 수 있다.

남편과 아들의 연관 검색어에서 흔적도 없이 사라진 윤씨는 누구이며 그 후의 삶은 어땠을까. 윤씨는 윤종지尹宗之의 1남 4녀 중의 장녀이자 윤근수의 증손녀. 병자호란 당시의 정국에서 실세에 속했던 영의정 윤방尹昉이나 판서 윤순지 등은 가까운 친족이다. 자신이 당대 최고 권력가 장유의 며느리가 되었듯이 다른 자매들도 화려한 혼맥으로 꾸려졌다. 예컨대 효종의 딸 숙명공주는 여동생의 며느리이자 시누이의 딸이다. 숙명공주에게 윤씨는 시이모이자 외숙모가 된다. 그 후 윤씨의 삶에 대해서는 기록이 없어 알 수가 없다. 다만 윤씨의 남동생 윤타(1624~1682)가 누이들과의 우애가 돈독했다고 하니 상처로 얼룩진 생이 형제자매로 인해 위로가 되지 않았을까 추측해본다.

감정과 욕망의 주인,
여비 돌금

여비女婢는 신분사회를 지탱한 핵심적인 존재지만 기록의 부재로 인해 그 구체적인 생활을 알기는 어려웠다. 그녀들은 주로 양반가 부녀의 필요에 따라 등장했다 사라지거나 마님이나 아씨 곁에 그림자처럼 붙어 다니는 이미지로 각인되어왔다. '현대판 노예'라는 표현은 일상적으로 쓰면서 정작 '진짜 노예'의 삶은 몇 컷의 이미지로 대신해온 셈이다. 또는 무지막지한 상전에게 죽임을 당하거나 상전을 능욕한 죄로 법의 심판을 받거나, 주로 사건 사고 속의 비일상적인 상황에서 드러나곤 했다. 그런 점에서 비주婢主의 기록에 17여 년 동안 등장하는 돌금乭수의 경우는 여비들의 일상을 긴 흐름 속에서 엿볼 수 있는 귀중한 자료이다.

돌금은 16세기 경상도 성주에서 유배 생활을 하는 사족 이문건

3 / 닫힌 운명에 균열을 내다

(1494~1567) 집의 여비이다. 이문건의 일기는 1535년 11월 1일에 시작되어 죽은 아내를 산에 묻고 온 1567년 2월 16일에 끝나는데 돌금은 1546년에서 1563년까지 17년 동안의 분량에 등장한다. 돌금은 보은에 거주하는 여비 삼월三月의 딸이다. 삼월은 돌금 아래로 세 아들을 두었는데 돌석·석근·가지가 그들이다. 돌석이 처조카의 소유인 것으로 보아 돌금은 아내 김돈이의 친정에서 건너온 여종으로 보인다. 돌금의 남편은 야차夜叉 또는 야찰也礼로 불리는데 이문건의 어머니 신씨가 데리고 온 노奴다. 야차의 아비는 궁중의 숙수熟手로 이문건이 서울 살 때 과자를 만들어주러 오곤 했다. 아내를 때린 죄로 야차가 상전에게 매질을 당하는 것으로 보아 서울 살 때 돌금과 야차는 이미 혼인한 상태였음을 알 수 있다. 그로부터 2년 후에 돌금은 남편과 함께 상전이 유배 살고 있는 성주로 옮겨온다.

돌금의 주요 임무는 상전의 손녀 숙희와 손자 숙길의 젖어미 역할이었다. 통상 젖어미는 젖먹이를 둔 여비 가운데서 골라 지정하는데 젖의 양이나 품성을 따졌다. 처음에 이문건은 갓 태어난 손자가 그 어머니와 떨어져 있는 게 좋다는 점쟁이 말을 듣고 온순한 성품에다 젖이 많은 눌질개를 젖어미로 지정했다. 그런데 눌질개가 자기 아들에게만 먹일 욕심에 젖이 적다고 핑계 대며 닷새만에 그만두는 바람에 할 수 없이 춘비를 지정한다. 춘비는 젖의 양이 많지 않고 또 성질이 너무 험악해서 손자의 젖어미로 삼기에는 꺼려지던 참이었다. 그럼에도 춘비를 젖어미로 삼았는데 몇 달 후 유종乳腫을 앓다가 죽는다. 그 자리에 돌금이 투입된 것이다. 이 문건은 손자가 병이 나면 젖어미 돌금에게 한약을 달여 먹여 젖으로 나오게 해서 아이가 먹도록 하는 방법을 썼다.

> 손자 숙길을 보니 왼쪽 눈 아래 상처가 있고 피가 나기에 물어보니 고 양이 손톱에 긁혔다고 한다. 돌금이 아이를 잘 돌보지 못한 것에 화가 나 주먹으로 뺨 2대와 등 1대를 때렸다.(1551년 8월 14일)
> 손자 숙길이 피가 섞인 설사를 하여 사군자탕을 달여 돌금에게 먹여 젖으로 아이에게 전해지도록 했다.(1551년 9월 21일)
> 소뼈를 태운 가루와 보리 볶은 가루를 타서 돌금이 먹도록 해서 젖으 로 손자 숙길에게 먹이게 했다.(1551년 10월 2일)

답답한 무언가가 있었는지 멋대로 관광을 떠나 한참을 놀다 온 돌금은 상전의 지시로 딸 같은 어린 여비 향복에게 뺨을 맞기도 한다.(1552년 2월 19일) 보은에 사는 어머니 삼월이 지난 연말에 딸 을 보러 왔다가 두 달 반을 머물다 떠난 지 며칠이 지나지 않은 터 라 울적한 마음이 들었을 수도 있겠다. 이로부터 6개월이 지났는 데 돌금의 남편 야차가 죽었다. 그가 병이 나 죽기까지 상전은 그 세세한 상황을 기록했다.

야차가 곡기를 끊었는데 몸을 마음대로 움직이지 못한 지는 이미 오래되었다.(1552년 8월 5일)

야차가 병세가 악화되어 먹지도 마시지도 못하고 말도 못 하여 상태가 위급하다. 저문 후에 천변의 움막으로 내보내게 하고 만수 등에게 잘 살피도록 했다.(1552년 8월 7일)

병든 노 야차가 4경에 죽었다고 한다.(1552년 8월 17일)

돌금은 남편 야차를 자신의 어미 삼월이 사는 보은에 묻어주고 싶어 했다. 시신을 곧바로 싣고 가는 것이 아니라 초장草葬했다가 훗날 보은으로 싣고 가겠다는 것이다. 하지만 상전은 힘에 부쳐 가능하지 않는 일이라며 설명을 해주고 돌금의 동의를 얻어낸다. 이문건은 야차의 장사를 종들에게 일일이 지시하고 판관으로부터 인부 10명을 지원받는다. 남편을 장사 지낸 3일 후 돌금은 다시 무덤을 찾아가 제사 지내고 곡을 했는데 보은 사는 어미 삼월이 동행했다. 그리고 한 달 후에 남편의 명복을 비는 굿을 하고 죽은 남편의 오칠일제五七日祭도 챙겼다. 1553년 8월 어느 날 돌금이 남편의 첫 제사를 정성스럽게 지냈다며 이문건은 기록으로 남겼다. 남편이 죽고 난 6개월 후에 돌금은 아들을 낳는데 유복자라 하여 이름을 유복遺腹으로 지었다.

돌금은 성미가 고분고분하지 않았다. 주로 상전의 며느리를 우습게 여기는 것이다. "돌금이 며느리를 업신여겨 말을 거역하고 혹은 하지도 않은 말을 했다고 거짓으로 꾸민다. 너무 화가 나 천택을 시켜 등 30대를 때리게 했다."(1553년 9월 18일) "돌금이 매번 며느리에게 화를 낸다기에 불러 꾸짖고 다른 비婢를 시켜 입가를 잡아당기고 귀밑털을 흔들고 머리채를 잡아끌고 다니게 했는데 오만함을 징계하기 위해서다."(1554년 3월 6일) 매를 맞더라도 마음 내키는 대로 사는 게 인생철학이었는지 그는 상전 며느리를 모욕하는 일을 그만두지 않았다. 사실 지능이나 능력 면에서 돌금이 그 집 며느리를 앞섰던 것이다. 돌금이 오만하게 보였던 또 다른 이유는 피붙이 가족들과 유대가 강했다는 점이다. 남동생 돌석과 석근이 성주와 괴산, 보은을 오가며 어머니 삼월의 소식을 전한다. 막냇동생 가지加知가 인근 고을의 양녀良女와 혼인을 한 것도 돌금이 애를 쓴 덕분일 것이다.

여비 돌금의 중요한 업적 중에는 태어나지도 못하고 사라질 뻔한 한 생명을 살려낸 것이다. 이문건의 손녀인 숙녀(1555~1608)는 임진왜란 때 동래성 함락으로 자결한 부사 송상현(1551~1592)의 부인이다. 1555년 1월 4일 이문건의 며느리 김종금(1526~?)은 이날 새벽부터 출산의 진통이 극심했다. 거꾸로 된 태아를 돌리지 못한 채 나오게 되는데 턱이 산문産門에 걸려 매달린 상태에서 아기의 몸이 새파랗게 변하기 시작했다. 돌금이 턱을 빼서 산문을 통과하도록 하자 아이가 나와 울었다. 정경부인 이숙녀는 돌금의 조력으로 세상에 나오게 된 것이다.

남편과 사별한 지 10년 만에 돌금은 매혹적인 한 남자를 만나는데 비부婢夫 종년終年이었다. 종년은 여비의 남편이지 노奴는 아니기에 상전 이문건이 관할할 수 있는 사람이 아니었다. 종년의 아내 온금溫今은 7개월 전인 지난해 11월에 죽었다. 상전의 기록에는 "돌금이 종년을 간했다"라고 하고 "비婢가 이미 종년에게 혹해 떠나질 않는다. 가증스럽구나!"라고 했다. 이문건은 종년을 집에서 쫓아냈고, 그의 아내 김돈이는 종년을 간奸한 돌금을 유모의 자리에 둘 수 없다며 면전에서 꾸짖었다. 돌금은 부끄러운 듯한 반응을 보이지만 쫓겨난 종년이 며칠 후 다시 돌아오자 기쁨을 감추지 못한다. 상전은 종년과 그 소생을 거둬서 밖으로 내보낸다. 상전에게 젖을 빼앗기고 매질을 당하는 비천한 여비의 신세지만 돌금 역시 때론 즐기고 때론 분노하는, 감정과 욕망의 주인이었다.

죽음으로 얻은 명예의 역설,
박씨 부인

    생명 가진 모든 것은 반드시 죽기 마련이지만 때가 아닌 죽음은 남은 자들을 슬프게 한다. 이런 죽음들은 죽은 자의 것이기보다 산 자의 몫이 되는 경우가 많다. 어떤 죽음은 산 자를 부끄럽게 하고, 어떤 죽음은 산 자를 분노케 하며, 또 어떤 죽음은 세상을 일어나게 한다. 그런 점에서 죽음은 생물학적인 소멸 그 이상의 의미를 갖는다. 2백 년 전 한 여성의 죽음에 주목하는 것은 지금도 그런 죽음이 반복되고 있다는 데 의미가 있다.

    1821년 영천 사람 박씨는 겨우 20세의 나이에 과부라는 고단한 삶으로 내몰리게 되었다. 죽은 남편을 대신하여 늙고 가난한 시부모를 부양하는데 남의 곡식을 찧어주는 품팔이를 해서 끼니를 조달했다. 이웃에는 돈은 많으나 무례하기 짝이 없는 김조술이

                                       3 / 닫힌 운명에 균열을 내다

라는 자가 살았는데 박씨에게 집적대며 희롱을 일삼았다. 한번은 절구질하는 박씨를 향해 오줌을 갈기자 놀란 이웃 여자들이 다투어 가려주고 막아주었다. 술에 취해 아무것도 생각나지 않는다며 비굴하게 구는 바람에 문제를 삼지 않고 넘어갔다.

어느 날 박씨의 시아버지가 멀리 출타를 하게 되는데 정보를 입수한 김조술이 밤에 박씨 집으로 가 안을 기웃거렸다. 그때 개가 짖자 시어머니는 송아지 한 마리를 도둑이 데려갈까 걱정된다며 박씨에게 나가서 살펴보라고 한다. 박씨가 헛간과 사랑을 살피고 들어가려는데 김조술이 바깥에서 문을 흔들며 "낭자! 나요, 나. 내 목소리 모르시오? 어찌 내 마음을 그리도 모르시오. 빨리 문을 여시오!"라고 했다. 이에 분노한 박씨가 크게 꾸짖었다. 외출에서 돌아온 시아버지는 이 사실을 알고 작두를 뽑아 김조술을 찾아가 크게 따졌다. 그래도 분이 안 풀려 관아에 가서 고소를 하자 관에서는 장정들을 보내 김조술을 긴급 체포했다. 옥에 갇힌 김조술은 돈으로 아전들을 매수하며 추잡한 음모를 꾸미기 시작한다.

박씨는 원래 음란한 여자로 이미 여러 남자들과 간통하여 임신도 여러 번 했고 지금도 배가 불러 있다. 예전에 나와도 사통하는 사이라 그날 밤 다시 꾀어내려고 한 것이다. 음란한 여자와 좀 놀려고 한 게 무슨 죄가 되나?

_〈서영천박열부사書榮川朴烈婦事〉,《연경재전집》17

헛소문이 고을에 퍼지면서 수령 귀에까지 들어가게 되는데 이로써 김조술은 곧바로 풀려난다. 이 패려한 자가 아무 일 없었다는 듯 풀려나게 된 것을 본 박씨는 더욱 심한 분노에 휩싸인다. 박씨는 재차 문제를 제기하기 위해 시아버지와 관아에 들어가 수령을 만난다. 수령은 "나는 다 알고 있소. 조술이 아무런 까닭 없이 당신네 집을 해코지 할 일 없지 않소?"라고 하며 쫓아내었다. 큰 결심을 한 박씨는 시아버지가 외출한 틈을 타 10리 길의 관아를 다시 찾았다. 수령 앞에 나가 자신의 억울함을 말한다. "수령께서는 모친이 계시고 아내가 계시니 당연히 임신한 몸이 어떤 상태인지를 아실 것입니다." 옷을 풀어 임신한 몸이 아님을 증명해 보였으나 수령은 오히려 무례한 말로 박씨를 모욕한다. 결국 박씨는 억울함을 안고 관아의 빈방을 찾아 들어가 스스로 목을 찔러 삶을 끝냈다.

소문을 듣고 달려온 시아버지는 수령에게 며느리가 죽은 상황을 설명하라고 요구하고, 수령은 박씨가 자신의 음란함을 후회하며 준비해온 약을 마시고 죽었다고 말한다. 김조술도 돈을 풀어 더 많은 거짓 증언을 만드는데, 박씨가 자신에게 비상砒霜을 구해 달라고 해서 주었다고 한다. 이어 한 거짓 증언자는 박씨에게 건네는 것을 두 눈으로 똑똑히 보았다고 한다. 이로써 죽은 박씨는 확고부동한 음부가 되었다. 며느리의 억울함을 풀기 위해 시아버지는 중앙에서 파견된 순찰사에게 사정을 갖추어 다시 고소장을

3 / 닫힌 운명에 균열을 내다

낸다. 조사는 재개되었지만 수령의 작당으로 김조술은 다시 풀려나고 그에게 뇌물을 받은 자들은 '원래 그런 여자를 꾄 김조술은 죄가 없다'며 계속 떠벌리고 다닌다.

이 사건을 지켜보던 만석萬石이 굳게 결심한 듯 한양으로 향하는데 그는 박씨 집안의 노복이었다. 김조술 집의 여비女婢와 혼인하여 자식까지 두었던 그는 김조술을 곁에서 지켜보며 그 간악함에 치를 떨었다. 아내에게 통고하기를 "나는 내 주인의 원수를 갚고자 한다. 내가 어찌 원수 집 여비의 남편이 될 수 있겠는가"라고 하며 부부의 인연을 끝낸다.

순조 21년(1821) 8월, 한양에 간 만석이 왕이 거둥하는 길에 엎드려 이 원통함을 호소함으로써 사건은 바로 형조刑曹로 하달되었다. 이에 경상도 청도군수와 해당 수령이 다시 조사를 받게 되는데 박씨가 죽은 지 7개월 만이었다. 수사관이 도착한 관아의 밖에는 널이 하나 놓여 있었다. 열어보니 박씨의 것으로 살아 있는 듯한 주검이었다.

만일 박씨가 음부라면 시집의 친족들이 배척했을 것인데 박씨가 당한 일에 어떻게 분하고 원통해하는가. 또 만약 독약을 마시고 죽었다면 그 상흔이 분명하게 드러난다. 수령이란 자가 어찌 한 번도 확인하지 않았는가. 수령이라는 자가 설령 놓쳤더라도 수사관으로 온 사람들도 어찌 검시하지 않았는가. 이것은 뇌물의 힘이 아닐 수 없다. 누가 봐도 분명하고 쉬운 사건이 뇌물로 인해 모호하게 된 것이다.

_〈서영천박열부사書榮川朴烈婦事〉

김조술의 만행과 거짓 증언들이 낱낱이 드러나고 옥사를 잘못한 수령의 죄가 밝혀지면서 각자의 몫에 부합하는 응징이 이루어졌다. 박씨를 직접 죽인 것이 아니라는 이유로 유배에 처해진 김조술은 들끓는 민심과 만석의 투지로 결국 사형에 처해졌다. 박씨 부인의 사건은 성해응의 《연경재집》에 자세하게 나와 있다. 이 사건은 실록에도 기록되었다. "사족의 청상과부 박씨에게 열녀 정문을 세워주라고 명하다."(순조 22년 10월 21일)

한편 성해응은 박씨의 원한을 갚고자 자신의 모든 것을 바친 노복 만석에도 주목했다. 그는 만석의 전기傳記 〈의로운 노복의 행위[義僕行]〉를 통해 가난한 집 종으로 춥고 배고픈 삶이었지만 억울한 주인을 구하기 위해 떨쳐 일어난 만석에게 찬사를 보낸다. 실록에는 "노복 만석이 눈물을 흘리며 여러 차례 호소한 끝에 비로소 진실이 밝혀졌다. 생전에는 복호復戶해주고, 사후에는 정문을 세워주라"(순조 22년 10월 21일)라고 기록되어 있다.

가련한 처지의 박씨를 희롱하고 능멸하여 죽음에 이르게 한 김조술, '정의란 무엇인가'를 던져 놓고 간 그의 죽음도 전혀 의미가 없진 않았던 셈이다. 이 역사적 사례를 통해 다시 우리 주변을 돌아보자. 2백 년 전 피해자 박씨가 그랬던 것처럼 성범죄 피해에서는 여전히 자기 파괴적으로 피해 사실을 증명해야 하는 경우들이 많다. 성범죄 피해자의 명예는 죽어야만 회복되는 것인가. 죽어도 회복되지 않은 명예는 누구의 몫인가.

집단 광기의 제물,
신숙녀

　　모두가 만족하는 법 혹은 법 집행은 가능하지 않을 수도 있다. 적어도 약자를 짓밟거나 약자를 제물로 삼는 행위가 법의 이름을 걸쳐서는 안 된다는 것은 상식이다. 하지만 역사에는 억울한 사람이 없도록 해달라는 소박한 주문마저도 받아들여지지 않는 경우가 많았다. 도덕적 낙인이 찍혀 사회 밖으로 내쳐진 한 인간에게 다시 집단의 분노와 광기가 자행된다면 법은 어떻게 대처해야 하는가. 인간 된 의미로 그 도덕이 누구를 위한 어떤 내용인가를 물어야 하지만 법의 입장에서는 무리한 요구일 수 있겠다.

　　1631년(인조 9년) 4월 7일, 시댁 식구를 저주한 신숙녀申淑女를 처벌해달라는 충청도 관찰사의 보고가 올라왔다. 이에 의하면 이점李漸의 아내 신숙녀는 본성이 악독하고 말이 많아 시아버지에 의해 쫓겨났다. 분개하고 원통한 나머지 비부婢夫를 시켜 무덤에서 유골을 파내어 집 안에 들여놓고 몰래 저주를 행했다. 그로 인해 시부 이복원李復元과 시백부 이효원李效元, 시동생 이잠李潛이 잇달아 괴질에 걸려 죽었다. 이씨 일족이 신숙녀를 관에 고발했는데 당사자는 죄를 부정하고 있다. 신씨가 사족 부녀라 함부로 형추할 수도 없으니 사건을 상부로 이송한다는 내용이었다.《승정원일기》

조정에서는 신숙녀의 행위가 부모를 죽인 강상범죄에 해당하는 만큼 신중히 다룰 필요가 있다고 하고 정상을 밝혀낼 추고 경차관을 그녀가 사는 청양으로 내려 보낸다. 두 사람을 연달아 보내 조사를 하게 했지만 모두 혐의를 찾지 못해 옥사가 의심스럽다는 의견을 낸다. 의금부는 '죄상이 뚜렷하지 않으므로' 신숙녀의 옥사를 '혐의 없음'으로 결론 내린다. '저주 죄인'으로 지목되어 넉 달여 고통의 시간을 보낸 신숙녀가 자유의 몸이 되나 싶더니 죽은 이효원의 아들 이해李澥가 서울로 올라와 궁궐에서 격쟁으로 맞섰다. 재심을 요구한 이해는 인조반정의 공신으로 함릉군에 봉해진, 이른바 권력가다. 그의 고발로 신숙녀를 무혐의 처리한 추고 경차관 두 사람이 도리어 옥에 갇히고, 신숙녀와 여종 천화賤花, 비부 만수萬水 등은 서울로 압송된다.

신숙녀의 옥사는 강상에 관계되는 중대 범죄라 의정부·사헌부·의금부로 구성된 삼성三省이 함께 추국推鞫을 하게 되었다. 먼저 천화와 만수는 수차례의 신문에서 한결같이 혐의를 부정했는데 결국 고문을 이기지 못하고 도중에 죽고 만다. 형추를 받다 죽은 천화와 만수를 "변명을 하다 죽었다"라고 기록한 것을 보면 역사는 이들 편이 아니었다. 삼성추국의 결과에 의하면, 신숙녀의 성질이 나쁘다는 건 인정하더라도 그의 저주로 시가족들이 죽었다는 것은 말이 안 된다는 것이다. 그리고 제공한 단서들도 전후가 맞지 않아 무엇보다 옥사의 체모를 구긴 사건으로 결론 내린다. 이로써 신숙녀는 고소 당한 지 8개월 만에 완전히 풀려났다. 여기서 이 옥사를 일으킨 자들에 대한 응징이 없을 수 없었다. 신숙녀를 무고한 자들에게 죄를 물어야 한다는 여론이 새로운 국면을 만들어갔다.

함릉군 이해 등은 신숙녀가 시아비 등을 시역했다는 죄로 고소장을 내어 옥사를 일으켰으니, 이는 실로 막대한 죄악입니다. 실제 그런 죄를 저질렀다면 형刑을 받아야 하지만 분명한 증거가 없다면 고발한 자가 죄를 받아야 합니다. 고소장에는 의심스러운 말만 늘어놓았을 뿐 명백한 사실의 형적이 없습니다. 형장 아래 죽을 지경에 이르기까지 관련자들을 엄한 형벌로 문초했지만 시아비를 시역했다는 증거를 찾지 못했습니다. 이제 원고 이해 등을 무고죄로 다스림으로써 국법을 중하게 하소서.

《승정원일기》 인조 9년 윤11월 10일

3 / 닫힌 운명에 균열을 내다

사간원의 계사에 의하면, 사람의 죄악 중에 부모를 죽인 죄보다 더 큰 것은 없고 조선의 형법에도 이보다 더 무거운 형벌은 없다. 그런데 이런 막대한 죄악이 무고일 경우 반드시 무고자가 그 죄를 받아야 하는 것이 조선의 법이다. 이에 신숙녀를 고발한 이씨 종족 10여 명이 구속되는데 이 가운데는 신숙녀의 죽은 시동생 이잠의 처 유청숙도 포함되었다. 신숙녀의 시가족들이 죽기를 각오하고 대응한 결과, 국왕 인조는 슬그머니 이들 편에 서게 된다. 왕은, 말이 많고 행실이 포악한 신숙녀는 증오의 대상이지 모두가 애석하게 여길 그런 부류가 아니라고 한다. 신숙녀를 다시 구속하라는 영이 내려진다.

사람을 죽인 것 가운데 고의로 죽인 죄가 무엇보다 무겁고, 고의로 죽인 것 가운데 저주한 죄가 무엇보다 무겁다. 나라가 유지되는 것은 오상五常이 있기 때문인데, 자식이 자식 노릇을 하지 않고, 며느리가 며느리 노릇을 하지 않고, 아우가 아우 노릇을 하지 않고, 형이 형 노릇을 하지 않고서 나라의 체모가 존중되었다는 말은 듣지 못했다. 그때는 문안文案이 너무 복잡해서 추관推官이 상세히 살피지 못해 잘못 판단했던 것이고, 지금 원고의 분명한 진술에 근거하여 다시 판결하는 것이 무슨 불가한 일이 있겠는가. 더구나 남편은 아내의 벼리이니〔원고인〕 그의 말을 무시해서는 안 될 것이다.(인조 9년 12월 12일)

왕명이 제자리를 얻으려면 신숙녀의 저주로 그 시아비 등이 죽은 게 맞고 증거는 이러이러하다는 식의 선포가 되어야 한다. 적어도 신숙녀가 시집에서 쫓겨난 후 집안의 사람들이 역병에 걸려 죽었다는 두 사실의 인과관계를 언급해야 한다. 그럼에도 왕은 사건과 무관한 도덕 일반론을 펼침으로서 논점을 벗어나자 문신들의 항의를 받게 된다. 이 황당한 어명에 대신들의 반대 상소가 빗발쳤는데 해를 넘겨서까지 계속되었다. 영의정 윤방尹昉은 삼성추국까지 하여 이미 완결된 사건을 원고의 호소로 재개하는 것은 국법에 대한 심각한 훼손이라고 했다. 위관(委官: 재판장)에 임명된 우의정 김상용은 국법에 어긋난 이런 재판을 맡아 역사에 오명을 남기고 싶지 않다며 사직을 청했다. 정언과 지평 등은 계를 올려 "신숙녀의 옥사를 다시 심리해서는 안 되는 이유에 대해서는 신들이 이미 충분히 설명했습니다"라고 한다.

모든 신하들이 신숙녀를 다시 법정에 세우는 것은 법례에 어긋난다고 힘써 주장하면 할수록 왕의 억지는 더 강화될 뿐이다. 되려 왕은 "신숙녀의 행실을 보면 패악함을 넘어 너끔히 악한 짓을 하고도 남는다"라고 하고, "온 조정이 신숙녀를 힘껏 구원하는 이유를 모르겠다"라고 한다. 이어 왕은 자신도 잘못된 판결을 바로잡기 위한 것이라고 하며 부모의 죽음을 밝히려는 효자들에게 죄를 씌우는 것은 효행을 위축시키는 결과를 가져올 것이라고도 한다. 왕의 고집을 꺾을 수 없다는 판단에서인지 영돈녕 오윤겸吳允

3 / 닫힌 운명에 균열을 내다

謙은 신숙녀에게 저주 죄를 묻는 것은 증거가 없으니 이미 드러난 사실, 즉 시부모에게 패악질한 행위로 죄를 씌우자고 건의한다. 왕의 억지와 대신들의 주장을 절충한 것인데 부모를 죽인 죄보다는 가벼울 것이다. 결국 신숙녀는 다시 구속되었다.

합리적인 신하와 고집스럽고 무지한 임금이 대치하는 사이, 수인囚人 신숙녀의 시간은 속절없이 흘러갔다. 죽이든 살리든 결정을 내려야 할 사람들은 왕과 척을 지고 싶지 않아서인지 아니면 양심을 버리고 싶지 않아서인지 옥사를 해결하지 않고 있다. 부제학 조익(1579~1655)이 차자를 올려 이 문제를 정면으로 언급한다.

> 근일에 의논드린 바 유감스러운 사안이 있습니다. 죄인에 대해 그 죄의 경중輕重과 허실虛實을 막론하고 오래도록 감옥에 가둬두기만 하고 판결을 해주지 않은 적은 없었습니다. 지금 신숙녀는 국문한 지 벌써 몇 년이 되었습니다. 그에게 죄가 있는지 없는지 신들은 실로 알 수가 없습니다만 몇 년 동안이나 판결을 하지 않은 채 감옥에서 늙어 죽도록 하는 것은 형옥刑獄의 체모로 볼 때 온당하지 못한 것 같습니다.
>
> _《승정원일기》 인조 11년 7월 20일

신숙녀를 풀어주어야 한다는 신하들의 요청에 왕은 마지못해 그리하라고 한다. 그녀는 이제 풀려나게 되었다. 그런데 2년도 넘게 끌어온 억울한 옥사에서 국법에 더 이상의 기대를 할 수 없었던 신숙녀는 왕의 명령이 떨어지기 한 달 전에 이미 감옥에서 목을 매어 자결한 후였다. 여성을 제물로 삼고 마녀를 만들어 가부장 공동체의 안녕을 도모했던 역사가 낯선 것은 아니다. 하지만 어느 정도 법치의 틀이 잡힌 조선 중기에 사사로이 마녀를 만들고만 이 사건을 보면 인조 대의 전란을 시대의 탓으로 돌릴 수만은 없을 것 같다.

열녀 만들기 프로젝트,
배천 조씨

열녀는 조선시대 여성의 한 존재 방식이다. 지금의 눈으로
는 도저히 이해할 수 없는 행위들이지만 그 시대엔 도덕의 최고
경지이자 숭고한 자기완성으로까지 이야기되었다. 조선 후기로
오면 〈열녀전〉 서술이 문사들의 관행이 되다시피 하여 대부분의
문집 속에 적게는 1~2편 많게는 10여 편씩 전해온다. 그런데 이
들의 글을 읽다보면 감동은 고사하고 멀미를 일으킬 지경이다. 열
녀를 선택하게 된 피치 못할 상황이라든가 삶과 죽음에 대한 여성
의 자기 이해가 있었을 테지만 남성 문사들의 열녀는 삼강三綱의
윤리를 향해 '장렬하게 전사한' 성공담에 가깝다. 삶과 죽음의 기
로에서 고통스러운 선택을 할 수밖에 없었던 한 여성의 진실이 주
문 제작된 남성 문사들의 작품 〈열녀전〉에서 어떻게 제대로 드러

날 수가 있겠는가. 하지만 열녀의 자기 기록이 거의 없는 상황에서 남성 문사들의 기록을 활용할 수밖에 없는데 주변 자료를 통해 맥락적 이해를 넓혀가는 방법으로 그 진실에 다가가는 방법이 있을 것이다. 자료를 넓게 깊게 파다보면 우리가 몰랐던 새로운 사실들이 끌려 나오기도 한다.

18세기 경기도 광주 경안현, 노년에 들어선 배천 조씨(1706~1758)는 남편이 죽자 가족들의 간곡한 만류에도 불구하고 독약을 마시고 자결을 감행한다. 그녀의 죽음은 같은 마을에 살던 순암 안정복(1712~1791)에 의해 기록되었다. 글의 용도는 국가 공인의 열녀'증'을 따내기 위한 정문로닷인데 내용은 '심사자'를 흥기시킬 수 있는 극적인 상황을 담아야 했다. 순암이 쓴 '열녀정문'은 "남을 대신하여 지은 것임[代人作]"이라는 부제가 있어 붓을 잡게 된 사정을 짐작할 수가 있다. 집필자 순암은 열녀 조씨의 남편인 고故 정광운(1707~1754)과 20년 지기 동네 친구로서 그 집안의 부탁을 받은 것이다. 같은 마을에 산다지만 남의 집 부인의 일을 직접 볼 수는 없는 일이라 그녀의 열행烈行을 불러주는 대로 작성한다. 다시 말해 정씨 집안이 기획하고 당대의 문사 안정복이 붓을 잡은 것이다.

이 기록에 의하면 조씨는 남편이 죽자 곧바로 따라 죽으려고 수차례 시도하지만 발각되는 바람에 번번이 실패한다. 그때마다 그는 '3년 상중喪中에 죽으면 된다'는 식으로 자기 다짐을 한다. 그

3 / 닫힌 운명에 균열을 내다

리고 대상大祥 때까지 만 2년을 내내 죽으로 연명하며 빗질은커녕 세수도 않고 옷에는 이가 득실거려도 개의치 않았다. 남편의 시체를 덮었던 이불과 시체 밑에 깔았던 자리를 이부자리로 쓰면서 자신이 죽으면 염殮에 쓰라고 한다. 뭇 자제들이 울면서 평상대로 돌아오기를 권했으나 끝내 듣지 않았다. 이 과정을 순암은 이렇게 기록한다.

> 작년 12월에 이르러 대상을 사흘 남겨두고 약을 마시고 자결하였는데 옆 사람이 즉시 구출해서 죽음을 면했습니다. 그 후로는 자녀들을 위로하여 의혹을 풀어주고 말이나 행동을 평소와 다름없이 했습니다. 그런 지 10여 일이 지나자 집안 사람들도 이를 믿게 되었습니다. 같은 달 21일 저녁에 또다시 은밀한 곳에서 약을 마시고 크게 구토를 하였는데 옆 사람들이 미처 알아채기도 전에 이미 구할 수 없는 지경에 이르러 이튿날 진시辰時에 결국 운명하고 말았습니다. 의대衣帶 속에서 유서遺書를 찾아냈는데 그 끝에 말하기를 "내가 굳이 죽으려고 한 것은 일찍이 따라 죽겠다는 약속을 했기 때문이다. 그리고 삼년상 내에 죽지 않은 것은 직접 제전祭奠을 올려서 부도婦道를 닦고자 함이었다. 이제 이미 상이 끝났으니 약속을 지킬 수 있게 된 것이다"라고 했습니다.

_〈열녀숙인조씨정문烈女淑人趙氏旌文〉

조씨의 죽음은 "쇠미한 세상을 밝히는 한 줄기 빛"이자 "그 열렬한 기상과 꿋꿋한 성품은 아무나 좇을 바가 아니라"라고 묘사되었다. 기획자들은 순암이 쓴 〈열녀정문〉을 광주부에 제출하며, 왕에게 올려지고 정려旌閭의 특전이 내려오기를 기다렸다. 하지만 쉽지 않았다. 몇 번을 수정 보완하여 다시 제출한 끝에 조씨는 '국가 공인 열녀'가 된다. 여기서 8명의 자녀에 손자까지 둔 53세의 조씨는 왜 이 괴기스러운 죽음의 길을 선택했을까 하는 의문이 든다. 그리고 집안에서 불러주고 순암이 대신 작성한 조씨의 죽음이 사실을 얼마나 잘 담아냈을까 하는 의문도. 통상 배우자의 죽음에 심신의 피로를 이기지 못한 연로한 배우자가 자연사할 확률이 높다는 통계적 사실이 그녀의 죽음과 전혀 관련이 없는 것일까. 게다가 규범에 충실한 성품으로 볼 때 남편의 상에 임하는 그녀의 태도가 지나치게 자기 희생적이었음을 짐작케 한다. 행장에 의하면 조씨는 네 살 때 어머니를 잃었고, 아버지가 세 번을 더 장가들어 상처喪妻하는 바람에 친정 부모를 위해 다섯 차례의 상을 치렀다. 모두 3년 동안 죽을 먹으며 애모의 예를 다했다는 것인데 그녀의 성품을 말해주는 부분이다.

여기서 조씨의 죽음과 진실 혹은 그 의미에 대해 생각해보자. 우선 이런 죽음을 찬양하는 메커니즘을 비판적으로 접근해야겠지만 조 열녀에게 '궁극의' 대상인 남편 정광운은 어떤 인물일까 궁금하지 않을 수 없다. 한목숨 기꺼이 바쳐 남편에 대한 신의와 정절을 다한 부인 조씨의 남편이라면 특별한 뭔가가 있을 법하다. 신의와 정절의 진정성이란 상호성을 전제하기 때문이다. 그런데 남편 정광운은 24세 때 정시庭試에 급제하여 사류士類의 주목을 받으며 관직 생활을 하지만 얼마 못 가 '풍류가 지저분하다'는 평이 따랐다. 실록에 의하면, 지평의 벼슬에 있던 그는 노는 것이 음란하여 마을의 여자 중에 자색이 있으면 돈으로 탈취하기를 서슴지 않았다. 세상이 다 그를 비루하게 여기고 동료 벼슬아치들은 그를 수치스럽게 여겨 같은 자리에 앉아 있는 것도 꺼려했다. 결국 양녀良女를 겁탈한 죄로 파직되기에 이른다. 그런데 안정복이 쓴 정공鄭公의 행장에는 "너무 똑똑하다보니 시론時論의 시기를 받아 출셋길이 순조롭지 못했다"라고 썼다. 무엇이 정공의 진실에 더 가까운 것인지 알 수는 없지만, 두 기록에 공통된 내용으로 '여자 문제'가 있다는 사실이다. 실록은 '양녀 겁탈'이라고 했고, 순암은 '소실小室을 얻는 과정에서 생긴 오해'라고 했다. 어쨌든 아내의 정절은 남편에 대한 정신적·육체적 신의信義를 핵심으로 하는 반면, 아내에 대한 남편의 신의나 성윤리를 문제 삼는 곳은 어디에도 없다.

그렇다면 그 아내의 열행을 보는 세상의 눈은 어땠을까. 조씨를 열녀로 만들기 위해 올린 '정문'이 처음에는 상위 기관으로 올라가지도 못하고 광주부에서 잘려버렸던 것은 왜일까. 이를 두고 순암 안정복은 "사론士論이 떼 지어 일어나 관부에 알렸으나 관부에 덕을 아는 사람이 없어 받아들여지지 않았다"라고 한다. 이어 그는 세도世道가 땅에 떨어지고 윤리가 무너진 세상을 탄식했다. 그런데 광주부의 관리들에게도 눈과 귀가 있을 터, '지저분한 풍류'의 남편을 위해 아내 조씨가 정절 자살을 감행했다는 사실을 선뜻 동의하기가 어려웠던 것은 아닐까.

삼강三綱의 윤리가 지배하는 사회에서 열행烈行은 당사자 여성의 뜻이라기보다 다양한 시선에 의해 주문되고 제작되는 경우가 많았다. 자결의 형태를 띠어 그 죽음이 주체적인 선택으로 보이지만 사실은 권유되거나 강요되는 방식의 사회적인 타살에 가까웠다. 열녀의 남편 정공은 술을 좋아하고 사람을 좋아하여 가정 경제에 무심했고 직언으로 상대를 공격하기를 즐기는 비분강개형으로 관직의 제수와 삭탈이 반복되었던 삶이었다. 살림은 늘 빈곤을 면치 못했고 그나마 과거를 통과한 아버지와는 달리 네 아들의 장래는 기약할 수가 없었다. 여기서 조씨의 죽음을 의미화하기 위해 동분서주했던 자제들의 움직임에 주목할 필요가 있다. 국가 공인의 열녀'증'은 살아남은 자들에게 이익이 되는 것이었다.

아름답고 음란하게,
낙안 김씨

낙안 김씨는 57세의 나이로 재혼을 하는데 상대는 태조 이
성계의 사촌 동생 이지李枝였다. 김씨보다 열 살이 많은 이지는 위
화도 회군 때 무공을 세운 원종공신으로 1415년(태종 15년) 재혼
당시 종친의 일을 관장하는 정1품 영돈녕부사의 자리에 있었다.
이들의 혼인을 두고 조정에서는 난리가 났다. 사헌부는 종친의 수
장 이지를 탄핵하는데 음란하기로 소문 난 김씨와 혼인한 것이 이
유였다. 이에 태종은 "아내 없는 남자와 남편 없는 여자가 혼인한
것이 무슨 문제냐?"라며 되물었다. 57세 신부와 67세 신랑의 혼인
은 이렇게 세간을 들썩인 가운데 공식화되었다.

사실 김씨는 '추한 행실'로 이미 소문을 몰고 다니던 인물이었
다. 16년 전 1399년(정종 1년)에는 고위층 부인 대여섯의 간통 행

각으로 세상이 발칵 뒤집혔는데 그 안에 김씨도 들어 있었다. 그 후에도 그녀는 분방한 사생활로 조정 회의에까지 이름을 올렸으나 막강한 집안 배경 덕에 처벌을 모면했다. 김씨의 친가와 시가는 여말선초의 최상층에 속한 권력가였다. 아버지 김주(金湊, 1339~1404)는 고려에서 문과급제하여 대사헌을 지냈고 조선에서는 신도新都 궁궐 조성의 총책을 맡는 등 태조가 인정한 성곽 경영 전문가로 요직을 두루 거친 인물이었다. 그리고 죽은 전남편 조화趙禾 또한 고려의 문과 급제자로 벼슬이 높았고 개국공신 조준(趙浚, 1346~1405)의 조카로도 이름이 났다.

최상층 신분의 김씨가 아들딸 손자까지 두고 환갑에 이른 마당에 재혼을 감행한 것은 남들보다 욕망이 다소 과한 점도 있지만 두세 번 시집가는 것쯤은 문제가 되지 않던 시대였기에 가능했다. 그래도 자식 보기에 민망했는지 몰래 추진하다가 혼인 당일에야 자식들과 한바탕 몸싸움을 벌인다. 날이 어두워져 이지가 김씨 집에 이르자 아들 조명초가 그제야 알고 이지의 목덜미를 잡고 함께 땅에 쓰러져서 목놓아 슬피 울며 말렸지만 소용이 없었다. 첫날밤을 보낸 김씨는 "이분이 늙었는가 했더니 전혀 늙지 않았다"라고 하여 또 입방아에 오른다. 이들은 이지가 1427년 79세로 세상을 뜨기까지 12년을 부부로 살았다. 이지가 죽자 '아름답고 음란한' 김씨를 향한 공격이 다시 시작되었다.

먼저 이지의 죽음에 대한 좋지 않은 소문이 번져 나왔다. 매년

이지는 절에서 세모와 정초를 보내며 부처에게 공양하고 부모 재齋를 지냈는데 그 어머니와 아버지의 기일이 각각 섣달 그믐날과 정월 초하루였기 때문이다. 이지가 죽은 날도 부인 김씨와 향림사에 갔다가 변을 당한 것인데, 떠도는 소문에는 "절에서 수일을 머무는 동안 김씨가 중과 간통하자 그 자리에서 꾸짖고 구타하는 과정에서 김씨가 이지의 불알을 끌어당겨 죽였다"라는 것이다. 이러한 소문에도 불구하고 김씨가 죽은 이지의 아내 자격으로 관작을 받게 되자 대신들이 거부하고 나섰다. "공신의 아내라 하더라도 부도婦道가 곧고 바른 사람이라야 작위에 봉해지는 것"이라며 음란한 행실에 두 번 시집간 경력의 그녀에게 정1품의 배우자 작위를 줄 수 없다는 것이다. 하지만 세종은 김씨가 이미 종실의 일원이고 또 음행을 행한 것은 법이 만들어지기 전의 일이기에 작위를 봉하지 않을 수 없다고 한다. 그 대신 통천 수령으로 있는 아들 조심趙深을 파면시키는 것으로 대신들의 불만을 무마시켰다. 이로써 김씨에 대한 논의는 끝이 나는 듯했다.

문제는 이제부터다. 2년이 흘렀는데 김씨의 손자 조유신趙由信의 동반직 서용을 반대하는 상소가 올라왔다. '음란한' 여자의 손자라는 이유다. 이에 세종은 이미 과거에 오른 사람의 벼슬길을 막고자 하는 것은 옳지 못할뿐더러 관직에는 재주 있는 사람이면 되었지 어찌 기타의 것을 논하냐고 한다. 다시 2년이 흘러, 1431년(세종 13년)에는 충청감사와 강원감사의 자리를 놓고 호조참의 박곤朴坤이

거론되자 대신들이 일제히 거부했다. "곤은 조화의 사위인데 그 장모 김씨의 음행이 사방에 퍼졌으니 어찌 감사의 임무를 수행할 수 있겠습니까"라고 한다. 1432년(세종 14년)에는 등과하여 벼슬 하고 있는 김씨의 손자 조유지趙由智의 관직을 삭탈하라는 삼관三館 의 상소가 있었다.

적어도 이 사람을 제거하지 않으면 부녀의 도리를 어디에서 바로잡을 것이며, 부도婦道가 바르지 않으면 백성의 풍속과 선비의 풍습이 무엇 으로 선량해지겠습니까. 나라에서 이 사람을 버리는 것은 구우일모九 牛一毛에 불과할 뿐입니다. 옛말에 '한 사람을 상 주어서 천만 사람을 권장하고, 한 사람을 벌주어 천만 사람을 징계한다'라고 했습니다. 선 을 권장하고 악을 징계함이 이보다 더한 것은 없습니다.

김씨의 손자 조유지에 이어 외손자 광흥창사 이사평李士平의 고 신告身이 거부되었고, 외손자의 사위 김효맹이 감찰직에서 배제되 었다. 김씨의 행실을 빌미로 그 아들은 물론 친손과 외손의 관직 삭탈이 계속되자 김씨의 두 손자 조유례와 조유신이 왕에게 장문 의 상서로 그 억울함을 호소하기에 이른다. 요지는 조상의 일로 그 자손을 평가하는 것은 옛 성인의 사람 쓰는 도리가 아니라며 아버지가 죄인이거나 어머니가 의롭지 못해도 그 아들은 역사에 남은 훌륭한 인물이 된 사례를 제시했다. 또 자신들의 조모는 사실은 실행한 일이 없으며 단지 문벌의 후예로서 화려한 주택과 의복으로 많은 사람들의 증오를 산 것이 발단이 된 것이라고 했다. 따라서 자신들의 조모가 정확히 무슨 죄를 범했는지 헌부에 조사를 의뢰해달라고 하지만 그 청은 기각되었다. 오히려 그들의 상소 내용이 조정 대신들의 도마 위에 다시 올랐다. 김씨의 손자들은 "숭백·채숙의 악함을 그 조모에게 비겼고, 우임금과 채중의 어짊을 자신들과 비교함으로써 은연중에 자찬하는 뜻이 되었다"라는 것이다.

김씨의 두 손자가 조모의 행실은 사실이 아니며 누군가의 모함이라고 주장한 지 11년이 지난 1447년(세종 29년)에 손자 조유례가 다시 곤욕을 치른다. 판통례에 제수되자 사간원과 사헌부가 반대하고 나서는데 음탕한 여자의 후손인 조유례를 내치라는 것이다. 이에 세종은 조유례 형제에게 내린 벼슬은 그들의 능력에 합당한 것이라고 하고, 또 악을 미워함은 당사자에 그치는 것이 성인의 법이라며 더 이상 거론하지 말라고 못을 박았다. 다시 대신들은 할아비의 잘못이 후손에게 미치지 않는다면 누가 즐겨 궁핍함을 고집하며 의리를 지키고 명분을 닦고 절조를 가다듬어 좋은 이름을 남기려 하겠냐며 맞받았다.

다시 5년이 흐른 1452년(문종 2년)에 중추원부사 조유례가 사직을 청했다. 20여 년 전에 죽은 조모의 일을 과장해서 계속 문제 삼는 분위기가 불편하다는 이유에서였다. 조유례가 사직을 요청한

지 2개월여 후에는 김씨의 외증손 사위 김효맹의 감찰직 제수를 거부하는 상소가 올라왔다. 김효맹의 아내가 김씨의 외손자 딸인 것이다. 1460년(세조 6년)에는 김씨의 사위 박곤을 장인으로 둔 성중식成重識의 감찰 제수가 거부되었다. 1462년(세조 8년)에는 김씨의 외증손 이윤李倫의 수령직 제수를 반대하는 의논이 있었다. 관직에 있던 김씨의 내외 전 자손들을 주요 관직에서 배제시켜가면서 그녀의 행실을 지속적으로 소환하는 것이다.

도덕적인 문제로 죄를 물었던 수많은 사례를 들여다보면 사실은 도덕 그 자체의 문제라기보다 권력이나 감정의 문제였다. 도덕 또한 시대나 세대에 따라 달랐다. 김씨는 1359년(고려 공민왕 8년)에 태어나 젊은 시절을 고려의 풍습대로 살았다. 상대적으로 자유분방한 자기 결정을 하며 살아온 김씨는 조선의 지배 이념 신유학의 모델에 맞지 않았다. 조선의 정치 이념은 감정 가는 대로 욕심나는 대로 즐기려는 삶을 규제하는데 유독 여성이 그 대상이었다. 나아가 여성 개인은 가족을 통해 관리되는데, 즉 할머니의 잘못이 후손에게 돌아가지 않는다면 누가 의리를 지키고 명분을 닦고 절조를 가다듬겠느냐는 것이다. 김씨 사건은 세습 귀족에서 신진 사류로 권력의 이동이 이루어지던 조선 초기에 도덕을 정쟁의 도구로 활용한 사례에 불과하며, 이후 여성의 성性을 통제하는 효과를 낳았다.

임금의 새벽잠을 깨운 촌부,
윤덕녕

    15세기 부여 사람 윤덕녕尹德寧은 임금을 뵙기 위해 온양 행궁 2백 리 길을 밤낮을 가리지 않고 걸었다. 1468년 2월 20일 새벽 3시경, 세조는 궁궐 담을 넘어온 여자의 피맺힌 통곡을 듣고 잠에서 깬다. 게 무슨 소리냐? 준비해온 상서上書로 억울함을 호소한 사람은 고故 성균사성 윤상은의 딸이자 홍산 정병正兵 나계문의 아내 윤덕녕이었다. 정승 홍윤성과 그 권세에 빌붙은 홍산 현감, 충청 관찰사를 고발하는 내용이었다. 당시 세조는 중궁 및 세자와 온양 행궁에 거둥하여 두 달 보름여 동안을 그곳에서 정사를 보았다. 어가를 호위해 간 문무관이 기록된 명단만 해도 좌우 전후에 각 대장 1인에 4인의 위장衛將 등을 포함 60여 명에 이르렀다. 세조는 14년(1468) 1월 27일에 궁을 떠나 3월 12일에 환궁한다. 세

259

조가 세상을 뜨기 6개월 전의 일이다.

윤덕녕이 작성한 글의 내용은 대략 이러했다. 홍산 출신 홍윤성이 권세를 잡자 남의 재산을 침범하고 사람들을 이간질하는 등 고을을 짓밟고 그 종들의 위세 또한 수령을 능가하며 못 하는 짓이 없으니 지금 홍산은 지옥이나 다름없다는 것이다. 종국에는 윤씨의 남편 나계문이 홍윤성의 비부婢夫 김돌산金乭山 등에게 맞아 죽었는데 현감은 그들의 위세에 눌려 종범 세 사람만 가두고 주범 김돌산을 불문에 부쳤다. 게다가 홍윤성의 종들이 갇힌 종범까지 탈취해 갔는데, 누누이 고소하자 겨우 잡아 다시 가두었다. 그런데 이번에는 관찰사가 모두 방면하고 도리어 이 일을 고소한 친정 오빠 윤기와 시숙 나득경을 정승 모해죄로 얽어 공주 옥에 가두었다.

홍윤성은 누구인가? 문종 때 문과 급제로 중앙 정계에 발탁되는데 무재武才가 뛰어나 세조가 곁에 두고 아끼는 두세 손가락에 드는 신하였다. 수양대군이 조카 단종을 몰아내고 대권을 잡는 데 핵심적인 역할을 한 그는 정난공신에 봉해지면서 출세 가도를 달리게 된다. 인산군仁山君에 봉해지고 우의정을 지내기도 했다. 그의 권세가 얼마나 대단했는지 부친 모친의 생일이면 임금이 연회와 연악宴樂이 내리고, 상사喪事 때는 충청 관찰사에 특별 영을 내려 제수를 마련토록 했으며 그 내외 조상에게까지 은혜를 베풀었다. 임금이 남산 녘에 있는 그의 집에 거둥하여 선물을 하사하고 술고래라는 뜻의 경음당鯨飲堂을 별호를 내릴 정도니 최측근의 신하임이 분명하다. 세조는 홍윤성을 신숙주·정창손과 함께 상산사호商山四晧에 비유하기까지 한다. 신하로서 누가 이보다 더한 총애를 누릴 수 있겠는가. 그런 자에게 죽기를 각오한 윤덕녕의 행위는 계란으로 바위치기에 비유될 수 있다. 얼마나 절실했기에 죽기를 각오한 걸음을 내디뎠을까. 더구나 상대 홍윤성은 지금 왕의 행궁 거둥을 호위하여 임금 곁에 내려와 있다.

임금은 좀 더 자세하게 듣기 위해 윤덕녕을 행궁 안으로 들이고, 신숙주 등을 곁에 두고 옥사를 의논하게 한다. 이에 윤씨는 홍윤성의 불법 행위는 이루 다 헤아릴 수 없지만 자신과 관련된 것만 말하겠다고 한다. 먼저 홍윤성이 처음 정승이 되었을 때 고을의 경사라며 관노비 2구口를 주었는데, 튼실하지 않다며 트집을 잡아 그 일을 담당했던 남편을 마구 구타했다. 또 홍윤성 아비의 초상 때는 군인 2백 명을 동원하여 우리 집 뒷산 소나무를 거의 다 베더니 며칠 뒤에는 군인 1백여 명을 풀어 동산 안의 잡목을 자기 멋대로 다 베어냈다. 남편이 수십 년 기른 나무를 일시에 탈취당했는데도 호소할 데가 없었다. 도망한 장정이나 군졸이 모두 그 집에 있으면서 거칠게 날뛰니 홍산 사람 반이 그 권세에 붙좇아 있는 실정인 것이다.

윤덕녕의 피맺힌 사연을 들은 임금은 현감 최윤과 관찰사 김지경을 옭아 와 사실을 확인하고, 궁색한 변명으로 일관하는 그들에

게 "네가 왕으로 섬기는 자가 누구냐?"라며 핵심을 찌른다. 임금
은 그들을 모두 파면시키고 사건 관련자 수십 명을 잡아들여 옥에
가두었다. 이때 접견이 금지된 홍윤성은 자신이 잡은 꿩[雉] 10수
首를 사람을 시켜 왕에게 올린다. "이것은 하사하신 매[鷹]로써 잡
은 것이므로 신이 감히 맛보지 않고 즉시 바칩니다." 사람들은 염
치가 없는 재상이라며 비웃었다.

　홍윤성이 극악무도한 인간이었다는 것은 해석의 여지가 없다.
홍윤성이 친 크고 작은 사고는 실록에도 낱낱이 기록되었다. 그는
자신을 고소한 사람을 무고죄로 역공격하는 수법으로 국법에 의
지해 사는 선량한 백성들을 죽이거나 귀양 보냈다. 윤덕녕 고발
사건이 일어나기 10년 전에는 양갓집 처녀를 강간하려다 그 오라
비의 고소를 당한 적이 있다. 드러난 증거를 대며 홍윤성을 처벌
하라는 대신들의 빗발치는 요구에도 불구하고, 왕은 실수로 그 집
에 들어갔을 뿐이라는 홍윤성의 말에 따라 고발인에게 '재상 음해
죄'를 걸어 사형을 구형했다. 왕은 "원훈대신은 나라와 더불어 기
쁨과 슬픔을 같이하니, 무릇 백성들은 마땅히 그를 국가와 일체로
보아야 한다"라고 하고, 처녀의 오라비 김분·김인의 행위는 국가
권력을 음해한 것에 해당한다는 것이다. 이 억울한 남매들은 "먼
곳으로 유배하여 살길을 구해주소서"라는 왕비의 극적인 조언으
로 겨우 목숨을 부지할 수 있었다. 홍윤성의 그런 수법을 잘 알고
있기에 홍산의 어느 누구도 그의 만행에 맞서지 못했다. 그렇기에

죽을 각오로 자신의 억울함을 세상에 알린 윤덕녕의 행위가 더욱 돋보인다.

홍윤성을 치죄하라는 대신들의 요구는 연일 계속되었다. 그 요지는 김돌산의 살인과 옥수獄囚 겁탈은 모두 홍윤성에서 나온 것이고, 비부婢夫나 노부奴父 등 자신의 노비 가족들을 아전의 우두머리에 앉혀 홍산 한 고을을 사가私家에 복무하도록 했다. 현감 최윤도 사실은 홍윤성의 노복에 불과하다는 것이다. 이렇게 윤씨 일족을 무고죄로 엮도록 사주한 정상이 밝혀졌는데도 세조는 "홍윤성의 죄목罪目이 모두 애매하다"라며 그 죄를 묻지 않았다. 다만 김돌산을 비롯한 관련자들은 능지처사나 참형을 당하고 그 부모형제 처자 족친들은 변방의 노비로 실려 가는 것으로 마무리되었다. 세조는 윤덕녕과 같은 민초들의 어려움에 귀를 기울였지만, 홍윤성을 국문하여 죄를 밝히고 응분의 대가를 치르도록 해야 한다는 대신들의 빗발치는 상소에는 귀를 닫았다. 홍윤성이 정난 원훈元勳이라는 이유로 따로 불러 책망만 할 뿐이었다.

왕은 위세를 두려워하지 않고 부당함에 맞선 시골 여자 윤덕녕의 용기에 재물과 명예로 응답했다. 고을의 우환들이 사라지고 자신의 원한도 해소되자 그녀는 다시 행궁의 임금을 찾는다. 지극한 성은에 힘입어 여생을 의미 있게 살겠다는 사은의 인사였다. 제도와 절차가 있지만 권력의 농간으로 제대로 작동되지 않고 있음에도 절차와 규정을 따르라는 말은 공허하다. 피를 토하는 심정으로 임금의 새벽잠을 깨운 윤덕녕의 저돌적인 읍소는 공권력이 제대로 작동되지 않는 상황에서 그녀가 할 수 있는 마지막 방법이었다.

윤덕녕의 용기에 촉발된 원근의 사람들이 행궁에 몰려와 각기 억울한 정상을 호소하기 시작했다. 개중에는 억울한 일이 아니라 조금 마음에 불평이 있는 자들도 행궁 가까이로 와서 통곡했다. 이에 왕이 그들의 청을 즉결卽決하도록 하자 행궁의 밤은 소란스럽기 그지 없었다. 다시 방榜을 붙여 "억울함을 고할 자들은 모두 남문 밖 의금부로 나와 아뢰고, 밤에 곡성哭聲을 어소御所에 들리게 하는 자는 충돌의장율衝突儀仗律로써 논한다"라고 했다. 그럼에도 통곡의 행렬은 그치지 않았다고 한다.

참을 수 없는 희롱,
여비 향복

　16세기 사람 향복香卜은 사족 이문건가의 여비女婢로, 어미는 삼월이고 아비는 금금이수金伊다. 서울에서 태어난 그는 대여섯 살 무렵, 돌이 지난 동생 계향季香과 상전의 새 터전인 성주로 옮겨 간다. 상전 이문건은 1545년 9월 28일에 유배지 성주에 도착하여 결국 해배되지 못하고 22년을 살다 이곳에서 생을 마감했다. 향복이 성주에 도착한 날은 상전의 일기에 기록되었다. "금금이가 돌아왔는데 삼월·향복·계향을 데리고 왔다."(1546년 4월 15일) 이로부터 20년간 상전의 기록 속에 등장하는 향복은 인간과 물건의 경계를 아슬아슬하게 넘나드는 존재로 살아간다.

　향복과 계향은 어미 삼월과 같은 운명 공동체였다. 향복의 경우 어미 삼월과 모녀로 함께 거론되곤 하지만 아비 금금이와는 단한 차례도 함께 언급된 적이 없다. 전혀 별개의 존재로 보이는 향복과 금금이는 삼월을 통할 때 부녀임을 유추할 수 있는 것이다. 금금이가 삼월의 남편이기에 향복의 아비가 되는 것이고, 삼월의 남편이 아니면 향복의 아비도 아니다. 부녀를 규정하는 이러한 논리는 유교 가부장제에서 모자를 규정하는 것과 같은 논리다. 공자의 손자 자사子思는 "내 아내가 아니면 내 아들의 어머니도 아니다"라고 했다. 가부장제 가족에서 자식의 존재 증명이 아버지로부터 나온다면, 종모법從母法 아래 노비의 존재 증명은 어머니로부터 나오는 것이다. 아버지로 내 존재가 증명되는 양인·양반과는 달리 노비는 어머니로 증명된다. 상전의 입장에서는 노비의 아비가 누군지 알아도 그만, 몰라도 그만인 것이다. 토지와 노비가 그 시대의 재산인 점에서 볼 때 여비의 출산은 논밭이 생기는 것과 다름이 없다. 소위 지배층은 노비 수를 늘리는 일이라면 못 할 짓이 없었는데 양천교혼良賤交婚이라든가 여비의 몸을 교배交配의 장소로 활용하는 것이다.

어린 향복은 어미 삼월이 업무와 태도의 지적을 받아 자주 신발로 뺨을 맞거나 매질을 당하는 현장에서 나이를 더해 간다. 삼월은 이문건가의 음식을 맡았는데 '김치·고기구이 등에 마음을 쓰지 않아 조악하게 만든' 데다 성질을 부렸다는 이유로 상전의 아들에게 종종 머리채를 잡히고 신발로 뺨을 맞는다.(1548년 1월 1일) 점심을 짓지 않았다는 이유로, 길 떠나는 사람에게 간장을 주지 않았다는 이유로 삼월은 매질을 당한다. 향복의 아비 금금이는 집에 붙어 있는 날보다 바깥으로 떠도는 날이 많았다. 상전 소유 전답의 소출을 챙겨 오거나 상전의 편지를 들고 각 지방으로 다니며 물품들을 거둬 오는 역할을 했다. 즉 "금금이를 보내 호남지역 노비의 신공身貢을 거둬 오게 했다"라거나 "금금이를 해인사에 보내 메주를 가져오게 하고, 콩 한 말을 승려 현희에게 보냈다"라는 등의 내용들이다. 금금이는 광주에 사는 어미를 만나러 가기도 하는데 어미가 죽자 거기 머물며 장사를 지냈다. 또 어미의 기일 제사는 자신이 거주하는 노비의 처소에서 지낸다.

삼월의 자식 사랑은 보통 사람의 그것과 다르지 않았다. 3월 5일인 향복의 생일과 11월 5일 계향의 생일에 떡을 돌리는 등의 행사가 상전의 일기에도 나온다. 향복과 계향 사이에 아들 향산香山이 있었지만 역병에 걸려 서울 살 때 이미 잃어버렸다. 성주로 내려올 때 돌을 넘겼던 계향은 6년을 더 살아 9세의 나이(1552)로 이질에 걸려 죽는다. 계향이 죽기 전에 그 아비 금금이도 죽은 것으로 보인다. 수시로 일기 속에 등장하던 금금이가 소금을 실어다 놓은 이후 전혀 보이지 않다가 그 아내 삼월이 제사를 지내는 것으로 나오기 때문이다.

향복은 10세 남짓할 때부터 역役이 주어졌는데, 예순을 바라보는 상전 남자의 이부자리를 깔고 머리를 빗기고 세숫물과 약사발을 들고 내는 등의 심부름을 한다. 이원화된 가옥 구조에서 향복의 '근무지' 상당上堂은 교학敎學과 봉제사·접빈객이 이루어지는 곳으로 하가下家의 세속적 공간과 구분되었다. 초등생 나이의 향복은 시대와 신분을 뛰어넘는 그 또래의 특징을 보이는데, 밖으로 나돌아 다니는 것을 좋아하고, 물건을 훔치기도 하고, 거짓말도 잘한다. 즉 "향복이 나간 지 오래도록 들어오지 않아 10대를 때렸다"라거나 "향복이 착하지 않아 몰래 물건을 훔치므로 때렸다"라거나 "향복이 거짓으로 말을 꾸며대기에 정수리를 때리라고 했다"라고 한다. 외출에서 돌아온 상전을 맞이해야 함에도 엎어져 자느라 정신이 없다. 그런 향복은 상전의 꾸지람과 매질을 늘 달고 산다.

자기주장이 있어 보이는 열두세 살의 향복이 어느 날 예순의 상전에게 강간을 당한다. 상전의 부인은 친정 괴산에 머물고 있을 때인데 여비들이 일체가 되어 이 '변괴'를 보고한다. 이후 부인은 거의 매일 가족들이 보는 앞에서 남편을 망신 주는데 식사하러 내려갔다가 이문건은 아내의 구박에 되돌아오는 날이 많았다. 스스로 민망했는지 자기변명을 늘어놓기도 한다. "단지 근심과 걱정을 잠시라도 잊고자 무릎 위에 앉히고 놀다가 희롱이 지나쳐 무람없는 지경까지 간 것이지 정말로 간姦하려고 그랬겠는가? 아내의 투기가 너무 심하다." 여색이냐 투기냐, 사족 부부의 리그전에 피해자 향복의 자리는 없다. 마님에게 머리채 잡히지 않는 것만 해도 다행인가?

그런 와중에 향복이 하가下家에서 잠을 자다가 웬 놈에게 강간

3 / 닫힌 운명에 균열을 내다

을 당하는데 상전은 어미 삼월에게 그자가 누군지 알아보라고 한다. 향복이 굳게 입을 닫자 상전은 "소리를 질러 막지도 않았고 강간범을 밝히지도 않는 걸 보니 향복의 심사를 헤아리기 어렵다"라고 썼다. 강간범은 다름 아닌 상전의 종손자 14세의 천택으로 향복과 동갑이거나 한두 살 많았다. 천택은 종조부에게 글을 배우며 이곳에서 몇 년을 머무는데 나중에 과거에 급제하여 여러 벼슬을 거친 이현배李玄培라는 인물이다. 성폭력을 당한 딸의 어머니인 삼월이 취할 수 있는 저항이란 상전을 찾아가 "도령과 향복이 그런 사이니 노인의 시중을 드는 게 어렵겠다"라며 대놓고 망신을 주거나 마님을 부추겨 부부 갈등을 조장하는 정도이다. 도령과 간통하는 사이가 된 향복은 결국 임신을 하여 딸을 낳는다. 그 아비가 누군지 궁금할 법도 하지만 상전의 기록에는 나오지 않는다. 다만 향복이 임신 6개월째라는 소문을 듣던 날 상전 이문건은 매우 허탈했는지 종손자 천택을 통제하지 못하는 자신을 원망한다. "아! 늙은 내가 꾸짖으려 해도 도량이 넓지 못하고 성질이 편협하고 조급하니 은혜로움만 다치는 것이 아니겠는가? 그 형이 이미 색色을 밝히다가 신세를 망쳤고 유배된 아버지는 멀리서 이 아들만 의지한다."(1556년 5월 6일) 즉 형처럼 되지 말라고 그 아버지가 그렇게 경계하는데도 세속의 사내처럼 굴고 있다는 내용이다.

밤새도록 산통을 겪은 향복은 주인마님 김돈이의 도움으로 정오경 딸아이를 낳는다.(1556년 11월 12일) 출산한 지 얼마 지나지 않은 향복은 얼굴에 상처를 입을 정도로 도령 천택에게 구타를 당한다. 아기의 돌 무렵, 향복은 또 천택에게 뺨을 맞는데 늙은 상전은 이 모든 갈등과 폭력을 기록으로 남겼다. 그러면서 향복과 천택의 동침은 계속되었다. "현배의 잠자리에 향복도 들어갔다고 하기에 편지로 그만두라고 했으나 시원한 대답이 없다."(1557년 12월 11일) 애엄마 향복의 나이는 열여섯일곱은 되었을 것이다. 향복은 곧잘 성난 얼굴로 상전을 대하고, 불러도 성실하게 대답을 않으며 무례하게 군다. 여비답지 않은 행동이 나온 것은 불쾌와 분노가 뒤섞인 성폭력의 기억 때문이 아닐까. 어린 향복이 '변괴'를 당했을 때 선배 여비들은 집을 떠나 있는 마님에게 바로 알리는데 마님을 빌려 상전을 질책하고 망신 주려는 것이다. "소식 한번 빠르다"라며 상전도 경악한 여비 연대야말로 피해 이후의 향복을 지켜준 힘이 아닐까.

향복은 희롱의 대상인 자신을 어떻게 받아들였을까. 상전은 향복이 조심성 없어 늘 사고를 친다고 하는데 향복의 심사와 무관하지 않은 것 같다. 상전이 애지중지하는 거문고 줄의 받침을 부러트리고, 선물로 받은 귀한 약탕기를 깨트리고, 달인 약을 들고 가다 엎고, 발로 쳐 그릇을 깨고, 아끼던 참빗을 두 동강 내고. 상전은 향복의 손에 남아나는 물건이 없다고 한다. 상전을 성난 얼굴로 대하며 무례하게 굴고, 불러도 성실하게 대답을 않는 향복. 상전의 처분에 맡겨진 물건에 불과한 어린 여비지만 성적 폭력에 대해서는 불쾌와 분노의 감정을 씻을 수가 없었다. 그나마 향복에게 성윤리를 주문하지 않은 게 다행이라 할 것인가. 성폭력의 피해 못지않게 피해자를 대하는 사회적 시선으로 이중의 피해를 겪는 것을 생각하면 그렇다.

사족의 민낯을 까발리다,
유감동

유감동兪甘同은 여러 남자와 간통을 한 혐의로 투옥되었다. 6백여 년 전 세종 9년의 일이다. 발각 첫날 사헌부는 그녀의 간통 남[奸夫] 5명의 명단을 발표한다.

간부奸夫는 이승·황치신·전수생·김여달·이돈 등이고, 그 외에 몰래 간통한 사람은 이루 다 기록할 수 없사오며, 본 남편은 지금 평강 현감 최중기입니다. 중기가 무안 군수로 가면서 데리고 갔는데 이 여자가 병을 핑계하고 먼저 서울에 와서는 음란한 행실을 마구 하므로 중기가 이를 버렸습니다. 그 아비는 검한성 유귀수이니 모두 사족입니다.

_《세종실록》 9년 8월 17일

조사가 진행되자 간부의 수는 점점 늘어났다. 총제·판관·도사 등의 벼슬자리와 은장이[銀匠]나 수정장이[水晶匠] 등의 각종 장인을 합하여 9명이 더 나타났다. 사헌부에서는 이들의 직첩을 회수하고 잡아 와 국문할 것을 청한다. 임금은 명단에 든 정효문과 이효량은 신중하게 다룰 것을 명하는데 공신의 후손이라는 이유에서이다. 하지만 사헌부는 이들의 죄질이 너무 나빠 도저히 봐줄 수가 없다고 한다. 정효문은 숙부와 간통한 줄 알면서 범했고 이효량은 최중기의 매부로서 처남댁과 간통한 것이기에 짐승과 한가지라고 한다. 하지만 왕은 유감동의 추국을 여기서 멈추라고 하는데 간부 수가 십수 명이나 되는 데다 재상도 끼어 있으니 일의 대체는 다 갖춰졌다는 것이다. 왕의 말에 대해 사헌부는 같은 간범奸犯인데 하나는 죄를 주고 하나는 죄를 면하게 되는 것은 형평상 맞지 않다며 "모두 추핵推劾하여 뒷사람을 경계하게 하소서"라고 한다. 이에 간부 색출이 재개되었다.

간통남의 이름은 투옥된 감동이 하나하나 불면서 나온 것인데 '추가된 간부 명단[加現夫]'이 사흘 거리를 두고 발표되는 식이었다. 5명으로 시작된 명단이 계속 늘어나는 바람에 한 달이 넘도록 조정과 재야가 벌집 쑤신 듯했다. 그런데 사람들은 사족 부녀 유감동이 창기倡妓를 자처하며 수십 명의 상대남과 간통 행각을 벌인 이유가 궁금했다. 원래 '그런' 여자가 아니었는데 피병避病 길에서 납치되어 욕을 당한 것이 출발이었다는 둥, 남편에게 버림을 받았다는 둥, 감동이 스스로 남편을 버렸다는 둥 간통남의 숫자만큼이나 행각에 대한 이유도 복잡했다. 워낙 그 숫자가 많다보니 그녀를 보는 시선이 곱지 않았는데 행실이 나빠 남편에게 버림받았다고도 하고, 남편을 배신한 파렴치한이라고도 했다. 간통남의 새로운 명단이 발표될 때마다 국왕 세종은 "어떻게 다 기억하는지 신기할 따름"이라고 한다. 감동의 진술에만 의존하게 되자 장령 윤수미는 애정의 농도에 따라 그녀가 숨기는 남자가 있을 수 있다며 간부를 직접 조사하자면서 사건의 판을 키우려고 한다.

간부들의 죄는 몇 가지 조건에 의해 그 경중이 정해졌는데 감동의 신분을 알고 있었는가가 가장 중요했다. 사족 부녀인 줄 알고 간통한 것은 지배층에 대한 도전으로 인식되어 죄가 가중되었다. 반대로 간통녀 감동을 창기로 알고 간통한 경우, 간부의 죄가 경감되었다. 이에 대부분의 간부는 감동이 창기인 줄 알았다고 진술한다. 한편 사헌부에서는 유감동의 신원을 몰랐다고 진술한 황치신·변상동·전수생에게는 형장刑杖을 쳐서 밝혀내겠다고 한다. 이에 왕은 감동을 세 차례 형추했는데도 나오지 않은 것으로 보아 여자의 신원을 몰랐던 게 분명하니 세 사람에 대해서는 형벌하지 말고 풀어주라고 한다. 왕의 적극적인 보호를 받고 있는 세 사람, 황치신은 정승 황희의 아들이고, 전수생과 배상동은 개국공신의 아들이다.

사건이 공론화된 지 한 달 후 유감동과 간부들의 형벌이 정해지게 되었다. 최종 변론에서 감동은 간부들의 행적과 그 거짓 증언을 일일이 바로잡았다. 전날 왕이 황치신 등의 세 사람을 보호하려 한 비화가 이 자리에서 공개되었다. "내가 전일에 모두 근각根脚을 알지 못한다고 공초供招을 바친 것은 우리 부모가 여러 번 사람을 시켜 말하기를, '이 세 사람이 너의 근각을 알고 있다는 말을 조심하여 말하지 말라'라고 했기 때문에 숨겼던 것입니다." 국가 권력이 감동의 부모를 통해 위증을 부탁한 것이다. 그뿐 아니라 군자금 관리의 직책에 있던 전수생은 거짓 서류를 만들어 양식을 빼내주었다고까지 했다. 왕은 이들을 더 이상 변호할 명분을 잃게 되었다.

감동은 남편을 배반한 죄, 거짓으로 창기라 일컬으며 사욕을 방자하게 행사한 죄, 음란한 행위로 인륜을 문란케 한 죄로 먼 지방으로 쫓겨났다. 간통남들은 여자의 신분을 알았는가를 기준으로, 이혼녀와의 간통은 곤장 80대, 창기와의 간통은 곤장 60대로 정해졌다. 관직자의 직첩은 회수되었다. 그런데 두세 번 해가 바뀌자 간통남들이 하나둘 관직으로 복귀하는데 곤장 80대를 맞은 황치신은 관찰사와 참판 등에 제수되었다. 고모부 이효례의 간통녀인 줄 알고도 간통하여 금수로 취급된 권격은 국왕 세종과 사돈이 되었고, 숙부의 간통녀인 줄 알면서 간통한 정효문은 안주목사를 거쳐 중추원부사에 올랐다. 남녀 윤리를 바로잡아 도덕 국가를 제창하겠다는 원대한 선언은 결국 여성 1명을 쫓아내는 것으로 충분했을 만큼 가볍고 기만적인 것이었다. 이로부터 4년 후 세종의 조정에서는 귀양 간 유감동의 '더러운' 소문과 함께 나라와 가정의 기강이 여성만의 책임이라는 식의 발언이 나온다.

천지는 만물의 근본이고, 남녀는 인륜의 시작입니다. 천지의 기운이 바르면 만물이 각각 그의 삶을 얻을 수 있고, 남녀의 도리가 바르게 된 뒤에 인륜이 밝아지고 예의가 있게 되어 풍화가 행하여지는 것입니다. 요사하고 음란한 미인으로 인해 나라가 망하고 가산을 탕진한 경우가 많습니다.···사대부의 집은 예의가 있는 곳입니다. 남녀가 나면 아내가 있고 남편이 있어서 규문閨門 안에서부터 부자·군신·존비 귀천에 이르기까지 환하게 밝아서 문란하지 않는 곳입니다.

_《세종실록》 15년 12월 4일

다시 유감동 사건으로 돌아와 여전히 궁금한 것은, 그녀의 진술이 아니면 드러나지 않았을 남자들의 정체를 일일이 밝힌 감동의 저의는 무엇이었을까. 간통남의 숫자가 많아질수록 그녀 자신의 입지는 불리해질 것인데도 말이다. 실제로 50년 후에 감동과 유사한 사례를 남긴 박어을우동은 그 부모가 간부들을 다 말하지 말고 수를 줄이라고 조언한다. 이혼녀 유감동의 '음행'은 사족 사회를 혼란에 빠트렸지만 그로 인해 성 관련 범죄를 인식하고 대처하는 15세기 남성 국가의 위치가 드러났다. 이후의 이야기들은

'음녀' 감동에만 주목하지만 간통남의 신원을 일일이 공개한 당시의 기록에서 소위 음행이 여자 혼자만의 행위가 아니라는 당연한 사실을 확인할 수 있다. 도덕이 없으면 지구가 멸망할 것처럼 굴던 권력자들의 실천 도덕을 유감없이 보여준 이 사건은 조선의 지배 이념인 도덕을 누가 가장 우습게 알았는지를 여실히 보여준다. 사라져버린 감동과 달리, 아무 일 없었던 것처럼 다시 요직으로 복귀하여 나라를 이끌었다는 그들의 발자취에서 익숙한 현실감이 느껴지는 것은 너무 지나친 감상인가.

4

/

시대의 틈에서 '나'를 꽃피우다

보고 느끼고 기록하라,
남의유당

구경에 승부를 건 여자가 있었다. 사람들이 장관이라 일컫는 곳이면 가보고 싶어 온몸을 달궜던 그녀는 구경 욕구가 유난히 강했다. 구경 후에는 그 감흥을 기록으로 남기는 벽도 있었다. 바로 《관북유람일기》의 저자 남의유당(南意幽堂, 1727~1823)이다.

조선은 여자들의 외출을 엄격히 규제했던 사회다. 《경국대전》에는 사족 부녀로서 산천에서 놀이를 즐기는 자는 장杖 1백에 처한다고 했고, 실록에는 놀러 다니는 여자들을 묶어두려는 각종 대책들이 분분했다. 사족 여성들은 내외 관념에 묶이고, 다른 여성들은 봉제사·접빈객의 의례 노동이나 생계 노동에 묶여 명산대천 구경은 그림의 떡이었다. 더러는 임지에 나가 있는 자제子弟의 초청으로 여행을 가기도 하는데, 그녀들의 기록을 보면 집을 나서는 그때부터 신이 나 어쩔 줄 모른다. "사십 년 막힌 흉금이 탁 트이는 것 같고", "남아런들 팔도강산 두루 놀 것이냐", "여편니 이 구경도 쑴인가 의심ᄒᆞ니"라며 감탄의 연발이다.

이런 가운데 의유당은 함흥 판관에 부임하는 남편 신대손申大孫의 내행으로 판관을 앞질러 한양에서 출발한다. 가는 길의 명승名勝을 천천히 즐기려는 속셈이었다. 1769년(영조 45년) 8월 24일에 길을 떠난 그녀는 9월 2일에 함흥에 도착한다. 여독을 풀 새도 없이 만세루와 낙민루 등 함흥의 곳곳을 누비며 그 풍경과 느낌을 글로 남긴다.

> 함흥 만세교와 낙민루가 유명하다 하더니
> 기축년 팔월 염사일 낙을 떠나 구월 초이일 함흥을 오니
> 만세교는 장마에 무너지고 낙민루는 서쪽 성 밖인데
> 누하문 전형은 서울 홍인 모양을 의지하였으되
> 둥글고 작아 겨우 독교獨轎가 간신히 들어가더라.

함흥에 살게 된 남씨는 이곳저곳 구경하고 싶은 욕구로 몸살을 앓는다. 가고 싶다, 보고 싶다를 반복하며 판관 남편과 거의 매일 입씨름을 한다. 더구나 관청의 기생들이 꼭 봐야 할 장관이라고 입이 닳도록 칭찬하는 동해의 일출日出이 보고 싶어 병이 날 지경이다. 남편은 50리 길의 일출 구경은 무리라며 단칼에 거절하고,

남씨는 꼭 보아야 한다며 간절히 애원한다. 그러기를 수차례, 남씨는 마지막 카드로 승부수를 던진다.

> 원님께 다시 동명東溟 보기를 청하니 허락지 아니하시거늘 내 하되, '인생이 기하幾何오? 사람이 한 번 돌아가매 다시 오는 일이 없고, 심우心憂와 지통至痛을 쌓아 매양 울울하니 한번 놀아 심울心鬱을 푸는 것이 만금萬金에 닿여 바꾸지 못하리니, 덕분德分에 가지라' 하 비니, 원님이 역시 일출을 못 보신고로 허락, 동행하자 하시니, 구월 십칠일로 가기를 정하니…

그렇게 해서 일행을 이끌고 동해로 일출 구경을 떠났고 근처에 숙소를 정했다. 그런데 혹여 못 볼까 노심초사하며 뜬 눈으로 새벽을 기다리며 일출을 볼 수 있는지를 사공에게 물어오게 한다. 볼 수 있다고 하지만 마음은 여전히 초조하다. 그 새벽의 상황이 어떠했는지, 일출 전의 바다 풍경이 어떠했는지 그녀의 기행록 〈동명일기東溟日記〉(1772)에 고스란히 담겨 있다. 그 속으로 들어가보자.

> 떡국을 쑤었으되 아니 먹고, 바삐 귀경대龜景臺에 오르니 달빛이 사면에 조요하고, 바다이 어제 밤도곤 희기 더하고, 광풍이 대작大作하여 사람의 뼈를 사못고, 물결치는 소래 산악山嶽이 움직이며, 별빛이 말곳

　추위에 떠는 사람들을 본 남편은 쓸데없이 일찍 올라와 다 큰 병 나게 생겼다고 못마땅해한다. 이에 남씨는 자신이 자초한 일이라 아무런 소리 못 하고 추위하는 기색을 숨기며 죽은 듯이 앉아 있다. "이윽고 날이 밝으며 붉은 기운이 동편 길게 뻗치더니 진홍대단 여러 필을 물 우희 펼친 듯, 만경창과 일시에 붉어 하늘에 자옥하고, 노하는 물결 소래 더욱 장# 하며, 홍전 같은 물빛이 황홀하여 수색이 조요하니, 차마 끔찍하더라."

　붉은 기운이 온 사방에 퍼졌지만 해는 아직 나오지 않자 사람들의 의견이 엇갈리기 시작한다. 해가 붉은 기운 속에 들어 있어 못 본다고도 하고, 곧 나올 것이라고도 한다. 그만 떨고 내려가자는 쪽과 끝까지 남아 보겠다는 쪽이 갈렸다. 왈가왈부하는 와중에 드디어 해가 솟았다. 남씨는 길이 남을 명문장으로 동해의 일출을 섬세하게 그려내었다.

독 같은 것이 좌우로 뛰놀며, 황홀히 번득여 양목兩目이 어질하며, 붉은 기운이 명랑하여 첫 홍색紅色을 헤앗고 천중天中에 쟁반 같은 것이 수레바퀴 같아서 물속으로 서 치밀어 받치듯이 올라붙으며, 항독 같은 기운이 스러지고, 처음 붉어 겉을 비추던 것은 모여 소 혀처로 드리워 물속에 풍덩 빠지는 듯싶더라.

남의유당은 바깥세상에 대한 호기심이 남달리 강했고 사람 사는 모습에 관심이 많았다. 여염집과 장터 구경은 물론 달 밝은 밤이면 망루에 올라 경관을 즐기는데, 마치 관내를 시찰하는 장수처럼 호방하게 굴다가 관아로 돌아오곤 한다. 방 안에 널려 있는 침선針線 거리를 보고서야 자신이 규방 여인이라는 사실에 박장대소한다. 남의유당의 구경 욕망은 미지의 세계를 동경하는 인간 보편의 것이라고 치더라도, 특유의 언어와 열정이 밴 기록들은 길이 남을 유산이 되었다. 보고 느끼고 기록하라는 의유당의 세상 사는 법. 그 후예들이 세계를 누비며 여행을 실천하는 것에는 어쩌면 그 연원이 있을 법도 하다.

가문의 영광을 만든 여자,
서영수합

　서영수합(徐令壽閤, 1753~1823)은 50세가 넘어 시작詩作의 길로 들어선 늦깎이 시인이다. 그 후 20년간 쌓인 작품이 192편이었다. 영수합의 시는 격정적인 감흥보다는 평온하면서 넉넉한 여유를 주는데, 개인의 성품에서 연유할 것일 수도 있으나 평탄한 가족생활과 무관하지 않을 것이다. 시에 표출된 평온과 여유는 곧 조선 후기 사대부 가문을 만든 힘일 수도 있겠다. 영수합은 시인으로 이름이 알려져 있지만 사실 수학 및 기하학 분야에서도 꼭 기억되어야 할 인물이다.

　영수합은 명문가의 딸로 태어나 명문가로 출가한 전형적인 사대부가 여성이다. 그녀는 강원도 관찰사를 지낸 아버지 서형수(徐逈修, 1725~1779)와 김원행의 딸인 어머니 장동 김씨의 딸로 태어났다. 형제는 3남 1녀로 영수합이 그 외동딸이다. 조모 이씨의 사랑을 듬뿍 받고 자랐다고 한다. 영수합은 기억력이 비상하고 영민하여 아버지로부터 "내 아들이 셋이나 있지만 네가 아들이 안 된 것이 한스럽다"라는 말을 듣고 자랐으며, 혼인 전에 이미 널리 경서를 읽고 섭렵한 상태였다. 14세 때 홍인모(洪仁謨, 1755~1812)와 혼인하여 3남 2녀를 낳았다. 영수합에 대한 이러한 정보들은 그 아들 홍석주洪奭周가 쓴 행장에 나와 있다.

가문이 곧 권력이었던 조선 후기, 풍홍달서豊洪達徐는 당대 최고의 벌열 가문으로 정치뿐 아니라 문화적으로도 최첨단을 걸었다. 영수합의 친가인 달성 서씨와 시가인 풍산 홍씨, 두 가문은 고관대작을 배출해내고 18~19세기의 지식이 담긴 방대한 저술들을 쏟아내었다. 서명응·서유구·홍석주·홍길주 등의 화려한 명함 외에도 두 집안이 배출한 인재로 여성도 다수 보인다. 서영수합·이빙허각·홍유한당·숙선옹주 등이 이 가문의 사람이다. 공동의 조상을 가진 부계 혈족 집단인 가문에서 여자의 위치는 사실 애매하다. 가문의 정체성인 성姓이 여자들을 이방의 존재로 취급하기 때문이다. 하지만 가문의 내용은 여자에 의해 만들어지는 경우가 많다. 19세기 초 서영수합이 만든 홍씨 가문도 그렇다.

영수합 역시 다른 인물들과 마찬가지로 하나의 정체성만 가진 것은 아니다. 시인 영수합이라면 시의 작품성을 논하는 문제가 중심이 되겠지만, '가문의 전통을 만든' 주역이라고 할 때 그녀의 시들은 가족생활을 읽어내는 자료가 된다. 참고로 영수합의 자녀 3남 2녀 중 세 아들 석주·길주·현주는 모두 당대의 문장가 내지는 학자로 이름을 떨쳤고, 딸 유한당幽閑堂도 시인으로 이름을 남겼다. 장남 홍석주는 어머니의 역할을 이렇게 기억한다.

> 사람으로 어머니의 은혜가 없는 이가 있겠는가? 어머니란 젖을 먹여 기르지만 가르치지는 못하고, 가르치더라도 어린아이 때 그치고 만다. 우리 형제들처럼 어머니의 양육과 교육을 받으면서, 더 나아가 시서詩書를 읽어주시고 문예를 강론해주신 어머니는 우리 어머니가 유일하다.

영수합의 가족들은 빙 둘러앉아 강론하고 토론하면서 공동으로 한 편의 시를 뽑아내는 놀이를 즐겼다. 각 절구를 누가 지었는지 명시한 연시聯詩가 이 집안의 문집에 여럿 나온다.

> 만나서 실컷 웃으며 떠들었고(홍인모)
> 단란하게 둘러앉아 밤새도록 술을 권했네.(서영수합)
> 붓을 휘둘러 시를 짓는데(서영수합)
> 제때 못 지으면 벌주를 마신다.(홍석주)
> 섬돌을 에워싼 훌륭한 자녀들이(홍석주)
> 진수성찬 갖추어 바치는구나.(홍길주)

4 / 시대의 틈에서 '나'를 꽃피우다

향기로운 차 끓었음에 시상이 넘쳐나고(홍길주)

맑은 거문고 곡조는 미인이 타는구나.(홍원주)

흐뭇하고 흐뭇하여 참으로 즐거우니(홍원주)

가면 갈수록 재미에서 헤어날 수 없구나.(홍현주)

일어나 하늘 보니 은하수가 기울었는데(홍현주)

달님에게 물어본다. 얼마나 즐거워 보였는지.(홍인모)

부모 형제자매가 시문詩文 동인이자 학문 동지인 셈이다. 영수합의 시에 '장아長兒'로 등장하는 홍석주(1774~1842)는 12세가 되어서야 첫 아우를 보았는데, 부모를 뵈러 집에 들를 때면 온 집안이 공부열로 후끈거렸다고 한다. "책상 앞에는 형제자매가 모여 있고 방 안에는 시서詩書가 벌려져 있네. 누이동생은 칠언시를 공부하고 남동생은 읽은 책이 엄청나구나!" 그는 자신의 남매들에게 "시서를 읽어주고 문예를 강론해준 어머니"에게 영광을 돌린다. 영수합은 연행길에 나선 큰아들에게 시를 주며 전송한다.

서늘한 바람이 갑자기 닥치는구나.

길 떠난 아들 옷이 춥지나 않은지

이런 걱정 내 마음을 괴롭히니

종종 잘 있다는 소식이나 알려다오.(서영수합)

영수합이 '중아仲兒'라고 부르는 홍길주(1786~1841)는 수학과 기하학 학자로 관련 저술서를 많이 냈다. 그녀는 개인의 역량에 따른 맞춤형 교육을 실천한 것으로 보인다. 홍석주는 홍길주가 순수 학자의 길을 간 것은 어머니의 뜻이었음을 밝히고 있다. "차남 길주가 문과 급제를 목표로 밤낮으로 공부에 매진하자 어머니는 '우리 가문은 이미 창성해졌다'라고 하셨다. 이 말씀에 따라 길주는 과거 보기를 포기했다."(〈선비정경부인행장〉) 집안 조카 홍한주는 《지수염필》에서 "영수합은 수학에 통달했고 역학曆學과 기하학과 방정식을 자식들에게 가르쳤다"라고 하고, 홍길주도 7~8세 때 어머니에게 배운 수학과 기하학이 학문의 출발이 되었다고 한다. 실제로 그녀는 수학의 고전 《주학계몽》이 평분平分·약분約分·구고(句股: 피타고라스 정리) 등을 설명한 것에 문제가 있다고 여겨 계산법을 직접 만들었다. 나중에 홍석주는 중국에서 나온 《수리정온數理精蘊》이 어머니의 계산법과 똑같은 것을 알고 놀라워한다.

홍원주(洪原周, 1791~1850 전후)는 영수합이 39세 때 낳은 딸로 가족의 연시聯詩에 참여하는 등 시문에 능했다. 어머니를 그리워한 시 〈몽귀夢歸〉 등 2백여 수의 작품이 《유한당시고幽閒堂詩稿》에 전한다. 특히 〈몽귀〉는 시집에 홀로 '던져진' 젊은 여자의 마음을 담아낸 것으로 보인다.

‖ 마음은 먼 길 떠나온 나그네 같은데

누가 말하는가. 시집이 고향이라고.

눈길은 농서의 구름에 머물고

한 조각 꿈에선 어머니 곁으로 돌아가네.(유한당 홍원주)

  3남 홍현주(1793~1865)는 순조 7년 15세의 나이로 숙선옹주
(1793~1836)와 가례를 치르고 영명위永明尉에 봉해진다. 옹주는 정
조의 딸로 수빈 박씨 소생이며 순조의 동복 여동생이다. 순조는
옹주의 부마 간택을 위해 9세부터 13세까지 동몽의 혼인을 금하
고 55명의 단자를 받았는데, 초간택에서 5명, 재간택에서 3명, 최
종 삼간택에서 홍현주가 뽑힌 것이다. 재동의 저택에서 이들 부부
가 살림을 시작하는데, 영수합은 그 부귀가 무겁게 느껴져 부귀를
경계하는 메시지를 자주 건넨다. 홍현주 역시 문장가로 시문과 서
화에 통하며 차를 즐겼고 청나라 문인들과도 교류했다.
  서영수합의 자녀들은 각자 전공 분야는 다르지만, 모두에게 공
통된 것은 겸양과 검약, 가족애였다. 가문과 함께 떠올리게 되는,
대를 잇기 위한 강박증이나 계보 의식이 이들에게는 잘 보이지 않
는다. 국화 필 때 온다던 장아의 귀래歸來가 늦어지자 "어미 새는
새끼 부르느라 급하지만 젖먹이 새는 둥지로 돌아옴이 늦는 법"이
라는 영수합. 지성과 감성이 잘 어우러진 그녀에게서 사대부 여성
의 품격이 느껴진다. 그녀가 남긴 시 192수는 남편의 문집《족수
당집》에 부록으로 편성되어 있다. 정경부인貞敬夫人이라는 칭호를

받았으며 70년의 천수를 누리고 경기도 장단군長湍郡에 남편과 합
장됐다.

사람을 만드는 교육,
이사주당

18세기 마지막 해에 태아 교육서《태교신기胎教新記》가 완성되었다. 저자는 사주당 이씨(1739~1821)로 기존의 의서에서 임신·출산에 관한 지식을 뽑고 1남 3녀를 낳아 기른 자신의 경험을 보탰다. 신기新記라고 이름 붙인 것은《예기》의 태교 내용에서 빠진 부분을 보완했기 때문이라는 설명이다. 한문으로 된 이 책은 몇 가지 점에서 기존의 관념을 돌려놓았다. 임부의 덕성을 강조했던 관념적 태교론을 위생과 건강, 과학의 담론으로 확장시켰다. 더 중요한 것은 임부야말로 보호받아야 할 존재임을 각인시킨 점이다. 당호 사주당師朱堂에 표현된 바 주자朱子를 스승으로 삼겠다는 그녀지만, 여자로서의 경험은 새로운 지식을 갈망하지 않을 수 없었다.《태교신기》를 지은 뜻을 보자.

아버지의 낳음과 어머니의 기름, 스승의 가르침은 모두 하나로 연결되어 있다. 훌륭한 의사는 병이 나기 전에 손을 쓰고, 훌륭한 교사는 아직 태어나기 전에 가르친다. 그러므로 스승의 십 년 가르침은 어머니의 배 속 교육 열 달만 못하고, 어머니의 열 달 교육은 아버지가 잉태시키는 하루를 삼가는 것만 못하다.

_《태교신기》1장 2절

사실 이사주당은 저술가 이전에 치열하게 자기 색깔을 만들어 간 열정이 더욱 돋보이는 사람이다. 조선 후기 사회에서 신분은 양반이되 생계가 곤란한 지경의 가정이 많았다는 것은 널리 알려진 사실이다. 그녀 또한 한미한 가정에서 태어나 생계가 힘겨웠고, 부친상으로 혼기를 놓쳐 25세가 되도록 혼인을 못하고 있었다. 당시는 여자의 혼인 적령이 15~16세인 데다 혼인 이외의 다른 길이 없던 시대였다. 글과 덕성으로 인근 고을에 이름이 난 그녀지만 마땅한 혼처가 나서지 않아 참으로 심란했을 것이다. 사주당은 네 번째 부인을 구하던 20세 연상의 남자 유한규(1719~1783)와 혼인한다. 훗날의 회고담에 의하면, 손아래 동서들은 모두 명문거족 출신이고 나이는 그녀보다 갑절이나 많았다. 시가의 가격家格과 남편의 학문이 혼인을 결정하게 된 중요한 요인이었던 것 같다. 까다롭고 분노가 많기로 소문난 병석의 시어머니 수발에 궁핍한 일상을 꾸려야 했던 신부 사주당에게는 자존감을 지키기 위한 필사적인 노

4 / 시대의 틈에서 '나'를 꽃피우다

력이 따랐다.

그녀의 열정에 보답이라도 하듯 남편 유한규는 학문을 토론하고 일상을 나누는 지기知己가 되었다. 심성론과 교육론에 의거한 《태교신기》의 성리학적 지식은 남편과의 끊임없는 토론을 통해 이루어진 것이다. 하지만 부부로 산 지 20년, 45세의 사주당은 남편과의 사별로 다시 홀로 서야 했다. 그녀는 전처의 아들에게 짐이 되고 싶지 않다며 자신에게 남겨진 어린 4남매를 데리고 분가를 한다. 워낙 빈궁했던 살림이라 가지고 나올 게 아무것도 없었다. 자녀들이 기억하는 그녀는 호미도 없이 손으로 밭을 일궜고 촛불도 없이 길쌈을 했다. 손이 갈라져 터지도록 새끼를 꼬고 거적으로 문을 삼아 소금을 구워서 먹을 것을 얻었다. 하지만 학문을 향한 열정은 그칠 줄 몰랐고 자녀들에게 재점화되었다. 여기서 사주당의 자녀 교육에 주목해볼 필요가 있는데, 교육 과정과 교육 목적에 색다른 무언가가 있기 때문이다.

조선시대 어머니의 교육에 대한 이야기는 많이 나오지만 사실 그 구체적인 실상을 전하는 자료는 별로 없다. 대부분 훌륭한 인물 뒤에 뭔가 있을 것이라는 기대로 가족사를 보게 되고, 정해진 전제를 따라 그에 부합하는 사례를 찾아내는 식의 결과론적인 해석인 경우가 많다. 신사임당과 율곡의 경우도 이런 유형에 속한다. 율곡이라는 인물이 없었다면 사임당의 자녀 교육은 전혀 언급되지 않았을 것이다. 반대로 어머니의 교육이 아무리 훌륭해도 자식의 성취가 없으면 주목받을 수가 없다. 사주당의 경우, 남편과 사별하여 생계를 이어가야 하는 고단함 속에서도 놓칠 수 없는 절대 과제가 있었다면 바로 자녀 교육이었다. 태교에서부터 단계에 따라 교육을 행하였다.

생후 열 달이 된 아이가 젖을 먹으러 기어오자 "저기 실꾸리 감던 것을 가져오면 젖을 먹이리라" 하여 아기의 의식을 자극하는 방법을 쓴다. 또 아기가 돌하고 두 달이 지났을 때 사주당은 젖을 물리며 책을 보고 있다가 아기가 듣도록 혼잣말을 한다. "옛날 백낙천이라는 이는 백일에 글자를 알았고, 우리나라 율곡이라는 이도 세 살에 글을 지었나니 너는 글자를 언제 알아 글을 언제 지을고?" 하였다. 그리고 보던 책의 한 글자를 가리키며 "이것이 한 일 – 자니라" 하고 잠깐 낮잠에 들었다. 이때 아기는 건넌방으로 기어가 책상의 책 중 《수세보원壽世寶元》의 일– 자가 쓰인 책을 물고 기어와 어머니를 흔들어 글자를 가리키며 '게 코코' 했다는 일화가 전해온다. 돌이 되자 문자를 가르치기 시작했고, 3~4세 때는 글자를 가지고 4, 5언言을 만들게 했는데, 그 결과 주야로 손에서 책을 놓지 않았다는 것이다. 문자 습득에서부터 단계적인 학습을 통해 전문 학문의 길로 나아가도록 한 사람은 어머니 사주당이었다. 그녀의 며느리는 이렇게 증언한다.

‖ 어머님은 여중군자시라. 아들에게 원칙을 밝혀 가르치시고, 번거롭고

속된 출세보다 산천에 묻혀 사는 것을 좋게 여기셨다. 늘 아들에게 과거가 아닌 학문을 하도록 권유하셨는데, 다음의 이유에서였다. "대과를 요행히 합격하더라도 네 성품이 스스로 삼가지 못한 점이 있으니 청요직과 대관大官이 되기 어렵고, 소과小科는 끌어주는 이 없으면 공연히 힘들기만 하니 차라리 명산에 복거하여 본성을 지키는 것이 좋을 것 같구나." 아들은 어머니의 가르침을 받들어 과거 시험은 거들떠보지도 않았다.

사주당이 자식들에게 기대한 것은 무엇일까. 가난한 과부로서, 학문에 자질을 보인 아들을 둔 어머니로서 부와 권세를 보장하는 과거 급제에 승부를 걸 만도 하다. 하지만 그녀는 아들이 진정으로 누릴 수 있는 가치에 주목하였다. 사주당이 세운 자녀 교육의 최종 목표는 자신의 성품을 최대한 발휘하면서 사람답게 사는 것이었다. 어머니의 바람대로 류희는 실학자이자 음운학자로 성장하여 《언문지諺文誌》와 1백 권에 달하는 방대한 분량의 《문통文通》을 남겼다. 학문의 길을 선택한 아들은 농사를 직접 경영하며 연구를 통해 생산력을 증대시키고, 자신이 만들어낸 재물로 가난한 친족과 주변 사람들을 구제하는데, 그 어머니 사주당의 인생철학과 매우 유사한 삶이었다.

직접 교재를 만들어 딸들을 가르친 열정은 세 딸에게 문자를 통한 자기표현의 세계를 열어주었다. 어머니의 노력으로 글공부를 하게 된 딸들은 어머니의 저서 《태교신기》에 각각 발문跋文을 썼다. 사주당의 문자 활동이 이후 사람들에게 끼친 영향은 두 가지 측면에서 주목된다. 하나는 그녀의 전 생애가 함축되었다고 할 수 있는 태교 지식의 집성이고, 다른 하나는 그녀의 지적 활동이 주변 여성들에게 미친 영향력이다. 사주당은 《태교신기》를 한문으로 썼고 아들 류희는 어머니의 책을 한글로 번역하였다. 여성 독자를 염두에 둔 책이기에 한글로 쓰는 것이 마땅하지만 무슨 이유에서인지 한문으로 썼다. 자신의 글을 여성의 영역에 국한시키기보다 태교를 통해 보편적 지식 체계를 구축하고자 한 욕망이 작용한 것이 아닐까. 사대부의 '전용' 언어인 한문을 손쉽게 구사할 수 있는 자신에 대한 강한 자부심 같은 것일지도 모른다. 경전 지식의 토대 위에 자신의 경험을 접목시켜 독자적인 지식 세계를 구축한 사주당. 사주당이 일궈낸 지적인 성과와 자녀를 비롯한 주변을 향한 관심과 행위는 조선 후기 사회의 여성을 의미화하기에 충분한 자료이다. 그녀의 팔십여 생은 역경과 고난 속에서도 자신의 길을 가는 것이 어떻게 가능한지를 보여준 삶이었다.

집안일의 지식화,
이빙허각

여성으로 산 지 50년이 된 해에 이빙허각(李憑虛閣, 1759~1824)
은 일상과 사색의 기록인 《규합총서閨閤叢書》(1809)를 세상에 내놓
는다. 책 이름처럼 여성의 공간인 규합에 필요한 모든 지식을 망
라했다. 총 5권으로 이루어진 이 책은 음식과 의복을 마련하는 일
에서부터 채소 및 가축 기르기, 태교·출산·육아에 관한 지식과
처방, 주거 및 위생에 관한 정보들을 담았다. 집 안에서 이루어지
는 거의 모든 일과 관련한 지식을 종합하고 체계화한 것이다. 살
림살이의 경험에 독서로 얻은 지식과 정보를 버무리고, 다시 독자
적인 설명과 해석을 덧붙여 만든 것인데, 그녀는 이 책이 양생養生
과 치가治家의 교본이 되기를 희망했다.

이 모두가 양생하는 선무先務요, 치가하는 요법이라. 진실로 일용 생활에 없어서는 안 될 것이요, 부녀가 마땅히 강구해야 할 것이다.

_〈규합총서閨閣叢書序〉

알다시피 근대 이전 사회의 남녀는 일의 영역에서 엄격하게 분리되었다. 그 분리는 고대 경전에 명시됨으로써 현실적인 요구 이상의 의미를 지녀왔는데, 남자의 '바깥일'과 여자의 '집안일'을 이념형으로 유포한 것이다. 남녀 분리는 자연의 원리이자 성인의 말씀으로 지지되었다. 《시경》은 "남아를 낳으면 침상 위에 누이고 화려한 옷을 입히고 구슬을 쥐어준다"라고 하고, "여아를 낳으면 침상 아래 누이고 수수한 옷을 입히고 실패를 쥐어준다"라고 한다. 주석가들은 여자에게 의복 제조의 몫을 주문한 의례라고 보았는데, 남아에게 구슬을 쥐어주며 고귀한 자리에 나아가길 바라는 것과 대비된다. 또 《주역》에는 주부主婦를 중궤中饋라고 하여 음식을 도맡은 사람으로 정해놓았다. 이렇게 유교 경전들은 일상의 삶을 만들고 생물학적 생존을 위한 일을 여자의 일로 정해놓은 것이다. 그런데 이 필수적인 노동이 끊임없이 반복되어 소비되고 마는 하찮은 것으로 인식되었다는 데 문제가 있다.

'밥이나 하고 옷이나 만들던' 여자들의 일을 지식의 영역으로 끌어올린 이가 바로 빙허각이다. 우선 그녀는 삶의 현장에서 한시도 놓칠 수 없는 의식주와 관련된 일들을 일정한 체계로 분류하고 범주화했다. 손에서 손으로 전해지면서 관습적으로 행해지는 '여자의 일'이 그녀로 인해 지식의 범주로 들어오게 된 것이다. 이것으로 여자들의 관심과 경험이 지식을 구성하는 방법이 되고 지식의 내용이 되었다. 조선 후기 여성지성사를 저술한 이혜순은 빙허각의 지식에서 세 가지 특성을 밝히는데, 그것은 직접 실험의 중시, 고전 지식의 시비 판단, 일상 경험의 지적 전환이다. 어떤 항목이든 기존 지식을 맹목적으로 추종하는 대신 스스로의 실험을 통해 그 시비를 판단하고, 여기서 나온 결과를 지식화했다는 것이다. 예컨대 쪽빛을 얻는 방법을 서술한《규합총서》의 염색 항목을 시동생 서유구의 《임원경제지》와 비교해보자. 《임원경제지》는 43가지 색깔과 50가지 염색 방법을 8종류의 중국 및 한국 문헌에서 발췌한 것인데, 이 가운데 17세기 명나라의 저술《천공개물天工開物》이 가장 많이 인용되었다. 반면에《규합총서》의 염색 항목은 20종인데, 서술 방법과 내용은 기존의 것을 그대로 옮겨온 것이 아니라 실제 실험에 근거하여 도출된 결과이다. 그러다보니 염색의 재료 선택이나 방법, 주의할 점 등 각 설명이 상세해지면서《임원경제지》보다 대여섯 배의 분량으로 늘어나게 된다. 이것이 바로 실험과 경험을 통해 얻는 이빙허각의 방법과 지식이 염색의 고전이 되어야 하는 이유이다. 또 입으로 전해오던 피부 관리 민간요법과 자연 속에서 찾아낸 화장의 재료를 실험과 실증을 통해 하나의 지식으로 체계화하였다. 여자들의 외모를 가꾸는 데 사용되는

용품이나 제조 방법을 항목으로 배치한 것은 과학과 실용에 대한 여성의 관점이 반영된 것이다. 빙허각의 작업은 지식의 영역에서 배제되어온 여성의 경험과 관심이 지식 구성의 중요한 원리이자 요소임을 확인해준 것이다.

책은 음식을 다룬 〈주사의酒食議〉, 의복 제조와 관련된 〈봉임칙 縫紝則〉, 밭을 갈고 가꾸는 법에서부터 말·소·닭 등의 가축 기르는 법, 그리고 농가 생활에 필요한 다양한 내용을 담은 〈산가락山家樂〉, 태교 및 출산에 대한 지식과 육아의 요령과 응급처지, 그리고 약물에 대한 지식을 담은 〈청낭결青囊訣〉, 복거卜居는 물론 주변을 정결하게 하는 법과 부적 쓰는 법, 주술로 마귀를 쫓는 일체의 속 방俗方을 담은 〈술수략術數略〉으로 구성되었다. 책이 완성되자 남편 서유본(徐有本, 1762~1822)은 서문에서 "일용의 살림살이에 요긴하지 않은 것이 없고, 더욱이 풀·나무·새·짐승의 성미에 대해서는 아주 상세하다"라고 하며 책의 요점을 소개했다. 이 다섯 범주로 구체화된 그녀의 작업은 사실 조선 후기 실학의 학풍과 연동되어 있다.

빙허각의 집안에는 실학자로 이름난 사람이 많다. 시조부 서명응(《고사신서攷事新書》, 1771), 시부 서호수(《해동농서海東農書》, 1798), 시동생 서유구로 이어지는 시가족은 당대 실학을 이끈 중추였다. 친정 쪽으로는 《태교신기》를 쓴 외숙모 이사주당, 《언문지》 등의 실학서를 쓴 외사촌 유희 등이 있다. 이들은 주로 천문학과 역법, 농학에 밝았는데, 바로 빙허각을 실학자로 이끈 동인이 되었다. 집안에 광범위한 독서 자료를 보유하고 있었던 것도 빙허각을 탄생시킨 요인이다. 서명응에서 이어진 서씨 집안에는 장서가 8천 권 있었다고 한다. 이 자료를 바탕으로 서유구가《임원경제지》, 빙허각은《규합총서》를 저술한 것이다. 그녀의 저술에는 인용한 책들이 명시되어 있는데, 경서와 사서 및 문집류 등의 인문학적 지식에서 농업 및 의약학 전문서, 박물지, 백과전서적 유서류, 총서류 등의 실학서들이 망라되었다. 빙허각의 독서 목록은 유가와 불교, 도가서, 그리고 실학서 등에 이르기까지 매우 광범위했음을 알 수 있다.

주부 역할을 해야 했던 빙허각은 어떻게 그 많은 독서를 할 수 있었을까. "밥 짓고 반찬 만드는 틈틈이 사랑에 나가 옛글에 나와 있는 인생 일용에 절실한 것과 산야에 묻힌 모든 글을 구해 보고 손길 닿는 대로 펼쳐 보아 오직 문견을 넓히면서 시간을 보냈다."《규합총서》서문에 나오는 말이다. 새로운 지식을 접할 때마다 "총명이 무딘 글만 못하다"라는 옛말에 힘입어 나중을 생각하여 적어두었다고 한다. 틈틈이 읽고 정보와 생각을 정리해놓은 것인데, 그것이 저술의 밑거름이 된 것이다.

조선 후기 실학의 대두는 관습적이고 실천적으로 행해지는 집안 관리를 '가정학家庭學'이라 하여 지식과 학문의 범주에서 사유하도록 했다. 도덕 및 의리 중심의 주자학적 학풍이 '실사구시'적 관심으로 전환되면서 집안의 물질적인 조건과 관리가 중요한 의미를 갖게 된 것이다. 이와 함께 그 살림을 주관하는 여성의 일과 경험을 지식화할 필요가 있었는데, 빙허각의 작업은 이러한 변화의 연장선상에 있다. 다시 말해 그녀는 가정 관리가 적극적으로 논의되고 위생과 음식 등 양생의 지식들이 중요해지는 전환의 시대를 함께 만든 것이다. 빙허각 이씨를 '여성 실학자'로 호명하는 것은 자신의 여성 정체성을 일상 연구의 방법론으로 삼고 있다는 점에 있다. 습관적으로 행해지던 여성의 집안 살림을 실험과 관찰을 통해 지식의 체계로 만들어낸 빙허각의 작업은 지성사 및 생활사의 맥락에서 시사하는 바가 크다. 나아가 빙허각의 실학적 성과는 우리 여성의 지적·역사적 자원으로 매우 중요한 의미를 지닌다.

삶의 성리학자,
임윤지당

조선 후기에는 성리학을 내재화한 여성들이 등장하여 자신의 글을 쓰기 시작한다. 이는 신사임당·황진이·허난설헌 같은 16세기 여성들이 예술로 이름을 얻은 것과 비교된다. 한 분야에서 일가를 이루기란 개인의 성향과 능력에 따른 것이지만 시대의 역할이라는 것도 무시할 수 없다. 성리학의 발달과 확장은 여성을 규범 속에 가두는 대신 그들의 지적 욕구를 자극시켰는데, 그 안에서 자기 길을 찾는 여성들이 나온 것이다. 그 대표주자가 성리학자로 호명되는 임윤지당(任允摯堂, 1721~1793)이다. 그녀는 자연과 인간의 이치를 탐구하는 보편 지식의 세계에 도전하여 연구 보고서를 남긴다.

윤지당은 이기심성설·예악설·사단칠정론 등 조선 후기에 유행한 성리학적 주제들로 사유 영역을 넓히면서 문제적 역사 인물들을 새롭게 해석하는 등, 그 시대 지성의 역할을 충실히 수행한다. 그렇다면 그녀가 사색과 성찰을 주 무기로 하는 성리학의 길을 가게 된 계기는 무엇일까. 또 이 학문을 통해 그녀가 얻고자 한 것은 무엇일까. 이렇게 묻는 것은 여성에게 그 시대 성리학의 담벼락은 너무 높았기 때문이다. 즉 "독서와 강론은 장부의 일이고, 끼니와 의복 공양, 제사와 손님 접대는 부인의 일"로 명시된 사회였다. 또 "부인으로서 바느질과 음식을 모른다면 장부로서 시서詩書와 육예六藝를 모르는 것과 같다"라고 하던 시대였다.

녹문 임성주(1711~1788)의 동생으로 태어난 윤지당은 형제들 틈에서 익힌 경서 공부가 평생을 밝힐 줄 그 자신도 예측하지 못했을 것이다. 당시 양반가 여성의 삶이란 며느리와 아내의 역할에 충실하면서 자녀들을 낳아 기르는 가운데 의미를 찾는 것이었다. 조금 익힌 문자는 삶을 윤택하게 하는 정도이지 내 삶을 걸 정도의 비중을 가진 것은 아니었다. 하지만 운명은 윤지당을 평범하게 살도록 내버려두지 않았다. 젊은 나이에 혈육 한 점 없이 남편과 사별한 그녀의 화두는 이 절박한 현실을 어떻게 뚫을 것인가였다.

가만히 생각해보니 나는 타고난 운명이 박복했다. 이른바 네 부류의 불쌍한 사람[鰥寡孤獨] 중에서 세 가지를 갖추고 있다. 앞으로 보고 뒤로 보아도 스스로 위로할 것이 없다.…그러나 참는 것 말고 회피할 수 있는 방법이 있다면 좋으련만, 그럴 방도가 없으니 마땅히 마음을 가다듬고 성품을 배양하여 하늘의 소명에 따를 뿐이다. 하늘이 나에게 부여한 것이 이처럼 가혹하지만, 나에게 마음을 분발시키고 인고의 성품을 길러주시고자 한 것이 아닐까?

_〈인잠忍箴〉,《윤지당유고》

남편과 부모와 자식 중 의지할 데라곤 하나도 없는 이 절대 고독 속의 나는 누구인가? 윤지당은 이 화두를 붙들고 정진하고 또 정진한다. 그녀는 자기 앞에 놓인 이 가혹한 현실에서 '하늘의 뜻'을 읽으려고 한다. 하늘이 나에게 부여한 것이 무엇인가, 바꾸어 말하면 '지금 나는 무엇을 할 것인가'이다. 학문으로 세상을 풍미하고자 한 대다수 남성들의 욕망과는 달리 여성 윤지당의 성리학은 '살아 있기' 위한 방법이었다. 어떻게 살아야 내가 나일 수 있을까?

윤지당의《중용》연구는 경학의 정수를 보여주는 것으로 자기 존재에 대한 주체 의식이 강하게 흐르고 있다. 그녀는 "성인聖人과 나는 동류同類"임을 선언하고 "남이 한 번 힘쓸 때 나는 천 번을 힘써 성인이 될 것"을 다짐한다. 성인으로 가는 그녀의 길은 치열했다.

아! 빛난다, 비수여.
나를 부인이라 여기지 말라.

> 네 칼날을 더욱 예리하게 다듬어
>
> 숫돌에 새로 간 것처럼 하라.
>
> _〈인잠〉

　혼자 남은 방에서 사투를 벌이는 그녀의 학문열을 집안의 사람들은 아무도 눈치채지 못했다. 윤지당의 시동생 신광우는 "우리 가문에 시집오신 후로 서적을 가까이하는 기색은 전혀 없었고, 일상생활에서도 문장이나 학문에 관해 언급하는 일이 없었다"라고 한다. 그녀는 장부丈夫의 일이라는 경학 연구에 시선의 부담을 느꼈던 것이다.

　윤지당의 학자로서의 정체성은 강건하고 단호하며 결단력 있는, 이른바 남성적 성향이 강하다. 그가 사용하는 언어는 온화하고 따뜻하게 남을 배려한 일상의 태도와 달리 강하고 차갑다. 즉 "사욕인 줄 알면 단연코 끊기를 우레처럼 엄하게 하고, 그것이 순리인 줄 알면 단연코 행하기를 장물 터놓듯이 해야 한다"라는 것이다. 또 "보검의 예리한 칼날은 건드리기만 해도 두 조각이 나는 것처럼 티끌 만한 머뭇거림도 없어야 한다"라는 데서 그녀의 내면이 무쇠처럼 단단하다는 느낌을 준다. 윤지당은 자신을 군자와 동일시하고 있는데, "소인은 목숨을 귀하게 여기고, 군자는 정의를 귀하게 여기네. 두 가지를 겸할 수 없다면 오직 정의를 따르겠네"(〈인잠〉)라는 것이다. 윤지당이 경학적 지식을 통해 역사적 인물을 논평한 13편의 '논論'은 그 대상이 모두 남성인데, 이것은 자신을 남성적 정체성과 동일시한 것으로 해석될 수 있다. 그것은 앞에서 본 '자신을 부인이라 여기지 말라'는 비수에 새긴 잠언에서도 보인다. 여기서 여자의 삶과 병행하기 어려운 당대 지식의 성격을 묻기보다 남성 지식 세계의 일원이 되고자 한 윤지당의 성리학이 살짝 아쉽기도 하다. 역사적 존재가 지닌 한계로 볼 수도 있겠다.

윤지당은 혼자 한 공부가 일정한 수준에 이르자 오빠 임성주와 서신으로 토론하여 자신의 연구를 객관화하는 작업을 한다. 그는 어려서 성리학이 있다는 것을 알았고, 자라서는 마치 맛있는 음식처럼 좋아하게 되어 그만두려고 해도 그만둘 수가 없었다고 한다. 호학으로 평생을 지내다 일흔의 노년에 이른 윤지당. "사색은 정밀하고, 마음을 보존하는 것은 철저하며, 지혜는 밝고, 행실은 수양되어 표리가 한결같으셨다. 순수하고 안정된 경지를 성취하신 것은 오래 덕을 쌓은 큰 선비와 같았다." 시동생 신광우의 말이다. 윤지당의 형제들은 그녀가 장부가 되지 못함을 한탄했다. 그것은 남자에게도 어려운 지성의 고지를 탈환했다는 뜻이다.

처음에는 남몰래 했던 공부가 차곡차곡 쌓이자 그녀는 '연구 업적'들에 애정이 갔다. 그녀도 자신이 사고한 족적을 남기고자 하는 보통 학자들의 욕망을 갖고 있었다.

이제 노년에 이르러 나도 죽을 날이 얼마 남지 않았다. 문득 하루아침에 갑자기 죽으면 아마도 초목과 같이 썩어버릴 것이다. 그래서 집안일을 하는 틈틈이 여가가 날 때마다 글로 썼더니 어느 사이에 큰 두루마리 하나가 되었다.…내 지식의 뿌리는 얕고 보잘것없으며 글재주는 짧고 모자라서 오묘한 뜻을 밝히지도 못해서 뒷날에 남길 만한 것이 못 된다. 그러나 내가 죽은 후에 장독이나 덮는 종이가 되고 만다면 어찌 슬픈 일이 아니겠는가?(문집 초고를 보내며)

그녀 사후, 형제들에 의해 칠십여 생의 사색과 성찰이 담긴《윤지당유고》가 간행되었다. 그녀에게 위기는 오히려 새길을 찾는 기회였다. 운명에 굴하지 않고 다시 내 편으로 바꾸어낸 임윤지당이야말로 여성 지성의 역사를 연 앞선 여자이다.

퇴계학 중흥의 어머니,
장계향

    가문이나 학맥이 만들어지는 과정을 살펴다보면 집단 혹은 공동체를 가능케 한 걸출한 한 사람을 만나게 된다. 보통 몇 대 조 할아버지의 자손들이라든가 ○○선생의 문인이라는 식으로 말해지는 공동체이다. 학문이 곧 출세의 길이었던 시대에 가문의 성쇠는 학맥과 불가분의 관계에 있었다. 여기서 한 여성의 유입으로 가문이 형성되거나 재건되는 경우가 많은데, 처가나 외가에 힘입어 동성同姓의 가문 공동체가 만들어지는 원리이다. 그중에는 처부나 외조부의 지원보다는 한 여성의 비범함으로 이루어낸 경우들도 있다. 17세기 안동의 역사 인물 장계향(張桂香, 1598~1680)이 그 대표적인 경우이다. 정부인 안동 장씨貞夫人安東張氏로 불리어온 장계향은 《음식디미방》의 저자로 널리 알려진 인물이다. 그런데 관련 자료를 주의 깊게 들여다보면 음식은 아주 지엽적인 성과에 불과하다는 것을 알게 된다. 음식이 중요하지 않다는 말이 아니라 삶과 사상이 그의 몸통이자 근원이라는 뜻이다. 장계향은 퇴계학이 전수되고 확장되는 과정에서 연결고리를 쥔 인물이다. 그로 인해 친가와 시가가 재건되어 각 가문의 전통을 이어 갈 수 있었다. 그녀가 더욱 빛나는 것은 가문과 학계의 성취만이 아니라 '여성으로서 내 몸과 내 존재'에 대한 긍정과 공경을 실천했다는 점이다. 그는 '내가 곧 우주'라는 자기 존중감을 바탕으로 사람과 만물을 응대한다. 그래서 그 삶은 희생적이기보다 '서로 주체'적이다.

> 이 몸은 바로 어버이의 몸이니, 어찌 감히 이 몸을 공경하지 않으랴![身是父母身, 敢不敬此身]

10세 전후에 지었다는 시 〈경신음敬身吟〉에 나오는 구절이다. 이 소녀는 내 몸, 내 존재에 대한 긍정과 공경이 무엇보다 중요하다는 생각을 갖고 있다. 내 존재의 의미를 천부인권설이나 신의 뜻이 아닌 부모에서 구한 것은 그 시대 진리의 근거가 효孝에 있었기 때문이다. 소녀는 공경과 삼감으로 자아를 가꾸고 그 정신과 실천을 외부로 확장시킨다는 경敬 사상의 자장 내에 자리하고 있다.

장계향은 퇴계의 학통을 이어 후학을 양성하던 경당敬堂 장흥효

(張興孝, 1564~1633)의 무남독녀로 자라며 그 학문 정신과 실천을 충실히 계승한다. 아버지의 가르침대로 그는 "《소학》과 《십구사十九史》를 힘을 들이지 않고 통달했고, 조석朝夕 간에 얼굴을 맞대고 말해주는 모든 성현의 말씀을 실천하려고 했다."(〈정부인장씨행실기〉) 이 소녀가 목표한 공부는 성인聖人이었다. 소녀는 시 〈성인음聖人吟〉을 지어 그 포부를 드러낸다.

> 성인의 시대에 살지 않아 성인 모습은 보지 못했으나, 성인이 남긴 말씀 들을 수 있고 성인의 마음 볼 수 있다네.〔不生聖人時, 不見聖人面, 聖人言可聞, 聖人心可見〕

그리고 그는 "성인이 만약 인간이 아니었고 사람이 할 수 없는 일을 했다면 따라갈 수가 없겠지만, 그 용모와 언어가 보통 사람과 다르지 않고 또한 그 행동이 다른 사람들이 일상에서 하고 있는 것들이니 힘써 배운다면 성인이 되는 데 무슨 문제가 있겠는가"(〈정부인장씨행실기〉)라고 한다. 그 시대 지성의 최종 목표인 성인聖人이 경敬 공부를 통한 자아 완성을 뜻하는 것이라면 17세기의 여자 장계향은 이 목표에 어떻게 접근했을까.

장계향은 19세의 나이로 이시명(李時明, 1590~1674)의 재취 부인으로 출가하는데, 그곳에는 전처소생의 어린 두 아이와 직접 건사해야 할 많은 식구들이 기다리고 있었다. 이후 25년 동안 장씨는 6남 2녀를 출산·양육하고, 자녀들의 교육과 혼인을 주관하며 활발한 청장년기를 보낸다. 자신에게 맡겨진 7남 3녀의 자녀들에게 어머니로서의 사랑과 스승으로서의 교육을 어떻게 펼쳤는지 그 일화들이 여러 자료에서 확인되고 있다. 시부모를 모시며 식솔을 건사하는 그의 4반세기는 생명이 교체되는 역동적인 과정이면서 역경과 고난 또한 길벗처럼 늘 함께했던 시간들이었다.

그는 어머니의 타계로 홀로 남겨진 아버지를 위해 3년간 친정살이를 하며 아버지의 재혼을 성사시킨다. 얼마 후 아버지가 타계하자 달려가 자식으로서의 임무를 다하고, 남겨진 어린 이복동생들과 식구들을 자기 곁으로 데려와 삶의 터전을 마련해준다. 어린 동생들을 아버지의 뒤를 이을 학자로 성장하도록 극진하게 돌본 것이다. '시집'과 '친정'이라는 17세기 문화적 틀에 얽매이지 않고 자신의 도움이 더 절실한 곳으로 달려간 그의 행위는 형식적인 예교주의를 뛰어넘는 것이다. 남성학자들의 경敬 실천이 학문적 이론에 상응하여 이루어진 것이었다면, 장계향의 실천은 타인의 요구에 반응하고 잠재력을 기르도록 도우며 방향을 제시해주는 조력자의 역할이다. 퇴계 경 사상의 여성적 실천이 될 이것은 남성의 언어로는 제대로 설명될 수 없는 것들이다.

퇴계학은 김성일·류성룡을 거쳐 장흥효의 심학心學으로 전개되었고, 다시 장계향의 일상 의례적 실천으로, 그 아들 이현일(李玄逸, 1627~1704)의 예론적 퇴계학으로 발전한다. 장계향은 국난의 여파로 실의에 빠져 은둔의 시기를 보내던 남편에게 '자손을 모아 강학하여 미래를 준비시키자'고 제안하여 집안과 지역의 교육 전통을 일으켰다. 또 자식들이 일정한 나이에 이르면 아버지 경당의 문하로 보내 퇴계학을 전수토록 했다. 7명의 아들이 모두 각자의 학문을 이룸으로서 퇴계학의 확장에 크게 기여한 것이다. 특히 《홍범연의》를 저술한 휘일과 이조판서에 오른 현일은 나라에 큰 공훈을 남긴 사람에게 주는 불천위不遷位의 영예를 받기에 이른다. 1세대 제자들에 의해 지역에 정착한 퇴계학이 17세기에 이르면 정치권에서 소외되는 위기를 맞는데, 그 중흥의 중심에 장계향이 있다.

"남이 넉넉할 때 내 많은 재물은 자랑일 수 있지만, 남이 모두 없는데 홀로 많이 가진 것은 재앙"이라던 장계향. 비교적 넉넉했던 시가의 살림을 주관하며 노비를 포함하여 30여 명의 식구를 건사하던 그가 분재로 얻게 될 부부의 몫을 반납한 것에서 그가 그린 그림이 매우 큰 것임을 알 수 있다. 장계향은 직접 일구지 않은 재물은 내 것이 아니라는 생각을 갖고 있었고, 자식 교육에 도전과 노력보다 더 좋은 경험이 없다고 여겼다. 또 실사구시적 정신으로 영양 지역의 약초나 토산물을 활용하여 기근과 궁핍, 질병을 해결했고, 73세 때는《음식디미방》을 저술하여 각 가정에 필사하도록 했다. 왕실에서도 어쩔 수 없었던 높은 유아사망률의 시대에 7남 3녀의 자녀들을 잘 길러내기까지 했다. 그에게 음식은 생명에 대한 존중과 공경의 실천이 아니었나 한다.

팔십여 생이 경ᵍᵏ을 통한 자기완성을 향해 가는 삶이었지만 어찌할 수 없는 운명에 대해서는 포기하는 대범함을 보였다. 큰아들 휘일과 두 딸 그리고 막내 운일을 먼저 보내게 되자 사람들은 자식 사랑이 지극했던 장씨를 먼저 걱정했다. 슬픔으로 자신의 몸을 해칠 것이라는 염려였다. 하지만 그는 이러한 염려를 불식시키듯 "나는 애통하고 절박하다 하여 부모님이 남겨주신 몸을 해치지는 않는다"라고 한다. 이것은 모두가 다 각자 자기 인생의 주인임을 말한 것이다. 83세의 전 인생을 통해 현실과 대면하는 삶의 지혜와 열정, 특히 그 노년의 삶은 '성숙과 완결'의 역사적 모델로 삼기에 충분하다.

여성 불교의 적극적인 힘,
이예순

조선시대 이야기들 속에서 불교나 사찰은 주로 현실 도피적 공간으로 그려졌다. 사회적 진출이 막힌 여성들의 심리적인 해방구이자 세속에서 실패한 여성들의 도피처로 활용된 측면도 없잖아 있다. 당시의 권력관계에서 약자인 여성과 유교 사회의 변방인 불교가 결합하여 빚어낸 이야기는 부정적일 수밖에 없었다. 이 가운데 조선 중기 이예순(李禮順, 1587~1657)의 사례는 여성과 불교의 적극적 힘을 보여주기에 충분하다.

이예순은 서인西人 계열의 정치가 이귀(李貴, 1557~1633)의 딸로 태어났다. 15세에 비슷한 집안의 자제子弟 김자겸金自兼과 혼인한다. 신랑의 형인 김자점과 아버지 이귀는 정치적 동지로 후에 인조반정을 이끌어낸 사람들이다. 형과는 달리 불교 쪽으로 기운 자겸은 유교 아닌 새로운 세계를 갈망하던 아내 예순과 의기투합했고 부부의 청춘은 불도를 캐는 데 불살라진다. 이들과 함께 구도의 길을 걷던 또 한 사람 오언관吳彦寬은 자겸의 유일한 벗이자 참판 오겸의 서자였다. 세 사람은 거의 매일 머리를 맞대고 불도를 토론하기를 밤이 늦도록 한다. 자겸은 평소 "그대 같은 아내와 오언관 같은 벗이 있어 일생이 행복하다"라는 말을 자주 한다. 그러던 자겸이 두 도반道伴에게 '계속 함께 불도를 구하라'는 유언을 남기고 젊은 나이에 죽음을 맞이한다. 당시 예순의 나이는 22세였다.

이예순은 서인 강경파인 아버지 이귀가 탄핵을 당하게 되면서 그 존재가 처음 거론된다. 1614년(광해군 6년) 8월, 이귀가 본인의 처신 문제와 딸의 처신 문제로 정적의 공격을 받게 된 것이다. 그에 대해서는 "본래 흉패한 사람으로 사류士流를 모함하고, 평소 음험하여 오직 사건을 꾸미는 것으로 장기로 삼았다"라고 한다. 그의 단점을 극대화한 것이지만, 다르게 보면 상당히 적극적이고 정치적인 인물임을 알 수 있다. 또 딸 예순이 '과부로 살면서 더러운 무리와 음란한 짓을 하는데도' 단속하지 않아 사족의 명예를 실추시켰다고 한다. 이귀가 기록에 처음 등장한 것은 스승 이이李珥를 옹호하며 조정 신하들을 마구 공격하는 과격한 모습이었는데, 딸 예순이 태어날 즈음이었다.

북인이 주도하던 광해군 정권이 이귀를 영원히 퇴출시킬 목적으로 절치부심하던 사이에 딸 예순이 걸려든 것이다. 함양의 산속에서 수상한 남녀 무리가 붙잡혔는데, 예순과 언관 등이었다. 사족 부녀가 외간 남자와 함께 있는 것이 큰 죄이던 사회에서 부부라고 둘러대며 우선 위기를 모면코자 했지만, 조사 결과 집권당의 최대 정적 이귀의 딸이라는 사실이 드러났다. 의금부 마당으로 압송된 예순과 언관에게 불륜을 상상한 적들의 공격이 시작되었다. 왕의 친국親鞫을 받게 된 예순과 언관, 그리고 정이貞伊. 공초에 의하면 예순은 도를 닦으러 경상도 산속으로 떠나는 언관에게 간곡한 청을 넣어 따라 나서게 되었다. 예순에게 불도를 배우던 고故 나정언 목사의 첩 정이도 동행하며 각 종자들이 그 뒤를 따랐다. 오언관이 말한다.

> 금년 4월에 영남의 산수가 뛰어나게 좋다는 말을 듣고 고요한 곳에 가서 파묻혀 살려고 계획을 했는데, 자겸의 아내가 알고는 함께 가려고 했습니다. 성性이 다른 남녀가 함께 가기 어려운 점을 들어 만류했더니, 자겸의 아내가 이렇게 말했습니다. "광대한 불법 가운데 어찌 이런 구별이 있겠습니까. 불도를 위하여 나가는데 비록 몸이 부서진들 무슨 지장이 있겠습니까."
>
> _《광해군일기》

혼인한 지 7년 만에 남편과 사별한 예순은 오대산에 비구니가 많다는 말을 듣고 출가하려고 수차례 시도했으나 뜻을 이루지 못하다가 이때 비로소 뜻을 이루게 된다. 예순이 현모양처 공부를 때려치우고 불교를 선택한 것은 유학을 배워도 여자로서는 임금을 바르게 하고 백성에게 혜택을 베푸는 지극한 이치에 이를 수 없기 때문이었다. 따라서 불도를 배워 세상의 은혜에 보답하며 일생을 살고자 했다. 그는 여자로 불도에 귀의하여 깨달음을 얻은 문수와 원왕부인을 닮고자 했다. 이에 시어머니와 부모에게 편지를 남겨 작별을 고한 후 노비를 거느리고 길을 떠나 덕유산으로 들어갔다.

이 공초를 통해 많은 사실이 드러났는데, 유학의 이념으로는 이해하기 힘든 것들이었다. 먼저 오언관은 선禪이 깊고 불교 서적을 모두 열람했으며 변론을 잘하여 젊은 사람들의 우상이었다. 예순 또한 불도가 깊어 귀하게 여기는 자가 많았는데, 정이도 그 가운데 한 사람이었다. 또 예순은 한 달 동안 아무것도 먹지 않고 잠을 자지 않아도 얼굴에는 광채가 나고 몸에서는 향기가 났다. 세 사람 모두 언관과 예순의 불륜설에 대해서는 콧방귀를 끼었다. 아버지 이귀도 "내 딸은 부처에 빠진 것이지 정절을 잃은 것이 아니다"라며 항변했다. 그들은 남녀관계의 기존 이념을 넘어서 있었지만, 현행법을 감안하여 음란과 실행失行의 의혹을 제거하는 데 심혈을 기울여야 했다. 특히 정이는 14세에 나정언의 첩이 되었는데, 남편이 죽은 뒤 절개를 지키려고 그의 큰댁에 몸을 의탁했다가 이예순의 불법을 듣고 따르게 되었다고 한다. 정이는 오언관과 이예순은 둘 다 얼굴에 광채가 나고 몸에 향기가 났다고 증언했다. 함부로 접근할 수 없는 아우라가 풍겼던 것으로 보인다. 왕이 직접 심문한 의금부 마당에서 오언관은 결국 죽임을 당하고 예순과 정이는 의금부에 투옥된다.

예순은 감옥에서 풀려나 궁중의 내불당 자수궁에 남아서 불사에 전념하게 되는데, 얼마나 옥에 갇혀 있었는지는 확인할 길이 없다. 다만 의금부에 잡혀온 지 5년이 훨씬 지난 시점에서 "이귀의 딸 이예순이 공공연하게 오언관과 간음을 하며 산과 계곡에서 놀아났는데도 지금까지 형벌을 피하고 있다"라는 도승지의 보고가 있었다. 이미 밝혀진 사실과 무관하게 예순은 여전히 불륜녀로 소환되는 것이다. 어쨌든 그녀는 광해군의 후궁 김개시金介屎와 모녀 관계를 맺는 등 왕실 여성들의 요청에 불심으로 응답하며 존재감을 키워갔다. 자료를 종합해보면 예순의 도력은 상당한 경지에 이르렀던 것 같다. 그런데 그녀는 의도한 것이든 아니든 왕의 여자들을 동원하여 아버지 이귀와 시숙 김자점의 정치적 행보를 돕게 된다. 1619년(광해군 11년) 5월 유배에 처해진 이귀는 2년 뒤에 아무도 모르게 풀려나는데 조정 회의를 거치지 않고 왕이 비밀리에 전교한 것이다. 배후의 조력자로 딸 예순을 떠올리지 않을 수 없다.

그리고 2년이 지난 1623년(광해군 15년), 예순은 신앙인으로서 최대의 위기를 맞는데 반정을 주도하는 아버지 이귀를 숨겨야 하는 딸의 자리에 서게 된 것이다. 체포령이 떨어지기 전 왕의 여자들을 움직여 아버지를 구해냄으로써 결과적으로 인조반정은 성공을 거둔다. 이 사건은 불자로서 예순에게 큰 짐이 되었을 것이다. 반정 후 궁궐을 나온 그는 왕실의 지원을 받아 절을 중창하는 등 불교 진흥에 남은 생을 바쳤다. 동대문 밖 청룡사와 도봉산 회룡사의 중창 불사를 그녀가 주도한 것으로 나온다. 15세에 불교에 입문하여 71세에 입적하기까지, 비구니 이예순의 신앙과 행적은 《광해군일기》, 《어우야담》, 《공사견문록》 등 비교적 많은 곳에 전해온다. 예순은 당시 일반적이던 도피로서의 여성 불교가 아니라 여성과 불교에 적극적인 힘을 축적한 역사적인 사례로 기억될 것이다.

남편의 스승이 되다,
강정일당

　　조선시대 여자라고 하면 대부분의 사람들은 일정한 이미지나 선입견에서 크게 벗어나지 않는다. 교육에서 배제되어 무지無知하고 위치는 남자보다 낮고 천하며, 노동은 거의 노예에 가깝게 했던 존재. 19세기 말 서양 선교사나 여행자들의 시선에서 유래한 이러한 이미지는 부분적인 진실일 수는 있어도 조선 여자의 전부일 수는 없다. 강정일당(姜靜一堂, 1772~1832)만 해도 무지나 억압의 이미지와는 전혀 걸맞지 않은 삶을 살았다.

　　정일당이 세상에 눈을 떴을 때 맞닥뜨린 것은 끼니조차 잇기 어려운 극심한 가난이었다. 조선 후기에는 신분은 양반이되 생계가 곤란한 가계들이 많았는데 강정일당의 집이 그랬다. 외가로는 어머니 권씨가 권상하의 현손뻘에다 옥소 권섭의 증손녀로서 명망 있는 가문이고 친가도 대대로 벼슬하던 집안이었지만 증조 이후 벼슬길에 오르지 못해 생활이 빈궁했다. 20세에 인근 충주에 살던 6년 연하의 윤광연(尹光演, 1778~?)과 혼인을 하지만, 시집 역시 주거할 공간이 없어 가족들이 뿔뿔이 흩어져 사는 형편이었다. 혼인을 하고도 그는 어머니를 따라 바느질과 베 짜는 일로 생계를 잇다가 3년이 지나서야 남편과 함께 살게 된다. 윤광연 또한 생계를 잇느라 공부에서 손을 뗀 지 오래였다. 그들은 과천의 외딴 빈집에 들어가 살며 서당을 열고 삯바느질로 생계를 도모했다. 가난이 일상이었던 시대에 학동이나 일감이 충분할 리 만무하다.

> 밥을 짓지 못한 지가 이제 사흘이 되었습니다. 글 배우는 아이가 마침 호박 덩굴을 걷어 왔기에 그 열매를 찾으니 주먹 만한 것이 여러 개 있어 쪼개어 국을 끓였습니다. 술을 한 잔이라도 얻어보려 했으나 하지 못하고 단지 국만 올리니 탄식이 절로 납니다.

정일당은 짧은 편지, 즉 척독尺牘을 많이 남겼는데 전하고 싶은 말을 그때그때 편하게 쓴 형태의 글이다. 현장성이 강한 이러한 글은 유학에 기반한 정일당의 예禮 사상이 생활 속에서 어떻게 구현되고 실천되는가를 보여준다. 매끼 식사를 대기도 힘든 절대 빈곤의 상황에서 부부가 조금이라도 서로에게 양보하려 한 마음이 곳곳에서 드러난다. 정일당이 남편에게 밥상을 들여보내며 "개의

치 말고 다 드시라"라든가, "넉넉지 못하더라도 군자는 음식과 같은 일에 신경 쓸 일이 아니다"라고 말하는 것 등이다. 게다가 친가와 시가 형제가 번갈아 방문할 때면 서로 상대 형제들에게 더 베풀려고 하는데 이러한 상황과 마주할 때마다 정일당은 감정과 예禮의 문제를 그 사회의 상식으로 점검한다.

> 친정 동생 일회日會가 추위를 무릅쓰고 새벽 일찍 왔으니 그 고생을 딱하게 여겨 밥을 지으라는 것인가요? 예산禮山의 시아주버니가 여기 오신 지 이미 열흘이 다 되어가는데도 죽 대접도 제대로 못 할 때가 있습니다. 그런데 갑자기 일회를 위하여 밥을 짓는다면 집안 형편도 형편이지만 아내의 형제를 자기 친족보다 더 대접하는 것이 되고, 친정 형제를 시댁 친족보다 중히 여기는 것이 되니, 이는 비록 작은 일이지만 도리상 마땅치 않습니다.

사소한 것일지라도 예의 그물망을 벗어나지 않으려는 정일당의 태도는 강박적으로 보일 수도 있다. 그런데 친족과 처족 또는 시집과 친정을 구분하고 그에 따라 친밀성의 농도를 달리한 조선 후기의 가족문화를 전제할 때 남편의 형제보다 자신의 형제를 더 챙기는 것은 부끄러운 일로 인식된 것이다.

당시 이 부부의 화두는 궁핍함 가운데 어떻게 품위 있게 살 것인가였던 것 같다. 끊어진 공부를 이어 미래를 도모하는 쪽으로 가닥을 잡은 부부는 '학문 남편'과 '노동 아내'로 역할을 나누었다. 사실 아내 정일당은 생계형 노동 외에 지식 노동도 겸하는데, 남의 제문이나 행장을 남편 대신 써주며 학인 윤광연의 번거로움을 덜어준다. 그녀는 또 남편의 학업을 독려하면서 남편이 제자를 대하는 방식이나 어울리는 벗들의 면모 그리고 다른 사람을 대하는 태도를 살펴 조언을 했다. 즉 '누군가를 책망할 때 목소리가 지나치게 사나웠다'라고 하거나 《주역》에 음식과 술을 절제하라 했다'라고 하는 것 등이다.

> 갑자기 무슨 일로 모 사람을 책망했습니까. 혹 중절中節을 넘어선 책망이 아니었는지요. 목소리와 얼굴빛과 말은 군자의 가장 중요한 것이니 마땅히 힘써야 할 부분입니다. 《시경》에서 온순하고 공손한 사람은 덕이 자리 잡은 터전이라고 했습니다. 당신은 남을 책망할 때 자못 온화한 기색이 적어 감히 지적하는 바입니다.

남편의 '조교'를 자임하던 정일당은 남편의 '스승'이 되기에 손색이 없는 위치로 올라서게 된다. 성인의 도를 얻고자 스스로 학문의 바다에 뛰어든 것이다. 남편에게 준 글에서 그는 "바느질하고 식사 준비하는 틈이나 밤에 일을 마친 후에는 글을 보고 이치를 연구할 작정"이라고 한다. 학문에 대한 포부가 담긴 글에는 "서른이 되어 글을 읽기 시작하니 배움에 동서를 가리기 어렵네. 이

4 / 시대의 틈에서 '나'를 꽃피우다

제라도 모름지기 노력만 하면 옛사람의 경지에 가까워지리라"라
고 한다. 그런데 그녀가 학문하는 궁극의 목표는 남편을 이끌어
'성공한' 학자로 만드는 것이었다.

> 저는 일개 여자로 규방에 갇혀 있어 들은 것도 아는 것도 없지만, 오
> 히려 바느질과 빨래, 청소를 하는 사이사이에 옛 경전을 읽으며 그 이
> 치를 탐구하고 실천하여 옛사람이 닦았던 경지에 다가서려 하고 있습
> 니다. 하물며 당신께서는 대장부로서 도에 뜻을 두고 스승을 모시고
> 친구를 사귀면서 부지런히 나아가고 있으니 어떤 배움인들 불가능할
> 것이며, 어떤 공부인들 밝히지 못할 게 있으며, 어떤 실천인들 이루지
> 못할 바가 있겠습니까?
>
> _《강정일당유고》

공부에 힘을 내지 못하는 남편을 독려하는 글이다. 영양 결핍
인지 그들이 낳은 5남 4녀의 자녀들은 돌도 되기 전에 모두 사망
하는데 이 비운을 딛고 부부는 더 큰 가치를 위해 정진한다. 그렇
다면 그녀가 추구한 학문은 어떤 것인가. "나에게 실제로 덕이 있
다면 다른 사람이 비록 알지 못한들 무엇이 손해가 될 것이며, 나
에게 실제로 덕이 없다면 비록 헛된 명예가 있은들 무슨 이익이
되겠는가." 그녀에게 학문이란 방편으로서의 지식이 아니라 인간
됨의 의미를 구현하는 목적 그 자체였다. "의롭지 못한 부귀는 뜬

구름 같다"라던 그녀는 61세의 나이로 남편보다 먼저 세상을 떠난다. 윤광연은 아내의 영전에 그리움으로 얼룩진 수편의 제문祭文을 바치는데 조선 선비들의 일반적인 그리움과는 많이 달랐다. 윤광연이 아내를 잃은 것은 단순한 내조자가 아닌 한 스승을 잃은 것이다. "공부하다가 의심나는 것이 있어도 누구에게 물어볼 것이며, 내가 뭘 잘못하는 게 있어도 누가 바로잡아줄 것이오!" 몸과 마음의 양식, 즉 삶의 전부를 주던 아내가 떠났다는 사실을 도저히 받아들일 수 없었던 것 같다.

그는 아내의 4주기를 맞아 문집을 간행하는데 당시 이 사건은 특종감이었다. 여성의 문집을 간행한다는 사실 자체도 그렇지만 생계도 힘겨운 처지에 아내의 원고 뭉치를 들고 동분서주하는 남편의 모습은 빈축을 사기에 충분했다. 문집을 내기에 앞서 그는 아내가 남편인 자신의 이름으로 썼던 예전 작품들을 모두 원작자로 돌려놓았다. 이른바 대부자작代夫子作의 이름을 단 작품들은 친족이나 지인들을 위한 행장, 제문, 묘갈명, 회고나 추모, 상례·제례 문답 등에 이르기까지 매우 다양했다. 그녀의 대작代作은 남편의 위상을 높이려는 뜻이었겠지만, 결과적으로 여성에게는 허용되지 않았던 사회적이고 공적인 학문 토론의 장에 참여하게 된 것이다. 그녀를 기억하는 사람들은 "부엌 안에 책상이 있었고 밥상 위에 경전이 있었다"라고 한다. 부부라는 인연에도 숭고함이 있다면 바로 정일당 강씨와 윤광연의 경우가 아닐까.

고통을 글로 치유하다,
김호연재

김호연재(1681~1722)는 한시와 한글시를 합쳐 240여 수의 비교적 많은 양의 시를 남긴 조선 후기의 시인이다. 작품의 대부분은 20년 남짓의 혼인 생활 중에 쓴 것인데, 주부 생활을 하면서 이만한 양을 쏟아냈다는 것은 필시 사연이 있을 법도 하다. 게다가 시재詩材가 그리움이나 외로움, 마음의 상처 등 복잡한 내면의 풍경인 경우가 많아 도대체 이 '명문가'의 여인에게 무슨 일이 있었는가 싶다.

남자든 여자든 조선시대에도 사람에 접근하는 일정한 코드가 있는데, 몇 대조가 누구라든가 누구의 몇 대손이라든가 하는 것이다. 소속 가문을 밝히는 것은 오늘날 생년이나 학력, 현직 등과 같은 인물의 기본 정보를 요구하는 것과 같다. 김호연재의 기본 정보는 화려하다 못해 눈이 부시다. 아버지 김성달은 선원 김상용의 증손이고, 어머니는 월사 이정귀의 후손에 월당 강석기의 외손이다. 남편 송요화는 송준길의 증손이다. 김·송의 혼인은 대표적인 두 세도가 장동 김씨와 은진 송씨의 결합이면서 종횡으로 연결된 노론 세가世家의 확장과 결속을 의미했다. 여기서 자신의 현재를 가능케 한 그 선조가 과연 명성과 지위에 걸맞은 역사적 진실을 담보하고 있는가의 여부는 중요하지 않다. 조상이란 이미 구체적 개인을 넘어 문중을 결속시키는 하나의 상징 기호로 자리 잡았기 때문이다.

그런데 명문 세도가에서 차출된 남녀라고 해서 반드시 행복한 부부가 된다는 보장은 없다. 행복의 정의가 간단하지는 않지만 적어도 같은 공간에 '함께 사는' 정도는 되어야 할 텐데, 호연재 부부는 아예 등을 지고 산 것이다. 남편 송요화는 늘 밖으로만 돌며 '규모 없이 방탕하게' 굴었다고 한다. 아들 익흠의 〈유사遺事〉에는 "가군家君은 할머니를 모시느라 서울이나 백부의 임소에서 지내시고 항상 집에 계시지 않았다"라고 했다. 또 외손자 김종걸은 "외조부는 젊을 때 호방하여 법도를 생각하지 않으셨고, 외조모는 고결한 뜻을 품은 채 마음으로 숨은 근심이 있어 글 중에 종종 비통한 심정을 묘사하셨다"라고 했다. 호연재도 자신의 부부 관계를 '자경自警'의 형식을 빌린 고백의 글에서 시사한 바 있다. "부부의 은의가 비록 중하지만 저가 나를 저버리기를 심하게 하니, 어찌 나 홀로 구구한 정을 지녀 스스로 주위 사람의 비웃음과 남편의 경멸을 받아야 하느냐?" 그는 또 최고 어진 부인도 남편의 정이 없으면 허물을 떠벌려 내쫓기는 화를 당하고, 칠거지악이 있는 부인도 남편의 정이 두터우면 덕이 있다 칭찬받는다고 한다. 부부가 사랑하는가 아닌가에 따라 시가족과의 관계도 정해지는데 사실 자신의 시집 생활은 엉망이었다고 한다.

> 나는 자모의 사랑스러운 가르침을 받지 못해 부인의 행실 대강도 알지 못했다. 여러 형들이 외람되이 나를 명문 가문에 맡기어 출가한 것이 이제 10여 년이 되었다. 시부모를 봉양하되 효성이 천박하고, 남편 대우하되 예모에 어긋나며, 자식을 가르치되 교화가 서지 않았고, 종들을 부리되 상벌이 분명치 못했다. 진퇴와 주선周旋의 모든 행실이 규범에 어긋났고, 사람과 사물을 대할 때에도 예의를 알지 못해 사람들의 원망이 나에게 몰렸다. 과실을 자초한 것으로 인해 아래로는 나 자신이 위태로웠고, 위로는 부모에게 욕을 끼쳐드려 자나 깨나 걱정하고 두려워하느라 하루도 편안하지 못하였다.
>
> _〈자경편自警編〉

스스로 밝힌 바, 호연재는 시부모와 남편 그리고 사람과 사물을 대하는 모든 것이 어설퍼 오롯이 그 원망을 받아야 했다. 평생토록 시속의 사람들과 어울리지 못했고, 지체 높은 시집 사람들과도 껄끄러운 것이 너무 많았다. 그에 의하면 시집 식구는 명목상 친親이지만 정은 소원하고, 은혜는 박하지만 의리는 무거운 존재들이다. 좋으면 좋겠으나 그렇지 못하더라도 끊어버릴 수 없는 관계다. 개선을 위해 노력은 하되 "속마음을 드러내지 말 것"을 스스로에게 주문한다. 눈썹을 내리고 조심하며 사는 동안 연기와 불꽃이 창자 속에서 치솟았다. 그는 "화복은 본디 정해져 있는 운명일 뿐 인력이 아니로다"라고 하는데, 혼자의 노력으로는 불가능하다는 판단이었다. 자신을 '규중의 물건[閨中之物]'에 비유하며 고통스러워하던 호연재가 마침내 자기 치유의 방법을 찾기 시작한 것이다.

> 사람이 비록 현명하지 않더라도 말은 오히려 용납될 만한 것이 있으니 마음이 번거롭고 답답하다면 마땅히 이것으로 벗을 삼아라. 비록 나의 말이지만 복잡한 생각을 제압하여 억누를 수 있을 것이다.
>
> _〈자경편〉

자신의 외롭고 답답한 처지를 글쓰기를 통해 이겨내겠다는 것이다. "얼마나 아까운가. 이 호탕한 군자의 마음, 내 마음!" 자신을 군자에 비유한 호연재는 불화만 계속되는 세속으로부터 자신을 격리시키고, 대신 자연의 소리에 귀를 기울인다. "시냇물 소리 맑고 푸르게 흐르고, 산 그림자 또한 따라 흐르는도다. 해가 지도록 아무도 오지 않으니, 꾀꼬리 울음에 작은 동산이 그윽하다."(〈계당

우음溪堂偶吟〉〉

　호연재의 시들은 가까이 지내는 시가 조카들과 수창한 것도 더러 있지만, 대부분 친정을 그리워하고 찾아온 친정 식구들과 시를 나누는 등 친정과 관련된 작품이 많은 비중을 차지하고 있다.

> 이 아우는 규중의 물건으로 빈 골짝에서 문을 닫고 지내고
> 몸에 양 날개 없으니 어찌 신선이 사는 산에 이를 수 있으리오.
> 한 조각 마음은 나날이 아득하고 귀향을 꿈꾸며 홀로 서성이는데
> 아득한 회포 금할 길 없어 편지를 부쳐 속내를 토로한다오.

　시를 쓰고 편지를 쓰는 일이 호연재에게는 상처를 치유하며 자기 존엄을 회복해가는 과정이었던 셈이다. 그 많은 글 중에 남편과 나누는 시가 한 편도 없는 것이 흥미롭다. 시와 함께 술과 담배 또한 그의 '걱정스러운 창자'를 품어주었다. 자신을 "즐거움도 슬픔도 없는 술 취한 한 미치광이[無樂無非─醉狂]"로 표현하고, "취하고 나니 천지가 넓고, 마음을 여니 만사가 그만일세"라고 한다. 시 〈남초南草〉에서는 담배야말로 시름과 걱정을 풀어주는 명약이라한다. "너를 필 때면 그 신기한 맛이 일천 염려를 사라지게 하니", "사람 사이에서 시름 깊은 자에게 두루 알리어, 이 약으로 에이는 창자를 풀어주기를!"

　호연재는 죽음을 앞둔 병상에서 아들에게 당부의 글을 남긴다.

혼인 8년 만에 얻은 아들로 아직은 어리지만 남기고 싶은 말이 많았다. 장편시 〈아이에게[付家兒]〉에서 세상사가 마음먹은 대로 되지 않았고, 근심과 가난이 잠시도 끊이지 않았다고 한다. 세월은 속절없이 흘러 문득 백발이 성성해졌다. "돌아보니 몸에 온갖 병이 들었고, 적적한 생애에 오직 너 하나뿐이구나." 어린 아들을 남겨두고 이생을 떠나는 41세의 호연재는 "이 어미는 귀신의 희롱을 받아 반평생 일신에 차질이 많았다"만 "내 아들에게 오로지 원하는 것은 노력하고 또 노력하는 것!"이라고 말한다. 죽음에 이르러 미움도 원망도 넘어선 그녀에게서 호연浩然의 기상이 느껴진다. 불행하기를 원하는 사람은 아무도 없지만, 불행을 벗어나는 방법을 얻는 것은 아무나 할 수 있는 일이 아니다. 김호연재는 문학적 성취뿐 아니라 조선시대 가족문화에서 여성이 처한 고통의 보편성을 언어화했다는 점에서 의미가 크다.

낙방거사를 품은 여걸 시인, 김삼의당

신분은 양반이지만 비복 하나 없이 직접 농사짓고 길쌈하여 생계를 이어가는 호남의 한 촌부, 김삼의당(1769~1823). 어릴 때부터 독서를 하여 지식이 풍부한 데다 문재文才 또한 뛰어나 보고 듣는 모든 것이 시가 되었다. 몰락한 집안을 일으켜 세우기엔 과거 급제 만한 것이 없지만 여자로서는 언감생심이었기에 18세에 집안의 주선으로 한동네 사는 총각 하립(1769~1830)과 혼례를 올린다. 연산군대 학자 김일손의 후손인 신부 김씨와 세종대 영의정 하연의 12대손인 신랑 하씨는 공교롭게도 태어난 해와 달이 같았다. 서로를 알아본 듯 첫날밤부터 주거니 받거니 시로써 대면식을 치른다. 신랑 하립이 건네고, 신부 삼의당이 응수한다.

만나고 보니 우리는 광한전 신선이었네.

오늘 밤은 분명 그 옛 인연의 이음이리니.

배필이란 원래 하늘이 정하시거늘

세간의 중매쟁이 공연한 수고였구려.(신랑)

열여덟 신선 낭군, 열여덟 신선 낭자

신방의 화촉 밝히니 좋은 인연이리니

같은 해 같은 달 태어나 같은 동네 살았으니

이 밤의 만남이 어찌 우연이리오.(신부)

결혼으로 인해 삼의당은 꿈에 그리던 과거 급제가 현실로 다가
왔다. 남편이 합격만 하면 자신은 물론, 조상과 후손에 이르기까
지 쇠락한 가문이 다시 영광스러울 것이다. 갓 식을 올린 신랑 하
립은 신부의 원대한 구상에 떠밀려 집을 나선다. 가까운 산사로
들어가 수년을 고군분투하다가 다시 서울로 옮겨 본격적인 수험
생활에 들어갔다. 몇 차례 낙방을 하고 다시 전열을 가다듬어 상
경하는 27세의 남편에게 아내는 파이팅을 외친다.

뜻을 세운 선비는 집안을 돌보지 않았으니

가난한 집에서도 위대한 인재 많더라.

이별을 앞두고 옛일 말씀드리나니

하지만 쉽지 않았다. 낙방을 거듭하여 준비 기간이 길어지자 가난한 아내는 머리카락을 자르고 비녀를 팔아 고시생 남편을 뒷바라지한다. "흰머리 어버이 당堂에 계실 때 비단옷 입고 빨리 돌아오세요." 하지만 계속되는 낙방에 의기소침해진 남편은 모든 걸 접고 낙향하고 싶다는 메시지를 보내곤 한다. 그럴 때마다 아내 삼의당은 의義로써 정情을 누르라 하고, "부모님을 영화롭게 하고 아내를 즐겁게 해줄 그것도 못 해주냐"라고 한다. 이런 아내의 권고에 남편은 "꾸지람이 깊고 말이 절실하다"라고 썼다.

하립은 결국 낙향으로 가닥을 잡게 되고 이와 함께 삼의당의 꿈도 물거품이 된다. 그런데 담대하다. 남편이 "구구하게 세상의 욕심 어찌 다 채우리오? 이 한 몸 편하니 신선이 따로 없소"라고 하자, 아내는 "서울서 10년을 분주했던 나그네, 오늘은 초당에 신선처럼 앉으셨네"라고 한다. 누구의 뜻인지, 하립은 그 후로도 10년을 더해 마흔이 넘도록 과거 시험장을 오르내렸다. 향시에 합격한 하립은 42세이던 경오년(1810)에 회시會試를 보러 한양을 향한다. 기대 같은 건 진즉에 접은 삼의당은 남편에게 놀이 삼아 다녀오라는 시를 전송한다. "장안 향해서 웃고 가시고, 돌아올 때 울지 마세요." 이 외출이 마지막인 듯 과거 보러 가는 남편의 모습은 삼의당의 이후 시에 더 이상 나오지 않는다.

한 선비의 등과를 위해 남아날 게 없었던 살림이었기에 부부
는 새로운 출발점에 섰다. 해 뜨면 일하고 해지면 쉬면서[日出作日
入息], 먹기 위해 일을 하는[飽食在勤苦] 생활이었다. 하립은 그동안
진 빚을 갚기 위해 이웃 고을로 일감을 찾아 나선다. "아버님 장례
빚이 산같이 쌓인 줄 그 누가 알겠어요. 울며 고개 넘어 영남 땅으
로 가시는군요." 하지만 그 노동은 하립에게도 삼의당에게도 땀의
숭고함을 다시 확인하는 시간들이었다. 남편이 작은 밭을 사서 힘
써 갈고 김매고, 아내는 그 흐뭇한 마음을 노래한다.

> 한낮이 지나니 햇볕이 찌는 듯해
> 등에서 흐르는 땀이 땅을 적시네.
> 잡초를 골라내고 긴 이랑을 매고 나니
> 시누이 시어머니 참을 내 오네.
> 보리밥 기장밥에 국이 맛있어
> 숟가락에 밥을 떠서 배를 불리네.
> 부른 배 두드리며 노래를 부르니
> 배불리 먹자면 힘써서 일해야 하는 법이네.

극한 노동에서도 그녀는 샘솟듯 흘러나오는 시심詩心을 주체할
수 없었다. 한 사람이 운을 띄우면 다른 한 사람이 응답하는 식으
로 주거니 받거니 하며 부부의 전원생활은 깊어만 간다. 아내가

4 / 시대의 틈에서 '나'를 꽃피우다

"막걸리 석 잔에 노래 한 가락 부르니 청풍명월 주인의 마음이군요"라고 하면, 남편은 "북창에 때맞춰 청풍이 스쳐 가니 아득히 먼 태고의 자유로운 마음이구려"라고 한다. 특히 그녀가 섬세한 필치로 그려낸 연작시 〈십이월사十二月詞〉는 18세기 호남의 들녘과 풍속을 살아 꿈틀거리게 한 수작으로 평가된다. 이 중에 정월 보름과 유월 유두의 풍경을 따라가보자.

> 농가의 이 날은 가을 추수 비는 날
> 마을 무당집에서는 둥둥 북소리 울린다.
> 성城 남녘 마을의 좋은 밤 밝은 달 아래
> 집집마다 어른과 아이 답교踏橋를 하는구나.(정월)

> 노래하고 술 마시고 뉘 집 악동들인가
> 삼삼오오 패를 지어 숲으로 개울로 몰려다니네.
> 성의 남녘 들은 맑은 물안개처럼 피어오르고
> 소녀들 머리 감으며 고움을 다툰다.(6월)

자신을 옭아매었던 세상의 욕망에서 풀려나 안분자족安分自足의 삶으로 돌아선 부부는 일상을 노래하는 시인이자 철학자가 되었다. 셋째 딸이 돌을 넘기지 못하고 죽자, "죽고 사는 것은 누구나 한 번 겪는 일이고, 장수와 요절 또한 피할 수 없는 운명"이라며 자신들을 위로한다. 어떤 삶을 사는가가 중요한 것이지, 삶은 기쁨이고 죽음은 슬픔이라는 도식에서 벗어나야 한다는 것이다. 그런데 어떤 고난도 이겨낼 것 같은 강인한 삼의당이지만 다 큰 자식을 잃는 불행 앞에서는 그도 어쩔 수 없었다. 노복도 없이 사는 가난한 양반가 살림에 밥 짓고 베 짜는 일을 도맡아 하던 딸이 18세의 나이로 죽었다. 일이 아무리 고되고 힘들어도 사양하지 않고 최선을 다해 어머니를 돕던 딸이었다. 그런 딸이 몸져누웠는데 예사롭게 여겨 약은 고사하고 제대로 간호도 못 한 것을 통탄하며 천지간의 추위가 살을 에는 듯한 고통에 휩싸인다. 딸이 죽은 지 한 달이 지났는데 혼례를 청하는 글이 서울에서 도착하자 어머니는 펴서 다 읽지도 못하고 기절하고 만다. 삼의당의 이 기록은 우리로 하여금 역병의 창궐로 다 큰 자식의 생사生死도 예측할 수 없었던 시대의 고통스러운 장면과 마주하게 한다.

　삼의당은 여성으로는 많은 양인 270여 편의 시문을 남겼다. 스스로 말하기를, 큰 공부는 아니지만 소소하게 여러 책들을 읽었고, 보고 겪은 것들을 마음 가는 대로 썼을 뿐이라고 한다. 사회적 욕망이 강했던 삼의당이었지만 남편을 거치지 않고는 그 꿈을 성취할 수 없었던 시대가 안타깝다. 쇠락한 가문을 세우고자 적성에 없는 과시科試에 청춘을 사른 가난한 선비도 마찬가지다. 3천 가지 예禮 중에 남녀 구분이 가장 많다던 삼의당의 뜻은 원대했으나 도구를 가질 수 없었던 폐단이 있었다. 실패 이후를 어떻게 살 것인

　4 / 시대의 틈에서 '나'를 꽃피우다

가. 삼의당 부부가 우리에게 주는 메시지다. 남편은 아내가 거처하는 집 벽에 멋진 글씨와 그림을 붙이고 뜰에는 꽃을 가득 심어놓고 그 집을 '삼의당三宜堂'이라 불렀다.

천하를 품에 안은 소녀 여행가,
김금원

　드물지만 조선시대에도 여행을 목적으로 길을 떠나 산천을 유람하고 그 여행기를 남긴 여성들이 있었다. 양반 여성은 출입 규제에 묶이고 일반 여성은 생계에 묶여 여행은 고사하고 나들이도 쉽지 않던 시대에, 특히 금강산 유람이란 여자들에게 그림의 떡이었다. 그런데 요즘의 중학생에 불과한 나이에 금강산과 관동 팔경을 유람하여 그 느낌을 기록으로 남긴 김금원(金錦園, 1817년 ~?)이라는 여성이 있다.

　1830년(순조 30년) 봄 14세의 금원은 긴 여행길에 오르는데 부모의 허락을 얻기까지 어려움이 많았다. 허락이 떨어지자 남장男裝을 하여 원주 집에서 출발하는데 "갑자기 흉중이 호연해지며 매가 새장에서 나와 바로 하늘 높이 올라가는 듯하고 천리마나 재갈

　　　　　　　4 / 시대의 틈에서 '나'를 꽃피우다

에서 벗어나 바로 천 리를 치닫는 기세였다"라고 한다. 그녀는 왜 '보통사람'으로 살지 못하고 여자들, 특히 처녀들에게 금지된 바깥세상을 그토록 꿈꾸었을까.

> 금수가 아닌 사람으로 태어난 것은 다행스럽고 오랑캐 땅이 아닌 문명한 우리나라에 태어난 것은 다행스럽다. 남자가 아닌 여자로 태어난 것은 불행하고 부귀한 집이 아닌 한미한 집에 태어난 것은 불행스럽다. 하지만 나에겐 하늘이 준 총명한 재주가 있으니 어찌 요산요수하여 견문을 넓힐 수 없겠는가? 하늘이 기왕에 총명한 재주를 주셨는데 어찌 문명한 나라에서 일을 성취할 수 없단 말인가. 이미 여자가 되었으니 집안 깊숙이 문을 닫아걸고 부녀의 법도를 삼가 지키는 것이 옳은 것인가? 기왕에 한미한 집안에 태어났으니 형편을 좇아 분수껏 살다가 이름 없이 사라지는 것이 옳은가?
>
> _《호동서낙기湖東西洛記》_

어린 여자의 몸으로 금강의 내·외산과 관동팔경을 두루 섭렵하는 모험을 감행한 그녀에게 남다른 사연이 있었을 법하다. 김금원은 몰락한 양반인 아버지와 기생 출신인 어머니 사이에서 태어났다. 서녀 신분의 그녀는 어릴 때부터 몸이 약해 여공女工에서 배제되는데, 덕분에 글공부를 하게 되어 금세 사서삼경을 익히기에 이르렀다. 공부가 어느 정도 터를 잡기 시작하자 여자인 자신의 거처를 질문하기 시작한다. 나는 누구인가? 사람으로 태어난 건 맞는데 여자인 데다 집안 처지는 한미하기 짝이 없다. 하지만 나는 총명한 재주와 나름의 꿈이 있다. 나 김금원! 규방 깊숙이 들어앉아 부녀의 법도를 지킬 것인가, 가난한 아낙으로 살다 이름 없이 사라질 것인가. 아니다! 결혼보다 강산을 두루 유람하며 공자 제자 증점曾點이 느낀 자연 일체의 경지를 나도 느껴보자. 김금원의 이 말은 여행을 결행한 내면적 동기라고 할 수 있다.

이렇게 출발하여 먼저 인근의 호중湖中 네 곳을 누비며 풍광을 즐기고 그 느낌을 적어나갔다. 말로만 듣던 제천·단양·영춘·청풍을 돌아본다. "애교 띤 꽃들은 웃음을 터트리려 하고 풀들은 안개 같았다. 의림지에 이르니 못 주위가 20리쯤 되었으며, 푸른 물은 맑고 밝아 촉나라 비단을 깐 듯했고, 파초는 수면 위로 올랐다가 잠겼다가 했다." 첫날은 설레는 마음에 잠을 이루지 못하고 시 한 수를 짓는다. "하루종일 다니다 꽃 기운에 미혹되니, 몸은 푸른 산 아름다운 경치 가운데 있구나.[往來終日迷花氣, 身在青山錦繡中]"

몸을 동쪽으로 돌려 금강산을 향하는데 단발령에 올라서는 형형색색의 만이천봉에 넋을 잃고 만다. 김금원은 사람들은 '신선 같은 경치[仙境]'니 '그림 같은 풍경[畫境]'이니 하지만, 직접 와보니 그림으로는 도저히 표현할 수 없다고 한다. 금강산 전체를 한눈에 조망할 수 있는 헐성루에 올라 그 장관을 문자로 그려내는데 어느 누구보다 정밀하고 생동감이 넘친다는 평을 받는다.

혹은 눈더미 같고, 혹은 가부좌한 부처 같고, 혹은 머리를 쪽지어 단장한 것 같고, 혹은 칼 구멍 같고, 혹은 연꽃 송이 같고, 혹은 파초 잎 같고. 하나는 두 손을 마주 잡은 듯하고 하나는 절하는 듯하며 하나는 세로로 하나는 가로로, 일어서기도 하고 쭈그려 앉기도 하여 그 천태만상을 입으로 혀로 형용할 수가 없었다.

수많은 남성 문사들이 금강산을 묘사해왔고, 그들의 노력으로 가보지 않고도 정형화된 일정한 상을 상상할 수 있었다. 그런데 김금원의 금강산 묘사는 전형적인 틀을 벗어나 수많은 봉우리의 서로 다른 자태를 잘 부각시킴으로써 만이천 봉의 만물상이 다시 살아나는 느낌을 준 것이다. 충청도 4군과 금강산·관동팔경·설악산 등 생애 첫 여행에서 돌아온 김금원은 당연한 말이지만 예전의 그녀일 수가 없다. 스스로에게 말한다. "여아의 남장은 일상적인 일이 아니지만 그런데도 사람의 마음은 끝이 없을 것이다. 충족한 것을 알면 멈추어 절제할 줄 알아야 한다. 이제 내 장한 관광으로 숙원을 이루었으니 멈출 만하다. 다른 본분으로 돌아가 여공에 종사하는 것이 또한 옳지 않은가." 그녀가 비록 여자의 일상적 삶을 긍정하고 돌아갈 뜻을 보이지만, 습관과 의무로 무장된 '어쩔 수 없이' 사는 삶과는 다를 것이다. 그녀의 여행이 주목되는 것은 단순한 관광이 아니라 여행을 통해 자아의 확장을 기도했다는 점이다.

눈으로 산하의 큼을 보지 못하고, 마음으로는 사물의 무수함을 겪지 못한다면 그 변화의 이치를 통달할 수 없어 국량이 협소하고 식견이 좁을 것이다. 그래서 인자仁者는 산을 좋아하고 지자知者는 물을 좋아하여 남자가 사방에 노니는 뜻을 귀중히 여기는 이유다. 여자 같으면 규문 밖을 나가지 않고 오로지 술과 음식 만드는 일을 옳게 여겼다.… 여자 중에도 뛰어난 자가 어찌 없을 수 있겠는가. 규중 깊숙한 곳에 박혀 그 총명한 식견을 넓힐 수가 없어 끝내 사그라져버린 것이니 이 아니 슬픈가?

김금원은 경인년 춘삼월 나이 열넷에 머리를 동자처럼 땋고 떠났던 첫 여행의 기록과, 혼인 후 서쪽 의주를 여행하고 서울에 정착하기까지 20년의 궤적과 감흥을 《호동서낙기》에 담았다. 산문 사이 사이에 배치된 시 27편은 물아일체物我一體의 경지를 보여준다.

모든 물 동쪽으로 다 흘러드니
깊고 넓어 아득히 끝이 없구나.
이제야 알았노라. 하늘과 땅이 커도
내 가슴속에 담을 수 있음을.

김금원의 의식 세계는 어떤 점에서 2백 년 후의 우리보다 훨씬

4 / 시대의 틈에서 '나'를 꽃피우다

앞서 있다. 여행이 일상화된 시대를 살지만 그녀처럼 기록하거나 자기 삶을 성찰하고 확장해가는 계기로 삼기란 쉽지가 않다.《호동서낙기》는 기행문의 형태를 띠지만 스스로 말했듯이 그녀의 존재를 알려주는 유일한 징표이다. '강산의 큼[江山大]'과 '세월의 장구함[日月久]'의 두 문구를 첫머리로 삼은 것부터가 그 역량의 광대함을 보여준다며 그녀의 아우 경춘이 헌사를 올렸다. 김금원은 신분에 따라 나중에 남의 소실이 되는데, 이 삶에서도 남다른 행보를 보인다. 같은 처지의 벗들을 규합하여 시문을 짓고 시단을 형성하는데, 우리나라 최초의 여성 시단이라 일컬어지는 삼호정 시사三湖亭詩社가 그것이다.

대정 벌판의 따뜻한 바람, 정난주

　제주도 남단 모슬포 뒷산에 잠든 '한양 할망' 정난주 마리아는 새로운 조선을 꿈꾸었던 여성들의 역경과 극복의 메시지를 담고 있다. 제주가 맞이한 첫 신앙인으로 기록된 그녀는 1801년 이른바 신유박해 때 29세의 나이로 대정읍의 관비官婢에 부쳐져 37년을 살았다. 천수를 다한 삶이었다. 본명 정명련丁命連 대신에 난주로 알려졌는데 관비가 되면서 붙여진 이름인 것 같다. 정명련이라는 이름 석 자는 《승정원일기》 1801년 11월 7일자 기록에도 나온다.

> 대역부도大逆不道 죄인 황사영의 어미 이윤혜는 경상도 거제부의 관비로 삼고, 처 정명련은 전라도 제주목 대정현의 관비로 삼고, 아들 경

한은 두 살인 까닭에 법에 의해 교형을 면제하여 전라도 영암군 추자도의 관노로 삼는다.

그렇다. 정명련의 남편은 〈황사영 백서帛書〉 사건의 주인공인 그 황사영이다. 가로 62센티미터, 세로 38센티미터의 흰 명주에 붓글씨로 깨알같이 쓴 13,311자 장문의 편지는 북경의 주교 구베아에게 보내려던 것이었다. 황사영 체포 당시 발각된 그 편지는 조선 정부의 천주교도 박해의 실상을 고발하고 그에 대처하는 방안을 제안한 것이다. 여기서 문제가 된 내용은 조선을 청국의 감호監護에 둘 것과 서양 함대를 출동시켜 죄를 물어달라는 것이다. 이렇게 외세를 불러들여 '조국'을 치려고 한 황사영은 지금까지도 반민족적인 행위를 한 역적으로 각인되어 있다. 그런데 박해로 인해 극단으로 내몰린 백성들의 고통과 공포 그리고 수많은 천주교도가 죽어 나가던 상황이었음을 감안할 때 그가 생각한 '국가'는 이교도 살해에 집단 광기를 부린 특정 권력을 지칭한 것이 아니었을까. 한편 그 개인으로는 천주교의 나라, 즉 바깥 세계를 지나치게 이상화하여 동경하고 기대함으로써 현실 판단에 균형을 잃었던 게 아닐까. 인간 황사영을 이해하고 그의 행위를 평가하려고 할 때 나올 수 있는 것들이다.

정명련은 1773년 다산 정약용의 맏형인 정약현(1751~1821)과 경주 이씨(1750~1780)의 맏딸로 태어났다. 어머니 이씨는 15세의 나이에 혼인하여 31세에 딸 셋을 남기고 세상을 떠났다. 명련이 8세 때의 일이다. 어머니의 동생 이벽(1754~1785)은 명련에게 외숙이 되는데 우리나라 천주교회를 창설한 인물이기도 하다. 어머니 이씨의 성품에 대해서는 숙부 다산이 쓴 〈맏형수 공인 이씨의 묘지명〉에 소개되어 있다. 어머니를 잃은 아홉 살 난 시동생, 곧 다산 자신을 따뜻하게 돌보아주었던 형수였다. 머리에 이와 서캐가 득실거리고 때가 얼굴에 더덕더덕했던 자신을 날마다 씻기고 빗질해준 형수였다. 한편 "성품이 헌걸차서 우뚝하기가 마치 장부와 같고, 보잘것없는 자잘한 일은 하지 않았다"라고 한다. 다산은 자신의 형수이자 명련의 어머니인 이씨의 삶을 이렇게 요약한다.

> 시어머니 섬기기 쉽지 않거니, 계모인 시어머니는 더욱 어렵네.
> 시아버지 섬기기 쉽지 않거니, 아내 없는 시아버지는 더욱 어렵네.
> 시숙 대우하기 쉽지 않거니, 어머니 없는 시숙은 더욱 어렵네.
> 여기에서 유감없이 잘하였으니, 이것이 형수의 너그러움일세.
>
> 〈맏형수 공인 이씨의 묘지명〉

명련의 어머니 이씨는 시아버지의 예천군 임소에 갔다가 전염병에 걸려 죽었다. 아버지 정약현을 제외한 숙부들이 모두 천주교도가 된 것은 어쩌면 어머니의 죽음이 남긴 인연인지도 모른다. 어머니가 죽은 다음 해에 외숙은 자신의 누나 제사를 지내러 배를 타

4 / 시대의 틈에서 '나'를 꽃피우다

고 마재로 오는데 이때 정씨 숙부들에게 천주학을 처음 소개한 것이다.

명련은 18세인 1790년에 두 살 아래의 황사영과 혼인을 한다. 16세 진사합격으로 정조 임금의 기대를 한 몸에 받은 전도유망한 청년을 당시 명문가 정씨 집안에서 탐을 낸 것으로 보인다. 당시 정조 임금은 진사 합격자를 소견하는 자리에서 황사영을 평하기를 "문필이 가상하고 행동거지도 상당히 분명하여 머잖아 대과에 입격할 것이다"라고 했다. 곁에 있던 좌의정 채제공은 "그 아비 황석범이 글재주가 가상하였는데 급제하고 나서 바로 죽었습니다. 지금 황사영은 기동奇童이라 할 만하고 제대로 가풍家風을 계승하겠습니다"라고 했다.(《일성록》정조 14년 9월 12일) 아버지를 잃은 황사영은 증조부 황준黃曖의 슬하에서 어머니와 함께 돌봄을 받았다. 황준은 76세에 급제하여 89세에 공조판서에 오른 인물이다. 영조는 노인 응시자를 배려하여 기로과耆老科를 설행했고, 정조는 품계만 있지 직책이 없는 황준에게 특별히 공조판서를 내린 것이다. 아버지 정약현의 이복동생인 숙부들, 약전·약종·약용과 고모부 이승훈 등은 18세기 마지막 10년을 장식한 최고 지성들로 서학을 천주교로 발전시킨 핵심 멤버들이다. 유복자로 태어나 어머니와 유소년기를 보낸 황사영은 혼인으로 학문과 인생의 스승들을 한꺼번에 얻게 된다. 명련이 숙부들을 통해 먼저 익힌 천주학을 남편 황사영과 일상의 문답을 통해 나누면서 둘은 신앙의 세계로 질주해 들어갔다.

한편 어린 나이에 어머니를 잃은 명련에게 당시 일반화한 모전여습母傳女習의 신앙 전수가 어떻게 가능했을까. 이벽의 부인인 외숙모 유한당 권씨는 "견문박학하고 규범·내칙內則이 수범"이었고 《천주실의》와 《칠극》을 여자들이 읽을 수 있도록 언문 번역한 것으로 알려지고 있다. 여자들을 위해 유교 지식을 천주교리로 해석한 《언행실록》을 짓기도 했다. 어린 명련 자매가 그 최초의 독자였을 것이다. 정명련의 여동생은 기해박해(1839) 때 남편 홍재영과 함께 순교한 인물이다. 이처럼 숙부들에게 서학 공부를, 고모부 이승훈 신부로부터 세례를 받은 정명련의 신앙은 혈당血黨의 전방위적인 지원과 훈련을 통해 성장해간다.

신유박해가 일어나자 황사영은 충북 제천의 산속으로 몸을 숨기고, 서울 아현에 살던 정명련은 시어머니와 함께 체포되어 서부 감옥에 갇힌다. 이때 주문모 신부에게 유아세례를 받은 두 살 난 아들을 안고 있었다. 결국 체포된 황사영이 능지처참되자 그들은 9개월의 옥살이를 끝내고 바로 유배길에 오른다. 서로 의지해 내려오다가 시어머니는 거제도로 향하고, 자신은 젖먹이 아들을 안고 제주도를 향해 간다. 배는 추자도에 들러 관노에 배정된 황경한을 내려놓을 것이다. 그런데 관노이어야 할 황경한은 보통의 양민 황씨로 성장했고, 어부 오씨 부부가 거둬 키운 사실이 밝혀졌다. 엄마 정명련이 아이의 옷섶에 황경한이라는 이름 석 자를 써

둔 사실로 보아 관노로 인계되기 전에 모종의 작업이 있었음을 짐작할 수 있다. 아이를 두고 뱃머리를 돌릴 때 명련의 심정이 어떠했는지는 문학적 상상력에 맡길 수밖에 없다.

> 경한아! 네가 살아가게 될 땅이다. 죽어서는 아니 된다. 악착같이 살아남아 언젠가는 꼭 만나자꾸나. 나는 네가 황사영, 정난주의 아들이 아닌 경한 너 자신으로 살아가기를 바란다. 양반도 천출도 아닌 이 땅을 살아가는 보통의 양민이 되어, 때론 주리고 고통받겠으나 강인함으로 살아남아 끝끝내 또 다른 생명을 일구어가는 그러한 사내로 말이다. 아무것에도 얽매이지 말거라. 태생에도, 사상에도, 신앙에도. 너된 너로 살아남아 어떤 네가 되든…. 천 일 만 일을 하루같이 그리워하고 애태우며 아끼고 사랑할 것이다…. 아들아.
>
> _김소윤, 《난주》

1838년 2월, 정명련은 66세의 일기로 세상을 떠났다. 평범한 한 사람의 무덤에 불과했던 그녀의 자취가 140년이 지난 1977년에 순교자 묘역으로 단장되었다. 다시 1994년에는 정난주 마리아의 묘역 〈대정성지〉로 조성되었다. 배교의 대가로 얻은 이른바 종년의 신분, 갖은 천대와 멸시에 노출된 삶이지만 병들고 헐벗은 자들을 돌보며 살아낸 37년의 세월 그 자체가 순교였다고 한다.

또 하나의 조선

ⓒ 이숙인, 2021

초판 1쇄 발행 2021년 6월 29일
초판 2쇄 발행 2021년 9월 8일

지은이 이숙인
펴낸이 이상훈
편집인 김수영
본부장 정진항
편집팀 이윤주 김진주
마케팅 김한성 조재성 박신영 조은별 김효진
경영지원 정혜진 이송이
펴낸곳 (주)한겨레엔 www.hanibook.co.kr
등록 2006년 1월 4일 제313-2006-00003호
주소 서울시 마포구 창전로 70(신수동) 화수목빌딩 5층
전화 02-6383-1602~3 **팩스** 02-6383-1610
대표메일 book@hanien.co.kr

ISBN 979-11-6040-616-0 03910

• 값은 뒤표지에 있습니다.
• 파본은 구입하신 서점에서 바꾸어 드립니다.